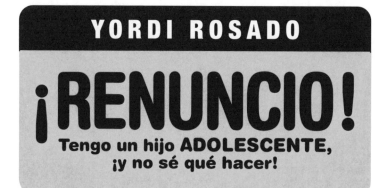

YORDI ROSADO

¡RENUNCIO!

**Tengo un hijo ADOLESCENTE,
¡y no sé qué hacer!**

YORDI ROSADO

¡RENUNCIO! Tengo un hijo ADOLESCENTE, ¡y no sé qué hacer!
D.R.© Yordi Rosado, 2012.

De esta edición:
D.R.© Santillana Ediciones Generales, S. A. de C. V.
Av. Río Mixcoac 274, Col. Acacias
C.P. 03240, México, D. F.

Primera edición: octubre de 2012.
Quinta reimpresión: julio de 2013
ISBN: 978-607-11-2125-7

Diseño de interiores y de cubierta: Ramón Navarro / www.estudionavarro.com.mx
Fotografía del autor: Agustín Joel Martínez Fuentes

Impreso en México

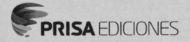

Índice

¡Importante!	11
Bienvenida	15

1 / ADOLESCENCIA — **19**

¿Qué le está pasando?	19
¿Por qué no entienden?	21
¿Se adelantó la pubertad?	24
Adolescencia, pubertad, tweens, adolescencia expandida y otros milagritos	27
Los adolescentes en la actualidad	38
Me da pavor esta etapa	42
¿Cómo piensan los adolescentes?	44
Tipos de adolescentes	47
Recordando tu adolescencia	49

2 / COMUNICACIÓN — **55**

¿Cómo ser papá hoy?	55
¿Soy buena(o) mamá / papá?	58
No tengo idea de cómo comunicarme con mis hijos	62
Qué no hacer	65
Cómo saber más de ellos	65
Diez puntos básicos para que un adolescente hable	69
Hablar con ellos y ayudarlos, (¿se puede todo junto?)	76

3 / ¡¡REBELDE CON CAUSA, SIN CAUSA Y TE VALE!! — **81**

La rebeldía al cien	81
Mamá detective	84
Mi adolescente cambia de ánimo como de calcetines (de hecho, cambia más de ánimo)	86
SOS: se pelea todo el día con sus hermanos	88
Los amigos (las buenas y las malas influencias)	93

Ya no puedo con ellos, ¡¡¡no sé cómo controlarme!!! 99

¿Mamá / papá amigo? 107

La llave mágica: amor, firmeza, amor, confianza, amor y amor 109

Los valores 112

Líneas de ayuda 115

4 / LÍMITES, REGLAS Y CONSECUENCIAS 117

Los límites 117

¿Cómo pongo reglas? 119

¿Cómo pongo límites y hablo de las consecuencias? 127

¿Funcionan los premios y los castigos? 131

Los tres niveles de faltas de los adolescentes y
¿qué hacer? ¿Qué es normal y qué no? 135

Límites de emergencia 145

¡¡¡Cuando llegue tu papá vas a ver!!! 152

5 / SEXO 155

Cómo, cuándo y dónde lo asesoro sobre sexo 155

La sexualidad de los jóvenes de hoy 160

Cómo hablar con tus hijos de sexo 162

Abstinencia, virginidad 176

Mi hijo / hija es gay 178

Miedos y mitos 182

Líneas de ayuda 186

6 / ALCOHOL Y DROGAS 189

Un tema delicadísimo 189

Prevención 190

Límites 195

Precauciones para el alcohol y otras drogas 197

Intervención 207

Líneas de ayuda 215

7 / INTERNET, CELULARES, REDES SOCIALES Y LA ESCUELA 219

En plena era de las comunicaciones, ¿o incomunicaciones
con los padres? 219

Límites tecnológicos 221

¿Cómo proteger a tus hijos de internet y el texteo en los celulares? 225

La escuela y las malas (o pésimas) calificaciones 231

¿Qué hacer? 233

Expectativas, consecuencias... y recompensas 236

8 / DIVORCIO Y SEPARACIÓN **241**

La dura realidad de la separación (y sus derivados) 241

¿Qué siente el adolescente en el momento de la separación? 243

Los errores que cometemos los padres solteros con los hijos 246

La adolescencia de mis hijos: la peor época de mi matrimonio 252

Madrastras y padrastros 256

Líneas de ayuda 258

9 / NECESITO AYUDA: DEPRESIÓN Y SUICIDIO **261**

Depresión 261

Bulimia, anorexia y algo más 264

Suicidio 271

Líneas de ayuda 277

Conclusión 281

Dedicatoria 283

Agradecimientos 285

Bibliografía 291

¡Importante!

"Yordi, me quiero suicidar…". Así me dijo Alejandro, un chavo que se me acercó después de un programa de televisión que estábamos grabando. Me quedé congelado. Yo, que no puedo dejar de hablar, no supe qué decirle. Después de como cuatro segundos de silencio (que se me hicieron como cuatro horas), me preguntó "¿qué hago?". No sabía. Empecé a decirle miles de cosas, a hacerme bolas yo solito, a repetir lo mismo veinte veces y a aconsejarle que no lo hiciera, pero me di cuenta de que no entendía lo que él estaba sintiendo y que, por lo mismo, él tampoco entendía lo que yo trataba de explicarle. Le pedí su teléfono y me lo apuntó en un papelito. Me fui preocupadísimo porque no podía dejar de pensar en lo que podría hacerse.

Llegué a mi casa y empecé a buscar en varios libros el tema del suicidio. No había mucho, así que le marqué a un psicólogo que conozco muy bien, me explicó algo, pero me pidió que le marcara a otro doctor que era experto en ese tema. Le llamé y hablamos como cuarenta minutos. Me platicó de la situación que llevaba a un chavo a llegar a un momento así y de cómo se veía a sí mismo, me recomendó dos libros sobre el tema, y me dio unos teléfonos de una línea de ayuda a la que marqué. Ahí me explicaron qué decirle y cómo animarlo para que él marcara. Sentí que ya tenía la información mínima para decirle qué hacer, así que le marqué por teléfono.

Estaba ocupado. Marqué por mucho tiempo y seguía igual. Esa noche casi no pude dormir pensando en él. Al otro día en la mañana fui a la librería Gandhi de Miguel Ángel de Quevedo a comprar los libros, los empecé a hojear mientras seguía marcando y marcando por teléfono, pero llamaba y no contestaban. Continué leyendo lo más que podía, y me empecé a poner muy ansioso con el teléfono, me preocupaba que lo hubiera hecho.

Después de marcar como veinte veces más, cuando estaba a punto de volver a colgar contestaron…. Era una voz de señora. No conocía a ningún Alejandro. El número estaba equivocado. Quizá se puso nervioso y escribió mal su número de teléfono.

Yo sentí horrible, no podía dejar de pensar si estaba bien o no. Me enojé conmigo por no haber hecho todo más rápido, por no haber verificado el teléfono, por no haber sabido qué decirle. Pensé en cómo localizarlo, pero no había forma. Hasta la fecha pienso en él y me pregunto si estará bien.

Como un año después de eso, no sé si fue coincidencia, destino, casualidad (o como dicen en los exámenes de opción múltiple "ninguna de las tres anteriores"), me invitaron a dar una plática para adolescentes. Después de lo que había vivido con Alejandro no lo dudé ni un segundo: investigué y preparé unos temas. Tengo que aceptar que me costó trabajo subirme a dar la plática, pero les costó mucho más trabajo bajarme.

Usé la imagen que tenía en la televisión, las bromas, mi programa de radio, en fin, ahora si que aproveché todo lo aprovechable para poder conectarme con los chavos, y una vez que estábamos en la misma sintonía, les daba información importantísima sobre todos esos temas que los pueden meter en problemas muy serios. Me encantó hacerlo. Hoy llevo catorce años dando conferencias para adolescentes y he escrito tres libros sobre estos temas.

Es común que cuando acabo una plática, tengo una fila de chavos que quieren platicar conmigo en privado para contarme sus problemas (a veces, la mayor privacidad a la que llegamos es alejarnos cuarenta centímetros de los demás). Ellos me dicen "esto es algo que jamás le platicaría a mis papás". Los problemas van desde situaciones sencillas hasta algunas muy, muy serias. Yo busco ayudarlos, darles información, escucharlos, referirlos con un especialista si el caso lo amerita y, principalmente, intentar que mejoren la relación con sus papás.

De unos años para acá, muchos adultos empezaron a ir a las conferencias y algunas veces también se acercaban a preguntar sobre sus hijos (era muy chistoso, las mamás no querían que sus hijos oyeran nada y ellos estaban rondándonos como moscos en la noche cuando apagas la luz, para ver si se enteraban de algo). El asunto es que en cada conferencia había dos o tres mamás que querían platicar, y cada vez se fueron sumando más. Un día no lo podía creer, había más papás que chavos, que querían platicar. Pero si eso me había sorprendido, no sabía lo que venía.

Los papás no sólo estaban muy preocupados y sin pistas de qué hacer. De hecho, estaban más asustados que sus propios hijos. Un día, una mamá se soltó a llorar y me dijo: "No puedo más, estoy cansada, ya no sé qué hacer. Ya lo he castigado con todo, Yordi, y no encuentro la manera. No sólo no me respeta, sino que se burla de mí en mi cara, y yo sólo busco que esté bien."

Me quedé impresionado de verla llorar y me cayó el veinte de que la mamá estaba llorando aún más que una niña que había pasado unos minutos antes, que me platicó que su novio le pegaba. Jamás se me va a olvidar, porque en la cara de la mamá vi miedo. Un adulto con miedo es algo fuertísimo, porque no estamos acostumbrados a verlo. Un adulto con miedo es alguien completamente vulnerable.

Empecé a ver a más papás y muchos estaban preocupados, desesperados, enojados, y siempre con las preguntas:

- ¿Qué hago?
- ¿Cómo resuelvo esto?
- ¿Es para siempre?

Ahí me di cuenta de que urgía un libro que hablara de todos estos temas. Que los papás necesitábamos una herramienta que nos ayudara a saber qué estaba pasando en cada caso y cómo enfrentarlo. Un libro que tuviera una respuesta para cada uno de los "¿qué hago?"

Desde ese día que vi a la señora llorar, pensé en este libro, y decidí buscar y hablar con los expertos más preparados sobre varios temas para que me explicaran cada una de las situaciones más difíciles por las que pasan los papás. Pensé que sería buenísimo tener un manual prácticamente de "primeros auxilios para padres de adolescentes" y que, por más trabajo que tuviera y por más tiempo que tuviera que dedicarle lo iba a hacer.

Cinco años después aquí está. Este libro es el resultado de los consejos de todos esos expertos, de las entrevistas con más de 250 padres de adolescentes que me hicieron el favor de regalarme su tiempo (y sus problemas), de una amplia bibliografía y de lo que he podido aprender de los adolescentes en estos catorce años que he tenido la oportunidad de trabajar con ellos.

Después de todo esto siento que no sólo tengo dos hijos, sino que he sido papá de más de cuatrocientos adolescentes en los últimos años de mi vida (afortunadamente no he tenido que mantenerlos). Lo que más quiero de este libro es aprender de cada uno de los que me han ayudado, además de RECORDARTE que la adolescencia de nuestros hijos puede ser una etapa INCREÍBLE (si entendemos lo que ellos están viviendo), y, especialmente, ayudarte a encontrar una respuesta a cada una de esas preguntas de las que no tenemos ni la más mínima idea de cómo contestar.

En fin, muchas gracias por tu confianza y recuerda que atrás de cada comentario de este libro hay mucha gente que trabaja todos los días con adolescentes. Y por favor, no te preocupes, aunque haya momentos en que no veas lo duro sino lo tupido con la adolescencia de tus hijos... esto va a pasar. Te pido, te sugiero, bueno, te imploro que te tatúes en la cabeza que esto es sólo una etapa y que si sientes perdidos a tus hijos sepas que SÍ los vas a recuperar. Y te digo algo de todo corazón: estoy seguro de que ese día no sólo vas a estar contento de haber pasado con éxito esta etapa, a la distancia vas a extrañar la adolescencia de tus hijos.

Mucha suerte y ánimo, ¡¡¡todo va a salir bien!!!

Con mucho cariño,

Yordi

Bienvenida

∨

¿Antes tu hijo o hija solía ser tu mayor admirador? ¿Su mayor premio era que estuvieras con ellos en TU casa? ¿Se peleaban por abrazarte y besarte? ¿Les encantaba platicar contigo? Y ahora, ¿a los únicos que admiran son a sus amigos? ¿Su mayor premio es que NO estés en SU casa? ¿Les da pena si los abrazas, besas o si les das la bendición (aunque sea la versión corta)? ¿La mejor forma de platicar con ellos es mandarles un mensaje de texto? Entonces hay una gran posibilidad de que tengas un adolescente.

Mucha gente cree que la palabra "adolescencia" se deriva del término "adolecer" pero, aunque tiene mucho sentido, es un error. La palabra "adolescencia" proviene del latín adolescentia, que a su vez se deriva del verbo latino adolescere, el cual significa "empezar a crecer". Y ¿hay algo más difícil que crecer?

Todo los adultos sabemos el dolor, la cantidad de errores que se cometen y el esfuerzo que hay que hacer. Nuestra ventaja es que también sabemos cuáles son las recompensas. El primer problema es que no sabes cómo pasó, pero de un año a otro, ¿qué digo de un año a otro?, del festival de primavera —en el que tu hijo o hija sale en bicicleta con seis pliegos de papel maché— al festival navideño, todo cambió.

Y la mayoría de los adultos está muy preocupada por enfrentar esta época. Y es que ¿cómo no?, pues desde que tus hijos empiezan a cumplir nueve ya todo mundo te está diciendo: "Uuuy, ¿ya listo para la edad de la punzada?", "No, no sabes la que te espera, que la Santísima Trinidad y todos los ángeles de la corte celestial se apiaden de ti", "Niños chicos, problemas chicos; niños grandes problemas grandes", "Nosotros fuimos los últimos que les tuvimos miedo a nuestros padres y los primeros que les tenemos miedo a nuestros hijos…." ¡¡¡¡¡YA, YA, YAAAAA!!!!! Si fuera película de terror, ya te hubieras salido del cine.

La verdad es que efectivamente los adolescentes, la pubertad o los *tweens* (más adelante te explicaré las diferencias), tienen sus complicaciones, y si a eso le sumamos que en muchos casos se junta la menopausia de las mamás, o la época de mayores gastos y presiones económicas de los papás, con la adolescencia, las cosas se complican. Pero, al mismo tiempo, es una gran oportunidad para ayudar a tus hijos a crecer, y para disfrutar una etapa con ellos que puede darte muchas satisfacciones.

Los adolescentes están muy confundidos. Están pasando por un periodo de cambios donde se sienten muy vulnerables y no saben qué hacer. Recuerda el momento cuando te hayas sentido más confundido en tu vida... ¿ya? Bueno, pues así se sienten ellos, pero *24 x 7* (o sea, todo el tiempo), y lo que más necesitan es un guía, un guía amoroso pero firme. Suena contradictorio, pero no lo es.

Sé que como padre o encargado de un adolescente hay momentos (muchos) en los que dices "Renuncio" (muchos; perdón que lo vuelva a poner, pero es que sí son muchísimos). Que dices que no los aguantas. Que sientes que llevas años trabajando por ellos y que de un día para otro se olvidan de ti. Que te entristece lo que hacen y, peor aún, lo que te dicen. ¡¡¡Que quisieras no llegar a tu casa o de plano salir corriendo de ella!!!

Pero cuando sabes qué sucede, cómo funciona su cerebro en esta etapa y qué está sintiendo tu hijo en cada uno de los casos, es mucho más fácil entenderlo, manejar la situación, poner límites y descubrir si es algo normal o si tienes un problema serio que hay que trabajar de otra manera. Por eso me pareció muy importante hablar en este libro de temas como:

- ¿Qué piensan y qué sienten mis hijos?
- ¿Por qué me llevan la contraria en todo?
- Me siento una madre/un padre poco querida (o)
- ¿Qué es normal y qué no?
- ¿Cómo me comunico con ellos?
- Permisos, límites, ¿castigos?
- Peleas entre hermanos
- Es muy agresivo conmigo
- Lo que hace que tu hijo te respete o no
- Sus amigos
- El internet y las redes sociales
- Su teléfono es mi peor enemigo

- La escuela
- Higiene
- Sexo
- Creo que mi hijo es gay
- ¿Cómo controlo el alcohol?
- La depresión, las drogas, el suicidio
- Ser mamá soltera y el divorcio
- Y muchos otros...

La idea es que con esta información sepas qué esperar y cómo reaccionar en cada caso. Sólo me gustaría agregar dos cosas:

1 No te preocupes porque para ti es difícil entender a los adolescentes, pues ellos mismos no se entienden.

2 Y como lo comentaba, en estos años de investigación vi a varios padres llorar por los momentos difíciles que han pasado con sus hijos en esta etapa, pero vi a muchos más llorar de felicidad cuando les pregunté sobre las satisfacciones que les han dado sus adolescentes. Así que, de entrada, vamos de gane.

1 ¿Qué le está pasando?

"Éste no es mi hijo."

De seguro sientes que clonaron a tu hijo y que dejaron en tu casa la versión pirata, de hecho, es muy posible que a la menor oportunidad te pongas a pensar: "¿Por qué mi hija me dijo mentiras para irse a una fiesta? Ella no es así, siempre ha dicho la verdad, hasta se ganó la insignia de honestidad cuando era *scout* (y de ahí tu cabeza se da cuerda solita), ¿habrá sobornado a alguien para ganarse la insignia? ¿Robará coches y tendrá un negocio de autopartes? ¿Tendrá un narcotúnel de su cuarto a la cocina?".

La realidad es que, como comentábamos, la adolescencia es una etapa de muchísima confusión para los hijos, y si tú, como mamá o papá, no tienes información sobre lo que está pasando, cada vez vas a entender menos. La adolescencia tiene cambios físicos y psicológicos muy radicales, lo que en pocas y sencillas palabras hace que todo lo que conoces sobre tu hijo cambie. Es como cuando cambias de pareja: sabes de qué se trata, pero si te cambian al susodicho, hay que volver a descubrir casi todo.

Muchos estudios científicos sobre la adolescencia muestran que durante la pubertad una de las primeras señales que manda el cerebro es la de independencia. Sí, por primera vez tu hijo necesita ser él o ella, es decir, ser un individuo. Así, de un día a otro, voltea a verte y ¡¡zas!! es idéntico a ti, y por primera vez se aterra (seguro ahorita que lo leíste te acabas de aterrar que le aterre, y sí… es aterrador). Has sido su héroe toda su vida y por muchos años ha tratado de parecerse a TI, ha seguido tu forma de hablar, tus gustos, tu forma de vestir, tus palabras.

La Dra. Janice Hillman, especialista en medicina adolescente, dice que el adolescente se da cuenta de que es una copia tuya y por primera vez en la vida necesita ser él o ella (para acabar pronto, se da cuenta de que es una sucursal tuya y necesita poner su propio negocio). Necesita sentir que se vale por sí mismo, que es alguien, por lo que tiene que hacer todo lo contrario para alejarse de ti (¡ojo con esta frase cuando estés a punto de explotar!).

Tu adolescente se da cuenta de que todo lo que le has dicho lo ha creído, así nada más, sin experimentar, sin preguntarse si es cierto o no. Por ejemplo, si tú le enseñaste que al bañarse debe lavarse primero la cabeza y luego los pies, ahora lo va a hacer al revés. Bueno, de hecho, date de santos si se baña, porque algunos manejan "la impermeable" y ni eso quieren.

Te platico una situación muy sencilla y sin mucha trascendencia, pero que ejemplifica muy bien este caso. Tengo una sobrina de 14 años que se llama María Fernanda. Nosotros, de vez en cuando pasamos al AutoMac (entrega de comida en tu coche, de McDonald's), y desde muy chiquita le encanta ese plan. Hace unas semanas que íbamos a hacer lo mismo, detuvo de golpe nuestra milenaria tradición y nos dijo que NO QUERÍA PASAR al AutoMac, que "¿cómo sabíamos que era más rápido eso que comer dentro del restaurante?". Le contestamos que para eso estaba hecho ese sistema, para hacerlo más rápido. Por supuesto que no nos creyó e insistió (subiendo abruptamente los decibeles y las repeticiones de sus inocentes comentarios), o sea, prácticamente nos tupió de argumentos para bajarnos. Así que nos metimos al restaurante y comimos ahí. Conforme iba pasando el tiempo su carita se iba desencajando, porque se estaba dando cuenta de que en efecto era más tardado. Pero era algo que ella tenía que experimentar, pues toda su vida había creído ciegamente en la técnica del AutoMac que nosotros le habíamos mostrado. Sin embargo, en esta etapa esto tampoco hace que la siguiente vez decida usar el AutoMac.

Aunque esta situación muestre algo muy sencillo, la realidad es que para los adolescentes TODOS los aspectos de su vida van a cambiar. Es por eso que debemos tenerles mucha paciencia, primero porque lo hacen inconscientemente y luego porque, en realidad, su cerebro los está preparando para crecer. Claramente éste es un paso esencial en su vida.

Imagínate que tu adolescente no creciera y no experimentara. ¿Te gustaría tener a tu lado a una mujer o a un hombre de 28 años que no sepa tomar sus propias decisiones y que se ponga a hacer un berrinche a su jefe porque no le dieron la oficina que quería? Así como:

—¡¡Buaaa!! ¡Qué mala onda, jefe! Yo quería la oficina de vicepresidencia para poder jugar en el piso (patalea y se tapa los oídos). No me voy de aquí, no, no, no, y ni me pida reportes de resultados porque ya no le voy a hablar, ¡eeehhhh!

En la pubertad, al mismo tiempo, el cerebro tiene una reconstrucción importantísima, pues la mitad de las conexiones electroquímicas (que son las encargadas de que todo funcione) se modifican para rehacerse. De hecho, estudios recientes confirman que 95% del cerebro se forma a los 5 años y el 5% restante ocurre durante el crecimiento más importante de todos: en la adolescencia.

Es muy fácil notar los cambios físicos que presenta la adolescencia (el cambio de voz, el vello púbico, el crecimiento de los genitales, la menstruación en el caso de las mujeres, etcétera), pero no sabemos cuáles son los cambios que la adolescencia ocasiona en su cerebro y, al no entenderlos, éstos son los que más problemas nos causan. De hecho, "la individualidad" que buscan y "tienen que conseguir" para crecer es sólo una parte, ya que en el cerebro del adolescente hay mucho más.

Y aquí arranca uno de los principales problemas...

¿Por qué no entienden?

"¡¡Te lo he dicho mil veces!! ¿Qué, no pones atención?"

"Raúl, me dijeron que te volvieron a ver en la moto del vecino, y que además ibas sin casco. ¿Cuántas veces te he dicho que no hagas eso? ¿Sabes lo que te puede pasar? Apenas estás aprendiendo a manejar y te estás cruzando esa avenida que es peligrosísima, ¿me estás oyendo?"

Los cambios de la adolescencia hacen que los chavos y las chavas busquen cosas riesgosas, emocionantes, que les provoquen mucha adrenalina, situaciones como volarse una clase, escalar, manejar rapidísimo con sus amigos, escaparse con el novio o la novia, en fin, cosas que les generen un reto. Todo esto es natural en la adolescencia, pues obedece a un proceso básico que el cerebro vive en esta etapa.

El Dr. Jorge Méndez, especialista en adolescentes, me platicó que los papás tenemos "amnesia juvenil", que nos acordamos de los momen-

tos más representativos de nuestra adolescencia, pero que no recordamos las sensaciones y las emociones que generaba nuestro cerebro al ser adolescentes. Pero que basta un poco de concentración para recordar esas emociones que nos hicieron hacer y deshacer tantas cosas. Esa misma emoción que hoy tienen nuestros hijos.

Hay varias razones por las que pasa todo esto. Una de ellas tiene que ver con la corteza prefrontal del cerebro (la que está justo detrás de la frente) que es la zona donde se desarrolla el juicio, el análisis y la responsabilidad de los seres humanos. El problema con tu adolescente es que esta zona todavía no se ha desarrollado, ¡¡imagínate!! Esto es como la llave mágica o, para decirlo en palabras actuales, tu clave NIP para poder entender una parte muy importante de la adolescencia. Estamos hablando de que su entendimiento y su criterio no están completamente desarrollados. O sea que, cuando le dices a tu hija o hijo: "¿Cómo se te ocurrió cambiarte de fiesta, subirte a un coche con gente que no conoces y por si fuera poco, sin pila en el celular?, ¿qué, no te diste cuenta de lo peligroso que era?" No. En realidad no puede.

Y como para un adulto resulta tan fácil entenderlo, es muy posible que te saque de tus casillas y pienses que lo hace para molestarte o por simple rebeldía, cuando la realidad es que su cerebro no tiene la capacidad para entenderlo.

La Sociedad de Neurociencia Norteamericana muestra que las partes del cerebro asociadas a funciones motrices básicas maduran más temprano que la corteza prefrontal, la cual, como mencioné, es prácticamente nuestro centro de toma de decisiones.

Si esto lo hubieran sabido en los años sesenta, la película *Rebelde sin causa*, protagonizada por James Dean, en realidad se tendría que llamar *Rebelde por una corteza prefrontal no desarrollada* (aunque, bueno, creo que no hubiera tenido tanto éxito). Con todo este movimiento cerebral el adolescente cree que está listo para más de lo que tú quieres y puedes concederle, y verdaderamente piensa y siente que está listo, por eso es tan difícil y tan duro para razonar.

Prácticamente el adolescente se ha ido haciendo de un equipo súper sofisticado para navegar en el espacio: naves, satélites, transbordadores, cohetes de propulsión con la más alta tecnología y de una excelente calidad (tipo la NASA, pero en este caso sería la NEZA... porque está mas cerquita). El asunto es que de verdad tiene todo el equipo necesario para ir al espacio pues su cerebro ya no es el de un niño, pero no tiene ingenieros ni operadores en la sala de control. Es exactamente así, tiene todo lo necesario, pero no tiene el experto que lo maneje (obvio, eso no lo sabe).

A lo largo de la adolescencia, poco a poco irá consiguiendo ingenieros para que al final de esta etapa pueda hacer su primer vuelo al espacio y sea exitoso (de cualquier manera hará varios intentos de vuelo).

El neuropsiquiatra Edilberto Peña de León me dice que otro punto muy importante es la mielina. Apréndete muy bien esta palabra porque, aunque posiblemente no la conozcas, está más cercana de tu vida que tu propio celular (y vaya que para mucha gente el celular es tan cercano que, si pudiera, le pondría su apellido y lo haría parte de su árbol genealógico). La mielina es una sustancia grasosita que se deposita en las conexiones cerebrales más importantes, y aumenta la velocidad con la que los mensajes se transmiten a través del cerebro, o sea que es como si engrasara.

El problema es que la mielina no se distribuye de la misma manera en el cerebro de tu adolescente. Por un lado, en esta etapa tiene menos mielina en la famosa corteza prefrontal y esto hace más lento todo su razonamiento. Por otro lado, hay un mayor número de mielina en la amígdala (otra palabrita que es importantísima en tu nuevo púber-diccionario), donde se generan las reacciones emocionales. Por eso cuando tu adolescente está frente a un problema y tiene que resolverlo, la amígdala entra mucho más rápido en acción y no le da chance a la razón. Ahora si que si tu hijo tomó una mala decisión... échale la culpa a la amígdala.

Una noticia: su cerebro no terminará de madurar hasta que tenga entre 20 y 25 años (como decía, esto no significa que no vaya mejorando poco a poco). Así que cuando estés en una situación complicada, lo ideal sería no decirle hasta de lo que se va a morir, no gritarle y no lastimarlo con palabras, porque lo único que se logra es bajarles la autoestima. En realidad es mucho más fácil que tu cerebro de adulto (que sí está *extramielinizado* y que su maduración se ha completado) entienda lo que está pasando, porque tu adolescente definitivamente no va a poder.

La Dra. Sarah Jordan comenta que una muy buena opción sería preguntarle cómo resolvería cada problema antes de que suceda, esto con la finalidad de que lo vayas ayudando a tener soluciones previas a los problemas, o en caso de que ya haya pasado, puedes preguntar cómo hubiera podido reaccionar… Esta forma les dará herramientas que pueden utilizar a la hora de tomar sus decisiones. También es muy importante poner límites y prevenir sobre las consecuencias de sus actos **(ver capítulo Límites)**, ya que algunas situaciones pueden ser muy riesgosas; esto los ayudará a estar más conscientes de sus decisiones.

En fin, se trata de que entendamos qué les está pasando para no juzgarlos tanto, y que, al mismo tiempo, les recordemos constantemente lo que se debe hacer. Ésta es una forma de ir ejercitando la madurez para que vayan mejorando. Si entendemos esto, estaremos más tranquilos de saber por qué les cuesta tanto trabajo comprender las cosas, tal vez descifraremos el famoso proverbio materno de "parece que las cosas te entran por un oído y te salen por el otro" y, sobre todo, ayudaremos a nuestros hijos.

> - *El cerebro de las niñas madura aproximadamente dos años antes que el de los niños.*
> - *Un adolescente no puede anticipar las consecuencias de sus acciones.*
> - *La mayoría de los problemas de los adolescentes son causados por la batalla entre su deseo de ser libres en TODO y el deseo de sus padres de controlar TODO.*

¿Se adelantó la pubertad?

"¡¡¡Mi hija ya no me hace caso y sólo tiene 9 años!!!"

Sin darle mucha vuelta: sí, la pubertad se ha adelantado, en especial en las mujeres. Así que si tienes hijos o hijas de 6 a 9 años, y…

- ya no pelan sus juguetes y sólo quieren escuchar música en su MP3,
- les dan flojera las princesas y en lugar de eso quieren ser "populares",

- te roban todo el día tu celular para "jugar" (y de paso acabarse tu pila),
- más que usar su imaginación, quieren usar tu tarjeta de crédito y comprar, comprar y comprar,
- se la pasan viendo series en la tele de preadolescentes y cualquier otra cosa les parece una basura,
- todo el día hablan de los niños o las niñas que les gustan y hasta pretenden presentarte a su pareja formalmente…

Tranquilízate, es completamente normal, aunque sientas que la vida te "robó" uno o dos años de su infancia. Ahora, el asunto de que la vida "te quite" más rápido a tus niños y te entregue adolescentes (aunque sea envueltos en moño) no es nada más como que se adelantó la época de lluvias. Aquí está cómo se ha dado todo esto.

En sus estudios más recientes, Lise Aksglaede, una investigadora del Hospital Universitario de Copenhague, muy respetada en el tema adolescente, asegura que el inicio de la pubertad en las mujeres se ha adelantado un año en sólo una década y media, lo que tiene que ver con ciertos contaminantes que imitan los efectos de los estrógenos (o sea que actúan como hormonas en su cuerpo).

Cuando consulté a los doctores Oded Stempa y Aquiles Ayala, endocrinólogos, me platicaron que este adelanto de la pubertad tiene que ver con varios factores, como la evolución genética y el exceso de calorías en muchos alimentos, principalmente. Ese exceso provoca que haya mucho más colesterol circulante, el cual genera muchas hormonas. Además de esto, las influencias sociales como los medios de comunicación, las redes sociales y la mercadotecnia también son culpables de todo esto.

Por otro lado, el ginecólogo Marco Antonio Pérez Cisneros me comenta que en efecto cada vez van a consulta niñas más jóvenes, que definitivamente la mezcla de elementos biológicos ha adelantado la adolescencia. De hecho, uno de sus casos más recientes fue el de un niño (hombre) de 9 años que empezó a secretar leche por los pezones, lo cual ha identificado como parte de estas reacciones.

Al mismo tiempo, en los últimos años se ha hablado muchísimo sobre el pollo alimentado con hormonas, y más de una mamá ha sentido que ve al mismísimo anticristo colgado de cabeza en el mercado cuando ve uno de estos pollos. La realidad es que es un mito, aunque en los años cincuenta se hicieron algunos experimentos al respecto, hoy en día el pollo no consume la hormona del crecimiento humano por dos cosas muy sencillas: porque es muy cara y porque no tiene ningún efecto en el pollo, así de sencillo. Ahora si que ni funciona ni es negocio. Si te preguntas cómo le hacen porque a veces ves pollos que más bien parecen avestruces, lo hacen por medio de nutrición y por manipulación genética (diferentes razas y cruzas).

Sí es importante cuidar la alimentación de tus hijos para no tener un problema mayor. Pero, en conclusión, vete preparando porque con pollo o sin pollo tu adolescente va a llegar antes de lo que te imaginas.

⚠ Tip de experto

Si quieres ayudar a tus adolescentes con los signos de la pubertad que tanto les molestan, pon atención en lo siguiente (en especial en las mujeres):

Estudios revelan que cerca de los días 18 y 14 del ciclo menstrual existen dos picos de producción de estrógeno, los cuales son hormonas creadas a partir de grasas y deben ser eliminadas por el hígado. Échales la mano, que coman menos carbohidratos para producir menos estrógenos, que coman más bioflavonoides (o sea frutas rojas y verduras coloridas) que favorecen a que funcione bien su hígado. También dales mucho ajo, cebolla y puerro, esto ayuda a desintoxicarse de las hormonas más rápido; y pescado, sobre todo azul, para que les ayude a ingerir omega 3, zinc y minerales importantísimos para el correcto funcionamiento de las hormonas sexuales.

Adolescencia, pubertad, *tweens*, adolescencia expandida y otros milagritos

"No sé ni en qué etapa está, ni mucho menos cómo tratarlo en cada una."

Algunas mamás dicen frases como:

- Se nota que estás en la *aborrecencia*.
- ¡¡Ayyy!!, ya no aguanto a este puberto.
- Que *tweens*, *twuns*, *itunes* ni que ocho cuartos (frase heredada de tu abuela materna), ¡sólo sé que están imposibles!

Efectivamente son muchos términos distintos y una explicación muy concreta podría estar basada en la famosa frase de don Vicente Fernández: "Es lo mismo pero no es igual."

Así que ahí van las diferencias para que sepas cuáles son las distintas etapas, cómo reaccionan en cada una y sobre todo cómo reaccionar tú.

La adolescencia en general es el paso entre la infancia y la adultez, y dentro de ella hay varias etapas.

Tweens

Como dije antes, las cosas han cambiado mucho y hay una generación de niños que ha adelantado (y anhelado) su adolescencia, con la influencia del entorno, la globalización, los medios de comunicación, los videos musicales, sus amigos, sus enemigos, y hasta de YouTube.

Según Içami Tiba, uno de los psicólogos más reconocidos en el mundo en el tema de adolescencia, los *tweens* son una nueva generación también conocida como adolescencia anticipada. *Tween* viene de la palabra en inglés *between*, que significa "entre o en medio", y se refiere a la etapa que hay entre la infancia y la adolescencia.

Los *tweens* son miniadolescentes entre los 7 y los 12 años que todavía no arrancan con la pubertad, pero ya tienen una forma de ser muy clara (de hecho, si tienes uno, a ti te queda muy claro cómo son).

Muchos de los programas que vemos en los canales de televisión como Nickelodeon, Disney Channel y hasta el Canal 5, (en nuestra época éramos sobrinos de El Tío Gamboín y primos de Pacholín y de Salchichita) están especialmente dirigidos a ellos.

A los *tweens* les gusta ser muy independientes, su peor pesadilla es que sus papás quieran hacerles todo. Son expertos en todo tipo de aparato, videojuego, teclado (de hecho, textean más rápido de lo que hablan). Son muy inteligentes, quieren dar clases de todo a sus papás, aman los desafíos, forman grupos o parejas con sus mejores amigos o amigas como si fueran una copia al carbón, bueno más bien una copia láser. Su peor enemigo son los niños chiquitos y su peor pesadilla es tener que vestirse formales para un evento. Creen que un disco de vinil de los viejos es un *frisbie* que vuela más. Juran que la palabra "telegrama" tiene que ver con un programa de televisión de los ochenta, se comunican 101% por redes sociales y no conciben que haya gente que mande cartas. Una característica que hay que cuidar mucho es que son muy consumistas. Los recordarás en películas como "Si no me compras ese modelo de celular, entonces mejor no me compres nada".

Según Juliet Schor, profesora en el Boston College, la razón de que esta generación esté tan activa con el consumo tiene que ver con las nuevas tecnologías. En su libro *Los nuevos consumidores infantiles*, asegura que las madres han dejado de ser un filtro en el consumo de sus hijos, porque ahora ellos se enfrentan por primera vez, cara a cara, con la publicidad y el *marketing*, y se convierten en el motor del consumo familiar.

Por ello es muy importante que, cuando se aferren a algo, sepas negociar y seas firme con tus decisiones, de lo contrario, a menos que seas primo de un amigo de la hermana de Bill Gates, el dinero no te va a alcanzar y de todas formas no lo ayudarás en lo absoluto con su formación.

El psicólogo experto en límites de adolescentes, Juan Pablo Arredondo, me ha platicado que al comprar o al cumplir todos los gustos de los *tweens* o los adolescentes en general, lo único que logramos es que ellos no desarrollen una tolerancia a la frustración. Creer que pueden tener de inmediato lo que deseen puede traerles grandes problemas después, porque la vida obviamente no es así. Y no sólo eso. Muchos papás que tienen muy justo su gasto no pueden darse el lujo de estar comprando cosas. Así que dejar de comprar cosas a sus *tweens* es una forma de aminorar el problema. El caso de aquellos papás que están un poco más holgados puede ser diferente, ya que pueden enseñarle a su hijo que no lo tendrá todo. Por ejemplo, si tú ya le has comprado varias cosas, definitivamente es muy importante negar algunas (piensa bien qué negarás porque tienes que sostenerlo, ¡el celular no es buena idea!). Otra opción es aplazar las compras para que los *tweens* aprendan que no se puede adquirir todo de inmediato.

Aunque tú creas que son niños, la realidad es que son *tweens* y no los podrás sacar de ahí, porque es una de las mutaciones adolescentísticas que existen hoy en el mundo. Una idea mucho mejor es entenderlos, estar cerca de ellos y aceptar que esta etapa empezó y que tú te estás preparando para enfrentarla.

> *Los tweens son niños que por lo general empezaron a ir a la escuela desde los 2 años y desarrollaron mucha independencia.*

Pubertad

La pubertad es el principio oficial de la adolescencia. Si fuera la Fórmula 1, sería la meta de la infancia y el banderazo de salida de la adolescencia. En las mujeres se da generalmente a los 9 años (en tercero de primaria), y en los hombres ocurre alrededor de los 11 (entre cuarto y quinto año).

Prácticamente se trata de un proceso biológico durante el cual las hormonas atacan con TODO a tu hijo o hija, y provocan cambios físicos y emocionales en ellos. En lo físico, los hombres se vuelven muy torpes, chocan con todo, tiran la comida cuando se la llevan a la boca (pues todos los días crecen y no calculan bien sus nuevas dimensiones; en su cabeza todavía

29

tienen la medida del mes pasado), le dan mucha importancia a los logros y de alguna manera su autoestima depende de lo que son capaces de hacer. Gracias a la testosterona tienen más fuerza en los músculos, y por eso se la pasan todo el tiempo compitiendo y arriesgándose para probar su nueva fuerza. Las mujeres también se vuelven torpes, no miden su cuerpo, le dan muchísima importancia a las relaciones, una buena parte de su autoestima la basan en la cantidad de amigas que tienen, les encanta la ropa (de grandes siguen con esta tradición), porque las muestra tal como quisieran ser, pero al mismo tiempo cubre las partes de su cuerpo que todavía les dan pena.

En lo emocional también hay muchos cambios de sensaciones y sentimientos. El púber (la palabra *puberto* es más bien un invento de los adultos al borde de un ataque de nervios) tiene problemas con su capacidad de entender y reaccionar ante las demás personas, en especial ante los adultos, porque de un momento para otro la imagen de sí mismo es completamente diferente. De hecho, es común que si le explicas algo con detenimiento y al final le preguntas: "¿Entendiste?", te conteste: "Mmmm, más o menos." Es normal.

En esta etapa tanto hombres como mujeres todavía necesitan ayuda de sus papás, y de hecho se la piden (no han llegado al momento de buscar la independencia). A veces, los cambios físicos de la pubertad pueden ser muy sutiles, incluso puede pasar un año completo y ni siquiera los notas. Más o menos como cuando te dabas cuenta de que tu hermanita de un día para otro ya tenía bubis y decías "¡Ah, caray! En qué momento le salieron", o cuando a tu hermano le descubrías bigote y peor aún "bigote lacio de adolescencia". Casi siempre la primera señal del cambio y por la que muchos adultos se dan cuenta es un olorcito corporal. Ese olor se debe a unas glándulas llamadas apocrinas, las cuales empiezan a producir más sudor de lo normal que se mezcla con bacterias. Se oye muy científico, pero en pocas y sencillas palabras esto causa el olor que viene de las axilas y de la entrepierna.

El peso afecta

La obesidad y el sobrepeso hacen que el cerebro mande una señal para empezar la pubertad más temprano. Es importante que tus hijos estén delgados y en su peso correcto para que no se les adelante la pubertad.

> **Dime cuándo te pasó y te diré cuando le pasará a tus hijos...**
> *La pubertad de tus hijos empezará un poco antes de lo que empezó la tuya, por los cambios recientes que ha habido. Variará según cada sexo. Así que si te haces la pregunta que se hacen veinte veces a la semana casi todas las mamás de las niñas adolescentes... "¿Cuándo le bajará a mi hija?", la respuesta es: "Casi a la misma edad que tuviste tu primera menstruación."*

la primera menstruación de las niñas atletas con un nivel de grasa muy bajo puede llegar a retrasarse o puede suspenderse por un cierto tiempo después de la primera aparición.

- En promedio, los cambios de la pubertad duran entre tres y cuatro años, algunos los completan en un año y otros hasta en seis.
- Algunos adolescentes pueden empezar con el proceso y luego bajar su velocidad, o pueden suspenderlo para después continuar.

Adolescencia

Terminando la pubertad continúa la adolescencia, que puede dividirse en adolescencia media y tardía. Para la Organización Mundial de la Salud (OMS), este periodo comprende entre los 10 y 19 años y está dentro de la etapa de la juventud, que es entre los 10 y los 24 años, edad en la que termina el desarrollo del cerebro.

La adolescencia es un periodo en el desarrollo biológico, psicológico, sexual y social durante el cual, como ya platicamos, el cerebro está cambiando y pide ser independiente y empezar a madurar en todos aspectos. Esto, con los cambios biológicos y sexuales provoca que el adolescente esté súper confundido y tenga actitudes que a los adultos nos cuesta trabajo entender (que nos sacan canas verdes y de todos los colores), pero que son completamente naturales y necesarias para su proceso de crecimiento.

Los adolescentes:

- Son Rebeldes
- Cuestionan todo
- Buscan sus pares (amigos con los que se identifican y se convierten casi casi en gemelos)
- Son egocéntricos
- Son impulsivos
- Se sienten frente a una audiencia imaginaria (creen que todos los ven)
- Tienen la necesidad de ser aceptados por los amigos
- Presentan baja tolerancia a la frustración
- Tienen cambios muy fuertes de humor (están muy felices, y con una noticia, llamada o de plano "nada" se ponen muy tristes o enojados)
- Tienen sentimientos intensos
- Muchas veces se aíslan porque necesitan privacidad
- Se sienten omnipotentes (a ellos no les puede pasar nada y esto los hace muy vulnerables)
- Sufren ansiedad (viven una época de mucho estrés, tienen la presión de la escuela y los amigos)
- Fantasean mucho
- Son hipersensibles a la crítica (sienten que todo es ofensa personal)
- Tienen muy poca eficiencia frente a los problemas
- Quieren gratificaciones inmediatas (en todo)
- Buscan sensaciones intensas (música fuerte, deportes extremos, violar la autoridad, luces, alcohol, todo lo extremo los hace producir más adrenalina)

El estirón

Como su nombre lo dice, ellos "se estiran". La adolescencia es la época de mayores cambios corporales que se notan muchísimo. Les crecen mucho los huesos de las piernas (fémur, tibia y peroné). Comúnmente, los hombres crecen hacia arriba y las mujeres hacia todos lados (senos, nalgas, caderas) y un poco para arriba. En las mujeres el estirón termina en su primera menstruación y en los hombres cuando cambian de voz. Se vuelven muy tímidos para hablar en público (así que no los presiones).

Todo el cuerpo de los hombres crece, sólo que el pene lo hace hasta que cambian de voz, entonces sienten como que se les encogió. A los hombres les preocupa mucho el tamaño del pene, por la etapa del despertar sexual que están viviendo, por eso hacen tantas bromas referentes a esto.

Los hombres se aíslan bastante y prefieren estar chateando o mensajeando en su computadora que en persona (por eso son muy abiertos en internet y muy cerrados frente a frente). Las mujeres hablan mucho más y hacen grupos (bolitas) entre ellas donde planean desde qué se van a poner hasta cómo se van a ligar al príncipe (estudiante) de su castillo (escuela).

> ### ⚠ Tip de experto
>
> Es completamente normal que en segundo y tercero de secundaria bajen de calificaciones, ya que toda su atención, energía y preocupación está concentrada en separarse de sus papás y en querer ser aceptados por sus amigos.

Adolescencia expandida o adultescentes

Hoy en día hay muchos jóvenes mayores de edad que siguen viviendo con sus papás y que, aunque tienen una vida social independiente y muy movida, muchas veces ya terminaron la licenciatura, muchos ya tienen una pareja que quiere amarrarlos de por vida, ellos siguen viviendo... de la mesada de sus papás.

Por lo general, estos jóvenes tienen entre 25 y 30 años, y aunque a esta edad podrían tener una maestría en Harvard o un premio Pulitzer, más bien te piden dinero para llevar a cenar a su novia o novio a un "restaurante bonito". Y pueden tener algunas características adolescentes.

Esta situación también es parte de la actualidad. Hoy es tan difícil conseguir trabajo y hay tanta gente buscándolo que las oportunidades están mucho más contadas. Hoy esos niños que salieron con "puros dieces" de la escuela ya no son los más atractivos para las contrataciones, ahora son aquellos que salieron bien y que saben resolver problemas, que tienen iniciativa y que cuentan con un amplio criterio para enfrentar diferentes situaciones.

El momento más complicado para esta generación son las entrevistas de trabajo, porque se sienten presionados cada vez que no son elegidos y les da mucha pena con sus papás y con su pareja (o sus parejas, porque también algunos tienen maestría en eso). Lo mejor en esta situación es darles todo tu apoyo, impulsarlos para seguir intentándolo, motivarlos a que sigan tomando cursos y especializaciones para ser cada vez más competitivos, y tenerles paciencia porque también en ésto el mundo ha cambiado.

Los ninis son chavos que NI estudian NI trabajan… son jóvenes de esta nueva era que no han logrado dar el salto a la independencia familiar. Según un estudio de la Subsecretaría de Educación Superior, en la organización para la Cooperación y el Desarrollo Económicos (OCDE), México ocupa el segundo lugar en número de ninis con 7 millones 820 mil. El Estado de México tiene el mayor número de ninis, mientras que Baja California Sur tiene el número más bajo, con tan sólo 37 mil.

▶ Test del adolescente

Sí / No

1　Es humanamente imposible prever sus reacciones.

2　Todos o casi todos sus puntos de vista son distintos a los tuyos.

3　Es imposible comunicarte con él o ella y no tienes la menor idea de cómo empezar.

4　Te dicen que no te metas en su vida, pero cuando no les preguntas nada se sienten porque no te interesan sus cosas.

5　Cambia radicalmente de humor, un minuto sí y el otro también.

6　Ahorra sílabas en todas sus respuestas, tipo: mmmjjj, ajá, ok, mmmmm.

7　Pasa la mayor parte del tiempo metido o metida en su cuarto (de hecho, jura que el cuarto está escriturado a su nombre).

8　Cada vez que prende su celular se convierte en un mueble (de los muebles "serios"), y es imposible que te ponga atención.

9　Tiene movimientos torpes y tira todo lo que tiene cerca (jarras, vasos, adornos de cristal, a su hermano, etcétera).

10　Te debate y te discute todo… todo… todo.

11　Se mete a su Facebook o a su teléfono y te preocupa porque no sabes con quién se está escribiendo y te inquieta su seguridad.

12　Le marcas por teléfono para preguntar dónde está, porque te preocupa y te dice que le marques al rato, porque está ocupado u ocupada.

13　Hace cosas arriesgadas, o sin pensar, que antes jamás hubiera hecho.

14　Después de llevar años con su imagen, repentinamente quiere cambiar de *look* y te preocupa que el corte de pelo tipo mohawk y los tatuajes de las tribus maoríes le parezcan fresas.

15　Te preocupa el precopeo, el copeo, el poscopeo, el after, y la exprimida, o sea, todo lo que tiene que ver con el alcohol.

16　Su expresión favorita (en muchos casos, única) es ¡¡ashhhh!!, eso sí, lo dice en bajito, para no molestarte.

Si eliges **7** de estas características… tienes un adolescente.
Si eliges **3** de estas características… tienes un adolescente.
Si eliges **1** de estas características…estás a punto de tener un adolescente. Si eliges **14** tienes dos adolescentes.

El adolescente no busca lastimarte o molestarte (aunque parezca que es un profesional en eso), simplemente su vida se le movió 180 grados. Pero si como padre haces un esfuerzo por entenderlo, vas a ser el apoyo que necesita en esta etapa.

Hay una frase de Kevin Leman que me gusta mucho y quiero compartir contigo: "La única cosa más difícil que ser un adolescente es ser el papá o la mamá de uno de ellos." O sea que para los dos es muy complicado, pero la diferencia es que tus hijos tienen una revoltura gigantesca en la cabeza y su cerebro apenas se está acomodando y nosotros somos adultos y nuestro cerebro está completamente maduro, por lo que debemos ser condescendientes y entender que tenemos más armas que ellos para enfrentar esto.

El Dr. Federico Soto, especialista en adolescentes, me comentó que, por un lado, muchas veces hacemos muy grandes algunos problemas que son normales y naturales en la adolescencia; y que, por el otro, en ocasiones ignoramos y dejamos pasar cosas que de verdad son serias y en las cuales debemos actuar de inmediato.

Hace poco entrevisté a una mamá que me decía:

—Mi hijo se fue a casa de unos amigos el fin de semana y lo único que le pedí fue que llegara el domingo a las ocho, y llegó casi cuarto para las nueve.

—Pero ¿adónde fue? ¿Qué hicieron el fin?

—No sé, cosas de chavos.

—¿Se estuvo reportando?

—No, porque creo que no hay señal de celular en casa de su amigo, o no sé qué. Pero lo que sí no le voy a soportar es que no llegue a la hora que quedamos.

En este caso, llegar media hora tarde no es lo serio. Sin embargo, como papás es muy fácil que perdamos el foco y que no nos fijemos en las cosas más importantes. Existen señales que no sólo son características, sino que son FOCOS ROJOS a los que tenemos que estar muy pendientes:

▶ Que tengan una gran depresión después de haber tronado con el novio o novia. De hecho, se dice que la segunda causa de suicidio en México es la decepción amorosa.

- Que alguno de tus hijos tenga dificultad para dormir o, por el contrario, duerma demasiado.
- Que todos los fines de semana busque quedarse a dormir en casa de algún amigo o amiga, que busque ir de viaje o hacer cualquier cosa para que no sepas lo que hace o a dónde fue (la típica llamada a las ocho de la noche para reportarse no basta).
- Que se ha aislado de todo, no sólo de sus papás sino de sus amigos o amigas.
- Que de un día para otro tenga muchas cosas materiales nuevas y no sepas dónde las consiguió (de hecho, te dice que se las regalaron).
- Que tus límites y nada es lo mismo, lo cual ha ocasionado problemas muy serios, y lo peor de todo es que, lejos de ponerte firme, te sientes culpable cuando lo castigas.
- Que has notado que te ha robado, ha empeñado o ha vendido sus cosas buscando conseguir dinero para algo que no sabes qué es.
- Que te has dado cuenta de que a ciertos adultos no los puede saludar o siquiera ver a los ojos, aunque sean tus amigos, incluso sus familiares.
- Que has visto que gana o pierde rápidamente cinco kilos o más y, de un tiempo para acá, sólo usa ropa holgada como sudaderas y blusas grandes.
- Que van varias veces que no llega a la hora que quedaron, que trae aliento alcohólico, y cuando menos te imaginas te lo vuelve a hacer.
- Que te has enterado de que tiene una gran tolerancia al alcohol.
- Que en su cuarto has encontrado tapitas, recipientes chiquitos, encendedores o cerillos, o cosas como cuchillitos o cúters para cortar algo.
- Que no puedes contestar ninguna de estas preguntas, porque generalmente tú estás muy ocupada u ocupado y no sabes mucho de su vida…

Éstas y otras situaciones que veremos más adelante pueden ser problemas muy serios. Una de las ideas de este libro es que identifiquemos cuáles son las conductas normales de los chavos y cuáles son las de emergencia. Para estas últimas tendrás las opiniones de los especialistas para saber cómo actuar en cada caso.

Así que más que nunca hay que abrir bien los ojos y estar muy atento por el bien de tus adolescentes, porque dicen que "al mejor cazador se le escapa la liebre", pero si además no sabemos ni qué hace la liebre, ni qué piensa, ni cómo son sus amigos... pues es mucho más difícil.

Los adolescentes en la actualidad

"¡¡Me los cambiaron!!"

Seguro tu pregunta principal es "¿Han cambiado mucho?". No, no han cambiado mucho... han cambiado muchísimo, y es básico entender cuál es la situación, el escenario, la fe de hechos, el estatus, el cuadro, o de plano como dicen los policías: "¿Cuál es el 10, pareja?, porque aquí tengo un 16, que presenta mi presunto adolescente."

La forma de ser del adolescente ha cambiado en algunas cosas en relación a nuestra adolescencia, pero el mundo que lo rodea ha cambiado en todo. Casi nada es igual, o sea que cuando tu hijo o hija te dice "Es que tú no entiendes...", créele, es verdad, vive en un mundo donde hay muchos elementos nuevos.

Los chavos de hoy están expuestos a una tecnología impresionante que cambia todos los días (como los *smartphones* con internet), a las redes sociales, donde ahora todos tus "amigos", *followers*, *bloggers*, y lo que esté por inventarse mañana, saben todo lo **bueno** y lo **malo** de ti (como era nuestro chismógrafo, pero con la pequeña diferencia de que ahora no sólo se entera tu salón de 3°A, sino millones de adolescentes que se pueden enorgullecer, divertir o **burlar** de lo que hiciste), el problema es que esta herramienta puede ser su mejor amiga y de repente se puede convertir en su peor enemiga. También están expuestos a una cantidad de información (real y falsa) enorme, a la cual nosotros ni soñando hubiéramos tenido, a drogas nuevas que cada vez son más potentes, a una normalidad para el consumo del alcohol que se ha vuelto cada vez más peligrosa, a una inseguridad y delincuencia que sobra decir que en México jamás había llegado a este nivel, etcétera.

Hace poco estaba entrevistando a unos adolescentes y les pregunté sobre las amenazas más comunes que sufren ahora, me contaron que una de ellas es: *"Déjame de estar fregando o subo tu video a YouTube de la peda que te pusiste para que vean cómo vomitabas."* ¡¡Imagínate nada más el mundo en el que viven los adolescentes de hoy!! Y luego si a todo esto le sumamos que cada vez es más difícil estar entre familia y hay poca convivencia, las cosas se ponen complicadas. Y es que ¿cómo no?, las familias cada vez son más chicas y están más aisladas, de hecho, en la mayoría de las casas tienen que trabajar los dos padres, otros tienen doble puesto por el mismo sueldo. Gracias a la crisis económica y a los aterradores "recortes", madres y padres solteros se tienen que ocupar solos de los gastos. Y además la cantidad de divorcios hoy no sólo son normales, sino una nueva estructura familiar.

Si pensamos en todo eso, la verdad es que los chavos sí tienen una realidad muy distinta a la que nosotros tuvimos. Perdón por ponerte este tabique tan grande de situaciones negativas, pero no es para preocuparnos, en realidad es para ocuparnos.

Un día en una clase espiritual me dijeron algo que tuvo mucho sentido. Me decían que para ser una mejor persona había que conocer nuestros defectos, aunque nos dolieran mucho, y que sólo así podríamos empezar a cambiarlos y ser mejores. Pienso que puede ser igual con los

adolescentes. Tenemos que saber qué cosas están viviendo para ayudarlos y entenderlos, sólo así podremos hacerlo mejor.

El Dr. Francisco Schnass asegura que lo más importante para el tránsito positivo en la adolescencia de un chavo es la presencia y el apoyo de los padres. Y además tomar una actitud parental responsable y firme, sin olvidar la comprensión, la demostración de cariño y la paciencia.

El adolescente está caminando a ciegas y aunque externamente repele a los padres, por dentro los necesita para saber hacia dónde caminar y sentirse seguro. Todos los días veo a papás que están en el proceso con sus hijos, echándole ganas, resolviendo situaciones y preguntándose si lo hacen bien o mal. Y al mismo tiempo, cada vez que veo una oficina llena de adultos, trabajando, responsables y consiguiendo sus metas, pienso que todos ellos fueron adolescentes con sus broncas y su rebeldía, y que sus padres con sus aciertos y sus errores supieron sacarlos adelante.

Cada adulto responsable que vemos fue un adolescente que volvió loco a sus papás en algún momento, mientras aprendía a crecer. Así que ¡¡claro que se puede!! Sólo hay que saber cuáles son los problemas, para saber cuáles son las soluciones, porque si no sabemos cuáles son los errores y no tenemos información de ellos, entonces sí estamos destinados a equivocarnos.

No olvides que la convivencia familiar es importantísima para la formación de vínculos y el fortalecimiento de los valores para que se defiendan tus hijos. Por eso trata de procurarla lo más posible, trata de convivir con tu adolescente, sé el ejemplo de lo que quieres que él sea y con esto le vas a dar el arma más grande para defenderse. Y por favor no olvides que una familia no necesariamente debe tener la estructura tradicional. Tu familia puede ser con mamá, papá y cuatro hijos, o puedes ser sólo tú y tu hijo, si en este caso sientes que estás sola o solo, no lo estás… están juntos y esa familia pesa igual que cualquier otra.

De la Riva Investigación Estratégica *realizó un estudio donde indica que las marcas preferidas de los adolescentes en México son* Apple, Starbucks, Sony y Xbox, *en las cuales ellos buscan exclusividad, alegría y confianza. Eso sí, los adolescentes cada vez realizan más compras de impulso, fijándose más en el renombre de la marca y queriendo tener un producto antes que todos los demás. Según este estudio, un adolescente en la Ciudad de México gasta en promedio 2000 pesos al mes, que se le va en el consumo de salidas sociales, telefonía celular, música e internet.* $

Cinco puntos básicos sobre los adolescentes

1. Su espejo es como el de la casa de la risa de la feria, distorsiona todo. Ellos se ven distintos a lo que realmente son (se ven mucho más capaces de lo que todavía pueden ser).
2. Buscar controlarlos al 100% es muy mala estrategia. Entre más los presionas, más se alejan. Es muy importante renunciar al control y respetar su privacidad.
3. Ven todo únicamente bajo su perspectiva.
4. Tomar riesgos los hace sentirse poderosos.
5. Cuando les dices que NO, ellos entienden... QUIZÁS.

Recuerda que a tu adolescente todavía no se le desarrolla la parte del cerebro que le permite tomar decisiones, en especial cuando está estresado y cuando se trata de evaluar los riesgos que tiene enfrente. Por eso te necesita para ayudarlo a tomar las mejores decisiones.

El sociólogo Joaquín Giró reconoció que la edad crítica de la adolescencia es a los 16 años. Se considera crítica no tanto por la rebeldía, sino porque es el promedio de edad en que muchos chavos rompen los lazos de comunicación con sus padres.

Me da pavor esta etapa

"Tengo miedo."

Es normal que la mayoría de los papás tengan miedo, ¿qué digo miedo?, terror a esta etapa, sobre todo las mamás, que son las que generalmente están más tiempo con sus hijos y que sienten que cada día pierden un poquito más de autoridad que al anterior (que ya de por sí estaba a la baja). Situaciones como:

- No sé cómo hablar con él.
- Ya no sé con qué más castigarle.
- Los regaños y lo que le diga le valen.
- Es un amor cuando está fuera de la casa, pero aquí es súper agresiva.

Y muchisísimos etcéteras más que no las dejan dormir, y peor aún… ¡¡tampoco estar despierta!!

La Dra. Janice Hillman, especialista en psicología y medicina adolescente, afirma que la adolescencia en efecto es una etapa difícil, y no hay soluciones rápidas, ni ningún adolescente puede saltarse lo que tiene que vivir. El egocentrismo (pensar sólo en ellos), la rebeldía y la impulsividad son características que estarán muy presentes en todo este proceso.

Esto no es para perder la esperanza, ni para que sientas van a ser los peores años de tu vida, y mucho menos para convertirte en una versión corregida y aumentada de la Magdalena, Libertad Lamarque y Chabelo cuando lo hacían llorar. La adolescencia bien llevada puede ser mucho mejor de lo que te imaginas.

Si tu pregunta es "¿Estos problemas tienen solución?", la respuesta es SÍ.

Muchos expertos en adolescentes concuerdan en que se pueden mejorar las conductas, las actitudes problemáticas, el sentido de responsabilidad, y muchos otros problemitas que conlleva ser adolescente. Y así como hay adolescentes que son muy tranquilos y que casi no generan problemas (aún en éstos verás muchos cambios), hay otros que son muy conflictivos y les pega mucho más fuerte el cambio.

Cuando platiqué con varios expertos del Instituto Mexicano de la Juventud (IMJUVE), me comentaron que es muy importante conocer cómo piensan, por qué actúan así, qué están viviendo, y muy especialmente escuchar lo que sienten los adolescentes.

Sé qué estás pensando: "¿Cómo?, si por más que intento, no logro que me platique nada, uso estrategias hasta de judicial con todo y tehuacanazo y nada." Quiero decirte que hay varias formas y técnicas de comunicarte con ellos que veremos más adelante.

El meollo del asunto es que normalmente les estamos hablando, corrigiendo y regañando, porque los amamos (aunque nos cueste aceptarlo, en ese momento este concepto sólo lo entendemos los padres) y no queremos que les vaya mal en nada, pero lo hacemos de una forma nada atractiva para ellos...

Usas estas frases porque fueron las que tus papás te dijeron. Es la única referencia que tienes, y no puedes intentar educar de otra manera, porque fue la que aprendiste. Pero los adolescentes de hoy son muy distintos y hay formas muy positivas para acercarte a ellos. Una de las cosas más importantes para un adolescente es hablar de lo que siente. Si logras que en tu casa exista el ambiente necesario para que tu hijo pueda decir lo que está sintiendo, hay una gran posibilidad de que:

- Escuche lo que tú sientes por él y te cuente lo que hace
- Acepte tu perspectiva sobre las cosas
- Respete más tus límites
- Cuide más con sus propios valores

Más adelante hay un capítulo completo de cómo comunicarse con ellos. Así que tranquilízate, que no te dé pavor esta etapa. La adolescencia de tus hijos puede ser mucho más que llevadera, puede ser divertida, interesante, enriquecedora, llena de felicidad, en fin. Si sabes cómo llevarla puede ser una de las mejores etapas de tu vida, así que disponte a conocer más de ella y a disfrutar el regalo de la vida más grande que existe: ¡¡tener hijos!! Ahora, si hasta hoy las cosas no van del todo bien y ya estás metida o metido hasta las manitas en esto, recuerda que nunca es demasiado tarde para mejorar una relación con un hijo.

¿Cómo piensan los adolescentes?

"No entiendo qué le pasa por la cabeza."

Ubicas cuando alguien te dice: "Velo bajo otra perspectiva." Tú lo haces y generalmente puedes resolver el problema. Bueno, pues eso es muy difícil para un adolescente. La perspectiva que utilizan los adolescentes es la suya, la suya, y… adivinaste, la suya.

Lo primero que te puedo decir y que estoy seguro de que te va a aterrar (igual que a mí) es que como los adolescentes tienen una nueva forma de pensar se dan cuenta de que sus figuras de autoridad, como maestros, encargados y, claro, papás, se equivocan. Síííí, nosotros ya lo sabíamos, pero ellos antes no lo notaban. Es decir, en la adolescencia nos bajan del pedestal en el que en toda la niñez nos tuvieron y por eso comienzan a cuestionarnos y a enfrentarnos tanto, además tienen una necesidad gigantesca de gritarlo a los cuatro vientos (o hasta cinco si los hubiera).

Con base en esto empiezan a discutir mucho, a cuestionar todas nuestras decisiones y a compararlas con las de los otros papás de sus amigos… ésa es su nueva perspectiva.

—Pero, ¿por qué no puedo ir solo?

—Porque puede ser peligroso.

—Pues los papás de Armando sí lo dejaron ir, y a ellos no les parece peligroso, no exageres.

El Dr. H. Fontenelle explica que como los adolescentes están entrando al pensamiento formal adulto, se les abre un mundo de posibilidades. Analizan todo lo que jamás analizaron, tienen nuevas reflexiones sobre ellos y lo que los rodea, luchan por sus nuevas ideas, hacen sus propias hipótesis, consideran alternativas de cada situación (por mínima que ésta sea). El problema es que además, al mismo tiempo, están en un periodo muy fuerte de dudas, incertidumbre, desilusión e inseguridad.

¿Así o más difícil para ellos?

Esto hace que cuestionen mucho y que se les complique todavía MÁS. De hecho, muchas veces cuando se oponen a lo que dices, más bien tiene que ver con su confusión y su falta de decisión. Les cuesta mucho trabajo tomar decisiones (hasta las más sencillas como qué ropa ponerse), porque hace muy poco se dieron cuenta de que hay varias opciones y les cuesta mucho trabajo elegir una pero NO quieren que nadie decida por ellos.

Así que si de repente te desesperas porque con una cosa muy fácil no se deciden y se tardan muchísimo, aquí hay una pista de por qué lo hacen. Al mismo tiempo tienen que dar su propio punto de vista (aunque no lo creas, también están dispuestos a escuchar el tuyo) y llegar a su veredicto. En realidad esto es muy importante para conformar la personalidad del futuro adulto que será.

Es esencial dejarlos vivir este proceso, pero que sus decisiones no rebasen tus límites de educación. Es súper importante ser flexibles con ellos (si no, los pierdes), pero hay límites en los que debes ser muy firme. Todo esto lo iremos viendo más adelante en los próximos capítulos.

Otro de los "detallitos" que les complica esto se llama autoconsciencia imaginaria, que es como una personita, un observador que está dentro de él y que "le habla" y lo está cuestionando, censurando y asesorando todo el tiempo por su aspecto, su conducta y sus pensamientos.

Así que después de saber todo esto, imagínate todo lo que traen en la cabeza. Por eso, a veces se tardan años en decidir, te contestan agresivo o de plano están metidos en su mundo. La realidad es que están lidiando una batalla campal en su cabeza y no lo pueden evitar. Algo que también afecta mucho las cosas es que son muy egocéntricos y sólo están preocupados por lo suyo. Por ejemplo, si su hermana chocó en la mañana y está con un hueso roto, tú puedes pasar por tu hijo a la escuela y muy posiblemente no te pregunte cómo está su hermana. Por lo general estará clavado en sus rollos, quizá medio serio porque se peleó con un amigo, preocupado porque reprobó un examen y no piensa decirte (de hecho, la mayoría de las cosas no piensa decírtelas), puede estar ilusionado porque va a ir con sus amigos a jugar videojuegos, y cuando le preguntes "¿No quieres saber cómo está tu hermana?", se va a poner de todos colores, se va a apenar y te va a poner seis mil excusas de por qué no te preguntó. La verdad es que no se le ocurrió porque está pensando en lo que le afecta directamente a él, en su perspectiva.

Si en ese momento lo regañas, le das un sermón (sermón: acción de hablar, regañar, orientar, aburrir, de una manera excesiva, la cual nos daban nuestros padres y juramos jamás hacerlo, pero romperemos el juramento y lo haremos con nuestros hijos), sólo vas a conseguir que se cierre y que si le marca a su hermana, lo haga de muy mala gana. Sin embargo, si le dices (por más enojada o enojado que estés):

> *"Te entiendo, me imagino que tuviste un día de locos, pero hubiera estado muy bien que la llamaras, ¿por qué no le marcas a tu hermana?, para que no sienta que no te importó."*

Con algo así vas a conseguir una mejor reacción y, muy posiblemente, le marque. Por más que te esfuerces, le expliques, le des lecciones, lo castigues y hasta te pares de pestañas (ay, eso sí se escuchó muy *oldie*), ellos de cajón usan su pensamiento adolescente, y éste, combinado con la dificultad que tienen para evaluar sus decisiones y la imagen equivocada que tienen de ellos mismos, hacen que la mayoría de las veces su respuesta ante algo no sea la mejor.

Ahora, ¿se puede lograr que mejore un poco? Sí, pero no en primera instancia, ni tampoco siempre. Si eres agresivo y tratas de darle duro y a la cabeza a su egocentrismo de adolescente, no vas a lograr nada permanente, porque su cerebro no puede ver la totalidad de las cosas. Tampoco tienes que quedarte sentada o sentado esperando los próximos seis o siete años a que sea adulto para que se acaben los problemas.

Lo ideal sería, como en el ejemplo, no enjuiciarlos, tratar de tocar el tema de una manera sutil, no hacerlos sentir culpables, tener tolerancia y entender todo el enjambre que tienen en la cabeza. Lo más importante es estar ahí… verdaderamente estar ahí cada vez que toman malas (y buenas) decisiones.

Aunque no lo creas, ellos agradecen mucho cuando sienten ese apoyo, puede ser que te ignoren, se hagan los ofendidos, te la volteen, te hagan la ley del hielo mes y medio, y hasta hagan un marcha de la sala a la cocina con pancartas: "Dile NO a los padres", "Voto por voto, castigo por castigo", pero en realidad se sienten más cuidados y les da confianza. No hay adolescente que se sienta más seguro y guiado que el que tiene un padre constante a lado de él, y si éste sabe y conoce el proceso por el que está pasando su hijo y le tiene paciencia, ¡¡todo va a salir mucho mejor de lo que te imaginas!!

Tipos de adolescentes

"Ya me está preocupando mi hijo, ¿será normal que actúe así?"

Aunque no se puede limitar la forma de ser de un adolescente, existen muchas características que a veces como madre o padre te preocupan porque no sabes si son normales o no. Encontré una clasificación muy interesante de diferentes características que nos puede ayudar mucho para ubicar cuáles son las que más "le afloran" a nuestros hijos, y así más que asustarnos, dejar que nos "aflore" la tranquilidad.

- **Puercoespín:** es el adolescente que siempre está irritable, de mal humor, hipersensible y rechaza todo menos a sus amigos. Hay que darle su espacio para que no sienta que estás demasiado cerca, respétalo, te funcionará mucho mejor
- **Morsa:** es el que siempre tiene flojera, duerme muchísimo, ve la tele todo el día. Los adolescentes morsas se vuelven nocturnos y, a consecuencia, a veces tú también.
- **El corrector:** todo el tiempo te corrige, te trata como tonta o tonto, se avergüenza de ti (siempre es mucho más notoria esa actitud con la mamá que con el papá). Corrige desde cómo pronuncias algunas palabras, hasta la más seria de tus reacciones. Es un adolescente que tiene muy poca tolerancia y pide a gritos separarse de sus padres.
- **Gilligan:** es despistado, todo se le olvida, todo lo pierde, es torpe y se hace bolas solo. Déjalo que aprenda, no estés detrás todo el tiempo, ni tampoco delante, porque muchas veces les queremos resolver las broncas antes de que sucedan.
- **Esquimal:** se refugia en su iglú, es muy celoso de su privacidad, su defensa es aislarse y no expresa lo que siente. Tiene "su cueva". Si el aislamiento es de la familia y moderado (sale a comer, a cenar y algunas veces en la tarde) es normal, si es también con su círculo y sus amigos, es necesario checarlo.
- **El bungee *jumper*:** es intenso, no mide el peligro y se siente omnipotente. Lo ideal es que haga muchísimo deporte para que desfogue su exceso de energía, porque si no, son los típicos a los que les llama mucho la atención el alcohol y las drogas. Cualquier actividad que incluya entrenamiento o disciplina ayuda mucho.
- **Drama *queen o king*:** todo es drama para ellos, es hipersensible, te castiga con su indiferencia, se siente superior a los demás. La raíz de esta actitud es su sensibilidad a la crítica. Evita que se sienta criticado.
- **El astronauta:** vive en la luna y es una persona muy ineficiente, es el típico que reprueba miles de materias; esto es pasajero no permanente.
- **El mayate:** le echa muchas ganas a todo, pero al ser inconstante e ineficiente no puede conseguir que las cosas le salgan bien.
- **El buscapleitos:** está enojado con la vida, todo lo toma como ofensa (todo es todo), siempre tiene conflicto con alguien, hipervigila para que nadie lo ofenda.

- **La chilindrina:** hace berrinches como si tuviera 2 años, es muy demandante. Sus problemas son lo único importante en la vida, la mayor parte de sus conductas son inmaduras.
- **El volcán:** explota sin aviso alguno, después se calma y se extraña de sus propios arranques.

Si tu hijo presenta una o varias características, sólo significa que tienes un adolescente en potencia, y por consiguiente tú eres un padre de adolescente en potencia. Al conocer su forma de actuar en esta etapa, será más fácil entenderlo y sobre todo no tomarte personal lo que (te juro por la adolescencia)… no lo es.

Recordando tu adolescencia

"Te juro que yo no era así."

Cuando tenía 16 años fui a visitar a mi amigo Marco a su casa, él vivía en frente de un parque, me acuerdo perfecto que estábamos sentados medio aburridos, cuando de repente vimos varias cabezas güeras en el parque.

—¿Qué onda? ¿Ya viste? –le dije.

—Sí, güey, no juegues, son gringas.

—¿Gringas? ¿Gringas, gringas, gringas?

—Sí, gringas. Vamos a ver qué onda, ¿no?

Bueno, antes de que termináramos de hablar, ya estábamos caminando hacia allá. Era un grupo de chavas (si, del género "puras mujeres") de una iglesia que venían a hacer misiones por dos semanas a México. Jamás supe (ni me interesó, la verdad) de qué religión, movimiento o secta eran, pero eso sí en menos de quince minutos ya nos sabíamos el nombre de las nueve.

Es muy chistoso porque cuando, como adolescente mexicano, te ligas a una gringa, se lo cuentas a todo mundo muy orgulloso, es como tu trofeo. Me pregunto si a ellas también les pasa lo mismo, se lo cuentan a todas sus amigas y le enseñan la foto a todo ser viviente que se pare frente a ellas. Me gustaría pensar que sí. Para no hacer el cuento largo, terminamos perdidamente enamorados de ellas, yo de dos y él de tres.

Al final de la semana, las iban a llevar de viaje a San Miguel de Allende. ¿Por qué no? Se nos ocurrió ir a "alcanzarlas" dos diítas, sólo que mi amigo Marco pidió el coche prestado y dijo que íbamos "un rato" al parque de diversiones Reino Aventura (abuelito de Six Flags). Imagínate cómo se pusieron nuestros papás, dijimos que nos íbamos tres horas y nos fuimos dos días. Definitivamente creo que fue lo más inconsciente que hice en mi adolescencia.

El primer día en la noche (noche que dormimos en el coche, porque no llevábamos para un hotel), yo le marqué a mi mamá para avisarle dónde estábamos, me había ido desde las diez de la mañana y eran como las ocho de la noche. Juro que no me di cuenta de cómo paso el tiempo. Mi mamá obviamente estaba preocupadísima y enojadísima, le dije que estaba en un hotel y me castigó un campamento que llevaba más de medio año esperando, pero me dijo que me regresara hasta el otro día.

Mi amigo Marco mejor decidió no llamar, y al otro día ya "ver qué onda". Creo que nunca he tenido más miedo que cuando al día siguiente llegamos a su casa. Su mamá salió llorando, su papá salió con una de las caras más serias que he visto en mi vida, lo tomó muy fuerte del brazo, lo metió sin decirme nada y me cerró la puerta en la cara.

Lo sacaron del futbol americano, que era lo que más amaba en la vida (de hecho, más que a las gringas). Hoy mi amigo Marco es director de mercadotecnia en una compañía muy importante.

Había olvidado esta anécdota por mucho tiempo, me acordé hasta que empecé a escribir este capítulo. La realidad es que todos fuimos adolescentes y la mayoría hicimos cosas irresponsables, en menor o mayor medida. La irresponsabilidad es la naturaleza de la adolescencia.

El asunto es que ahora estamos del otro lado y somos los papás. Las reglas y los límites van a ser tus mejores aliados en esta etapa, y son una base importantísima para poder sacar a tu hijo o hija adelante. Pero otro gran aliado es entender lo que está viviendo. Sí, rascarle duro a tu cabecita, hasta que salgan pelusitas de recuerdos. Trata de acordarte cómo eras, qué hacías, cómo te sentías, qué pensabas de tus papás cuando te regañaban... Entre más puedas recordar cómo te sentías y qué cosas hacías de adolescente, será más fácil entender y ayudar a tu adolescente.

Hay cosas que son muy serias, como lo que acabo de contar, y merecen un límite importante; y hay cosas que no son tan fuertes y a veces los padres reaccionan y juzgan a su hijo de una manera muy dura (esto lo veremos más adelante), por eso cuando te acuerdas de lo que se siente ser adolescente, joven, puberto, o ya de plano chaviza (como decía la momiza), podemos entender que muchas de estas cosas no las están haciendo por molestarte o burlarse de ti, y podemos ser un poco más flexibles ante algunas cosas. ¿Por qué es importante hacer esto?

Empatía y conexión

El Dr. John Townsend autor del libro *Límites con los adolescentes* habla mucho sobre la empatía y la conexión. Sostiene que como papá revives tu etapa de adolescente, lo que te hace entender qué está sintiendo tu hijo o hija, y así logras empatía y te conectas con él. Seguro has visto a papás con adolescentes que dices: "Órale, qué bien se llevan, se me hace que no es su hijo, de seguro rentó un adolescente para ofendernos a todos." Bueno, pues esa conexión que te gustaría tener depende directamente de esto.

El Dr. Townsend afirma que cuando logras esta empatía, ayudas a tu hijo a amortiguar los golpes que, de cualquier manera, le va a tocar vivir. Lo bueno de esta conexión es que no es lo mismo que los enfrente solo que contigo a lado. Muchos papás quieren contarle a sus hijos sus historias de adolescente. Esto funciona y ayuda a hacer clic con ellos, pero no lo hagas en exceso, y mucho menos le cuentes por veinteava vez la misma historia... Debe ser como ver series de televisión, lo ideal es que sea de vez en cuando y con capítulos nuevos.

Cuando peor se haya portado, cuando más grosero y poco razonable esté, trata de echarte un clavado durísimo a tus sentimientos de adolescente. Si puedes ver un poco de ti en su conducta, estarás conectando y lo estarás ayudando a madurar mucho más rápido de lo que te imaginas.

Sí se puede, sí se puede

Otro de los beneficios de recordar tu adolescencia es que ya tienes la mejor de las referencias. ¿Estás preocupada o preocupado porque no sabes si tu hijo con tanta confusión, falta de madurez, apatía o malas decisiones, llegará a ser un adulto responsable? La respuesta es muy sencilla... piensa en ti.

Nadie mejor que tú para recordar cómo eras. Acuérdate de lo que sentías, de lo que te molestaba, de lo que te hacía sentir impotente en esa época, de las locuras que hiciste, de lo que te daba tristeza, de las decisiones por simple emoción o rebeldía... y ahora piensa en quién eres hoy. ¿Te volviste más responsable? ¿Trabajas porque quieres y necesitas o porque te obligan? ¿Cuando vas a un evento o a una entrevista de trabajo, te bañas porque te obligaron? ¿Sientes que eres más maduro que cuando eras chavo?

Bueno, pues ahí está la respuesta (ahora hasta un libro sobre cómo ayudar a tus adolescentes estás leyendo). Así que tranquilízate, tooooodos los papás quieren saber si su adolescente va a cambiar, si se va a hacer responsable y si va a hacer un adulto de bien. Tú eres tu mejor ejemplo y, ¿sabes qué?, tus papás también tenían la misma duda.

2 ¿Cómo ser papá hoy?

"Somos la última generación en tenerle miedo a nuestros padres y la primera en tenerle miedo a nuestros hijos."

TODO HA CAMBIADO...

Antes jugábamos a las escondidas, al avión, a las canicas, al bote pateado y a los encantados. Ahora los delincuentes son los que se la pasan jugando a las escondidas, la policía se la pasa identificando su avión, el maleante no se deja porque dizque tiene más canicas, no falta un chivo expiatorio que termina en el bote… pateado, y algunos medios de comunicación están encantados.

La realidad es que las cosas han cambiado en muchos ámbitos, y uno de los principales es la relación de padres e hijos. La mayoría de nosotros nos acordamos de la educación de nuestros papás como la mismísima santa Inquisición. Yo me acuerdo de cómo mi mamá, con una sola mirada, me controlaba. Nada más me pelaba los ojos e inmediatamente empezaba a pensar "¿qué hice mal?". Me callaba para no decir una tontería, bajaba los codos de la mesa, me sacaba el chicle, veía si no había interrumpido a nadie, checaba que no me hubiera puesto gel en las patillas… bueno, hasta la bragueta me checaba para ver si no la traía abierta.

A muchos adultos nos educaron así y ni siquiera tenemos que preguntarnos si funcionó, porque sabemos perfecto que sí. El problema era que esa educación estaba basada en el miedo, todo tenía que ver con "vas a ver lo que te va a pasar" o su conjugación, "lo que ya te está pasando".

La psicóloga Guillermina Gómez comenta que cuando uno tiene este tipo de relación con su hijo, lo único que hace es alimentar el enojo y el resentimiento, y al hacer esto el adolescente se intimida muchísimo, genera tristeza, vergüenza y depresión y pierde confianza en sí mismo. "Afectamos severamente su autoestima, y ésta es una de las bases más importantes para llevar su vida en todos los aspectos."

Ella hace hincapié en que esto afecta mucho a futuro, ya que le estamos enseñando a nuestros hijos que

para conseguir respeto en la vida hay que hacerlo con miedo e intimidando, lo cual les da grandes posibilidades de repetir el mismo patrón y utilizar la misma agresión con sus propios hijos.

—Mamá, ¿por qué me jalaste así de los pelos?

(Tú piensas: ¿por qué lo hice? Era exactamente lo que me hacía mi mamá y juré no hacerlo jamás, me siento tan culpable...)

> La alianza internacional Save the Children *asegura que: "La violencia psicológica, incluyendo la humillación y el trato degradante así como las amenazas, puede ser igual o más dañina que el castigo físico o corporal."*

En la época de nuestros papás no se habían dado cuenta de todos estos efectos, posiblemente les hubiera valido y nos hubieran seguido recetando su educación "ahí te voy". Pero hoy se sabe perfectamente lo que causa, y es por eso que hay nuevas tendencias psicológicas y pedagógicas en este tema. Posiblemente dirás: "A mí me educaron así y no sentí nada de eso, no tengo ningún resentimiento, ni por mi mamá." Lo que pasa es que a todos nos educaban así, era lo común y, sobre todo vivíamos otra realidad en nuestra juventud, sin embargo, aún así un gran número de adultos sí crecieron con muchísimos resentimientos.

Los chavos de hoy son completamente distintos. Una de las dificultades que tienes como padre el día de hoy es que todo esto ha cambiado. Ese tipo de respeto a la antigüita, en el que era más fácil y cómodo resolverlo, ya no existe ni funciona. Ahora hay muchos adolescentes que denuncian a sus madres o padres por maltrato en Derechos Humanos. Los adolescentes de hoy en general no son dóciles (existen algunos que sí los son), dicen siempre lo que piensan, no tienen ese miedo a los padres y entre ellos mismos se dan seguridad. Viven en otro mundo, no me refiero a que están papando moscas, me refiero a que, como lo comentamos en el capítulo "Cómo son los adolescentes hoy", viven en un mundo distinto al mundo donde nosotros fuimos adolescentes. Por lo tanto tenemos nuevos adolescentes y tenemos que tener nuevos padres.

El Dr. Vidal Schmill Herrera especialista en desarrollo humano afirma: "Los jóvenes de hoy necesitan padres de hoy." Es muy importante actualizarte, no puedes ser papá hoy y tomar como ejemplo la educación de tus padres, cuando no había tanto acceso a la información, globalización, Facebook, en fin. Para ser papá hoy, hay que actualizarse todos los días, sino caducas más rápido de lo que te imaginas.

Puede ser que cuando tus hijos eran niños todavía pudiste educarlos a la antigüita, y te funcionó, pero te aseguro que en esta nueva adolescencia con todos los cambios y las situaciones que tienen ellos, para nada va a ser lo mismo. Hay nuevas formas de conseguir el respeto de tus hijos, de entenderlos, de acercarte a ellos, de disfrutarlos, de educarlos, de gozar cada uno de sus éxitos y sus errores.

En esta nueva educación debemos tener tolerancia, actitud parental responsable, tener límites y ser firme con ellos, no tener miedo a nuestros hijos, más bien confiar en ellos, ser flexibles, motivarlos, ayudarlos a su separación de nosotros y darles mucho apoyo y amor.

De todo esto iremos hablando poco a poco (o mucho a mucho) más adelante en el libro. Hay muchas formas de sentirte orgulloso de ellos y de hacer que ellos se sientan orgullosos de ti. Todo esto, siempre y cuando no sólo estés dispuesto a enseñarles, sino también a aprender de ellos.

Tips para conocer a tu adolescente

1 *Busca conocer a tu hijo o hija y no quieras cambiar su forma de ser. Si nota que quieres acercarte sólo por tener una relación entre los dos, va a ser más fácil. Si ve que sólo quieres corregirlo, se va a resistir todo el tiempo.*

2 *Si tus padres hicieron lo posible para conectarse contigo cuando eras adolescente, sabes lo bien que se siente. Piensa en ese momento. ¿Qué hicieron tus papás para lograr empatía contigo? Si encuentras algo, repítelo con tus hijos, hay una gran posibilidad de que también funcione.*

3 *Menos rollos de vida, mejor escúchalos más. Aunque hay que guiarlos, enseñarles y corregirlos, cuando no sean estrictamente necesarias las lecciones, escúchalos para saber qué piensan; ellos se manejan mucho más con las experiencias que viven, que con el conocimiento intelectual que les dan.*

4 Cuando tengan la confianza de contarte algo que no estuvo tan bien (siempre hay una primera vez), evita regañarlos y estar moralizando por todo lo malo que escuches. Sé más inteligente y manéjalo con cuidado. De lo contrario sólo vas a lograr que no vuelvan a abrir la boquita y perderás una oportunidad de oro.

5 Haz preguntas abiertas, entre más hablen más lo conoces. Nada con respuestas si o no, bien o mal, tipo ¿cómo te fue en la escuela? Haz preguntas abiertas sobre un tema, por ejemplo ¿qué hicieron en la clase de química? Y lleva una secuencia: ¿cómo estuvo el experimento, que falló? ¿Tu amigo X va en tu equipo? ¿Cómo va con su novia? ¿Tronaron? ¿Por? ¿Quién crees que tuvo la culpa? La terapeuta para adolescente Sofía Montero comenta que primero hay que ir con cosas sucedidas, luego ideas y al final las emociones. Es muy importante conocer a tu hijo a nivel del corazón y no sólo a nivel de los eventos. Esto hace que llegues a lo más profundo de él y lo conozcas en verdad.

6 No lo sientes a hablar, platica con él cuando salgan juntos, cuando vayan al centro comercial, cuando estén jugando algún deporte. Crea un espacio donde se sienta seguro y donde platicaría sin problema con sus amigos.

¿Soy buena(o) mamá / papá?

"Me lo he preguntado muchas veces."

¿Cuántas veces lo has pensado? Seguro muchas más de lo que has regañado a tus hijos y eso es… muchísimas. El simple hecho de que lo pienses te hace entrar en otro nivel de padre. ¿Crees que una mala madre o un mal padre se interesa o se ha preguntado esto? Por supuesto que no.

Hacerte esta pregunta dice muchas cosas de ti, habla de una persona que está tratando de mejorar en este aspecto, que se cuestiona sus errores, que está observando a otros papás para ver en qué puede mejorar o aprender. Bueno, no nos vayamos más lejos, ¿tú crees que una mala madre o un mal padre estaría leyendo un libro para poder entender mejor a sus hijos? Obvio, no.

Es normalísimo hacerse esta pregunta porque simplemente estás haciendo algo nuevo, algo que no sabes cómo hacer y, por si fuera poco, algo que tiene una de las más grandes responsabilidades que existen. Hay muchas formas de mantener una familia, la tradicional, la mamá soltera, el papá soltero que trabaja y cuida a los hijos (tipo Pedro Infante y la Tusita), la mamá que consigue el dinero y el papá que se encarga de las actividades del hogar, en fin.

Yo admiro y trato de aprender de mucha gente, pero a nadie admiro tanto como a las madres que cuidan a sus hijos. A muchos hombres nos toca ir a trabajar, tenemos muchas responsabilidades en la chamba, de hecho, muchas y muy grandes, pero ¿qué responsabilidad puede ser más grande que la educación de un ser humano? Por más que se te haya caído un contrato, quedado mal un cliente, echado a perder todo un lote de producción, quemado los frijoles si eres chef, descompuesto una herramienta de trabajo o hasta corrido injustificadamente a alguien… ¿qué se compara con tener la responsabilidad de la educación y los valores de un ser humano? Por lo tanto, desde mi punto de vista, mujer u hombre que tenga la mayor parte de la educación de un hijo tiene una de las chamba más complicadas y serias que puedan existir.

Según el Consejo Nacional de Población (CONAPO), desde el 2000 la población de papás solteros en México se ha convertido en una de las minorías emergentes más importantes. Hay más de 840 000 hombres que hoy se enfrentan a la monopaternidad por ser viudos, divorciados, separados, abandonados, o por la migración de la pareja.

La responsabilidad es muchísima, pero cualquier padre que eduque con amor, respeto, cercanía, coherencia (ejemplo), valores y límites, difícilmente lo va a hacer mal. Y por supuesto tomando en cuenta todos los errores que se puedan cometer en el camino. Es que si no se cometen errores, es porque tampoco se está intentando nada. Tener errores no significa hacerlo mal.

Mucha gente se deprime y siente que las cosas van mal cuando comete errores, en lugar de darse cuenta de que cada vez que se equivoca está sentenciado a hacerlo mejor. Por ejemplo, digamos que para hacer algo bien, hay cinco tipos de errores en medio. Entonces, cada vez que tengamos uno y lo aprendamos, nos acercamos más a hacerlo bien. El día que hayas cometido los cinco errores… ¡¡bingo!! (bueno, más bien ¡¡lotería!!) no habrá manera de hacerlo mal.

En la adolescencia es muy importante hacerlo lo más rápido posible, porque el tiempo no se detiene y los chavos están creciendo. Por eso, un muy buen atajo es informarte para evitar algunos de los errores, aprovechar el tiempo y llegar más rápido a lo que quieres conseguir. Piensa en los defectos y problemas que tuvieron tus papás contigo… (yo sé que hay unos que sí se pasaron durísimo), pero de seguro si en el fondo siempre intentaron hacer lo mejor para ti, aun con sus broncas y errores, hoy eres un adulto con muchos atributos, y aunque seguro vas a encontrar algunas cosas que reprocharles, vas a encontrar muchas más que agradecerles y por las que hoy eres quien eres.

Cuando yo era muy chico mi papá se preocupó por inculcarme la creatividad, las ventas y la honestidad. Después tuvo una época muy ausente, la cual en su momento y hasta ahorita resentí mucho. Por su parte mi mamá fue exageradamente dura en unas cosas y muy relajada en otras, era más positiva que los socios diamante de Amway y muy bondadosa. Cuando cumplió 42 años le diagnosticaron enfisema pulmonar y le dieron pocos años de vida. Éste ha sido uno de los golpes más grandes que he recibido en mi vida. El asunto es que con la ausencia de mi papá y la enfermedad de mi mamá, mi hermana menor y yo tuvimos que hacernos cargo de la casa y de la mayoría de los problemas de ésta. Mientras mi mamá se lamentaba por las cosas que "creía" había hecho mal en nuestra educación y por la situación en la que no podía apoyarnos, no se daba cuenta de que nosotros aprendíamos una de las lecciones más grandes de nuestra vida: ser verdaderamente responsables.

No podemos controlar las situaciones externas de la vida, ni los errores y problemas que tengamos, pero cuando damos lo mejor que tenemos, obtenemos buenos resultados. Todas las características positivas (y también las negativas) que tienes son una mezcla de los aciertos y los errores de tus padres y de tu carácter.

Hoy yo me siento muy orgulloso de todo lo que me dieron mis papás, estoy muy agradecido de que me hayan tocado esos padres y la verdad también sorprendido de que la mayoría de sus errores me ayudaron a crecer. Si lo piensas, gran parte de las personas recordamos los errores, pero tenemos mucho más que agradecer a nuestros padres por los aciertos. Así que no te preocupes tanto por evaluarte y deja fluir las cosas.

Si educas a tus hijos con el corazón, con información, y buscas siempre lo mejor para poder dar, el día de mañana cuando ellos se preparen para educar a sus hijos estarán muy orgullosos y agradecidos de la gran madre o padre que han tenido.

⚠ Tip de experto

El Dr. Juan Pablo Arredondo, psicólogo clínico de niños y adolescentes, dice que cuando sobreprotegemos a los adolescentes y a los niños les hacemos uno de los daños más grandes que existen. Cuando les resolvemos todo, lo único que logramos es que no tengan tolerancia por la frustración, y es muy importante que la tengan, porque el día de mañana que sean adultos, van a tirar la toalla al primer problema serio que tengan. Por ejemplo, tu hijo muere por ir a un concierto pero el boleto está carísimo, tú le compras el boleto y él lo pierde por descuidado. Muchos papás, después de llamarle la atención, le vuelven a comprar el boletos, porque su hijo MUERE de ganas de ir y ese grupo nunca ha venido a México.

Lo único que hacemos como padres es alejar a nuestro hijo de la frustración e impedimos que aprenda la consecuencia de su descuido. El problema no termina ahí... el problema empieza ahí. Cuando es adulto y su jefe lo regaña fuerte (como no puede con la frustración), es muy posible que se enoje muchísimo, le conteste a su jefe, y lo corran. O recién casado se pelea con su esposa fuertísimo, y de un día para otro decide salirse de su departamento e irse, porque él "no está acostumbrado" a cosas así. Conclusión: no puede con la frustración.

Es muy importante enseñar a nuestros niños y adolescentes la tolerancia por la frustración y a resolver sus cosas. Si nosotros resolvemos todo lo que les pasa, el día de mañana cuando se conviertan en adultos no sabrán y no podrán (literal) resolver sus propios problemas.

No tengo idea de cómo comunicarme con mis hijos

"¡¡¡No te metas en mis cosas!!!"

Un día una señora muy joven con hijos adolescentes (entre más años tengo yo, más joven se me hace todo mundo) que estaba entrevistando me dijo: "Es imposible hablar con mis hijos por más que intento, haz de cuenta que se les acabaron las palabras, es como si tuviera una barrera." Ella tenía dos hijos uno de 13 y otro de 15. Me enseñó sus fotos, el de 15 estaba más alto que ella, me dijo apenada que le daba miedo regañarlo (la verdad a mí también me daría miedo, no se lo dije, también por pena).

> —¿Cómo les fue en la escuela?
> —Bien.
> —¿Qué hicieron?
> —Nada.
> —¿Alex, no que ibas a tener examen?
> —Ajá.
> —¿Y cómo te fue?
> —... x

Bien-nada-ajá-x, ¿cómo le haces para entender eso? Está peor que las claves que usan los de los radiotaxis de sitio pirata. Hay muchos papás y sobre todo mamás que, desesperadas por no poder comunicarse con sus hijos, utilizan técnicas como:

1 Estudio y desarrollo de su propia adolescencia para ejemplificar a sus pollitos.

2 Investigación avanzada (chisme) de los problemas de los compañeritos escolares para abrir una mesa de debate.

Y hasta:

3 Análisis minucioso de los novios y pretendientes de sus hijos (para cotejar opiniones).

La verdad es que es súper entendible, tu hijo o hija que antes te contaba cada segundo de lo que le había pasado en el día, hoy no te cuenta ni aunque le pagues (de hecho, para como están los gastos hoy le pagas y le re-pagas), y el problema es que ahora hay muchas más cosas que te preocupan que cuando estaban chicos. No hay un solo padre de familia que no me diga esto y que no sea de sus principales preocupaciones con sus hijos. Y es lógico porque no sabes cómo está, qué está haciendo, cómo se siente, qué le preocupa, por quién está influenciado. Lo que necesitamos saber es por qué no habla y cómo podemos hacer para que lo haga.

Hace poco una mamá me platicó que su hija dejó abierta su sesión de Facebook y ella "sin la menor intención" (que conste) lo empezó a leer y se dio cuenta de que su hija nunca había tenido un pretendiente, se sentía fea, y que el día que sus amigas la habían convencido de que se le declarara a uno, ella le llevó una cartita y el chavito de 15 años se la rompió en la cara. ¡¡Imagínate lo que sintió la mamá (bueno, y la niña)!! La había visto muy triste pero no tenía la menor idea de eso y quería saber cómo podía ayudarla sin que se enterara de que "sin la menor intención" ya sabía que le había pasado.

El Dr. Anthony E. Wolf, experto en adolescentes desde hace más de treinta años, dice que la principal razón de esto es la individualidad que necesitan. Cuando están en esta etapa de buscar ser independientes tratan de no decirte mucho, para poder resolver las cosas por ellos mismos. Buscan (en especial los hombres) decirte lo menos posible, para que tú les aconsejes también… lo menos posible. Prácticamente querer ser independientes les tapa la boca, porque todo el tiempo necesitan validarse.

Obvio, NO lo hacen a propósito, ni mucho menos para preocuparte (aunque de que lo logran, lo logran), pero para poderte alejar de alguna manera de su vida lo hacen todo muy misteriosamente y consiguen, literalmente, que digas "su vida es un misterio".

Pregunta:	Respuesta: Significa:
—¿Qué pasa, mi amor, por qué no has salido de tu cuarto en toda la tarde?	—Nada. —Sí tengo algo, pero lo tengo que resolver yo solo.

Pregunta:	Respuesta: Significa:
—¿Cómo que nada, no quisiste ni comer? ¿Qué te pasa?	—Ya te dije que nada. —¿Qué no fui claro?, ya te dije que es mi problema, no tuyo.
—No me contestes así, sólo quiero ayudarte.	—Todo está bien. —Gracias, pero no necesito tu ayuda, ya no soy un niño.
—¿Será esa niña que te gusta? ¿Qué ha pasado con ella?	—Mamá, ya te dije que no te metas, ¡¡es mi vida!! —¿Por qué no me respetas? Me da pena que hables de eso, por eso no soporto hablar contigo.

Cuando ya sabes lo que sienten y lo que buscan, el contexto cambia muchísimo porque prácticamente estamos hablando otro idioma.

Se siente horrible saberlo pero no quieren lastimarte, es su cerebro que les está exigiendo crecer por ellos mismos. Cuando aceptan el consejo de sus papás, sienten que pierden un poco de la poca independencia que han ganado, y si de plano reconocen que lo que les dijiste es útil y es verdad, sienten que fracasaron porque va completamente contra lo que están viviendo, ¿qué fuerte, no?

En los adolescentes hay un punto que me tiene impresionado: "Ellos prefieren equivocarse por su propia decisión que haberlo hecho bien por un consejo que tú les hayas dado." Y esto es porque va contra su naturaleza. Así que tranquilízate, recuerda muy bien que esto es sólo una etapa y que cuando menos te imagines habrá pasado, así que no trates de lanzárteles como perro chihuahueño a la yugular cada vez que no te quieren contar algo. Recuerda que hoy nosotros somos los adultos y ellos están pasando por una transición que no controlan.

Pueden hablar de sus problemas con otros papás, porque no depende de ellos su individualidad.

Te ocultan su vida porque necesitan empezar a tomar sus propias decisiones.

Qué no hacer

"¡¡¡Ay, papá, me das tanta flojera!!!"

1 No los hagas hablar a fuerza, entre más los presiones más se cierran. Un chavo me contaba que su papá le decía: "Si no me dices, no te puedo ayudar" (precisamente en su naturaleza adolescente, su ayuda era lo último que quería).

2 No utilices el básico "cuando yo era adolescente...", ellos saben que ya no lo eres y ven tu adolescencia súper lejana. Sólo los hace pensar que no tiene nada que ver con la suya.

3 No los hagas sentir mal y les repitas todo el tiempo que te necesitan para salir adelante (aunque sea cierto).

Cómo saber más de ellos

"¡¡¡Es mi vida, no la tuya!!!"

Si los adolescentes casi no hablan y además casi casi tienen receta médica de justificación para no hacerlo, ¿entonces, qué hago? ¿Los dejo que se den en toda la torre?, cómo decía mi mamá. Por supuesto no, es importantísimo ayudarlos y saber hasta cierto punto (lo de cierto punto, léase dos veces, por favor) lo que están viviendo, pero esto debe ser sin hacerlos sentir incómodos, sin ir en contra de su esencia adolescente, sin tomar las decisiones por ellos (importantísimo, por eso hasta lo puse en amarillo), y en especial convirtiéndose en alguien que esté cerca, pero que no invada su espacio.

O sea, si fuéramos superhéroes (que, de hecho, ser padre de un adolescente está muy cercano) necesitaríamos convertirnos en su aliado y no en su archienemigo. Sé que el párrafo anterior se escucha toooodo menos fácil, pero con la información necesaria se puede lograr.

Aunque comúnmente no dan su brazo a torcer (bueno, en este caso su boca a torcer), muchas veces (más de las que te imaginas) comentan alguna de sus broncas, pero por lo general estamos tan en las nubes que, cuando sale la punta del iceberg, no sólo no la vemos, sino que hasta brincamos sobre ella para hundirla.

—Papá, esta escuela no me late mucho, casi no tengo amigos.

—Pues si no vas a la escuela a hacer amigos, nos costó mucho trabajo y mucho dinero que estés ahí. *Ojalá yo hubiera* tenido la oportunidad de estudiar en una escuela así, en serio que no te mides.

A partir de la frase "Ojalá yo hubiera...", el chavo solo escucha ... bla... bla... mm... bla... bla... oportunidad... bla... bla... escuela... bla... en serio... bla... ¿me estás oyendo?

En lugar de poner atención a su problema con los amigos, sólo oímos lo de la escuela y matamos la oportunidad de escuchar algo importante que le está pesando y en lo que podemos ayudarlo. Como la mayoría de los papás no somos psicólogos y mucho menos adivinos (si te dedicas a leer las manos o el tarot, haz caso omiso del renglón anterior), es muy importante conocer las estrategias básicas para ayudarlos.

Gran parte de los estudios de la última década sobre jóvenes habla de la importancia de saber cómo preguntar para que los adolescentes se abran y hablen de sus cosas. Cuando preguntamos de una manera muy fuerte y agresiva como en los ejemplos anteriores, sólo logramos cerrarnos las puertas con nuestros hijos. En realidad, las preguntas son muy buena opción para poder conocerlos. Los adolescentes alucinan los sermones, de hecho, son la llave perfecta para que se cierren.

—¿Te vas a ir peinado así al bautizo?

—Sí, ¿qué tiene?

—Estás loco, ¿tú sabes lo que habla de ti tu imagen? Es un evento importante, no es una fiesta con tus cuates, van a pensar que... (súmale cinco minutos de amables recomendaciones...) ¿Me estás oyendo?

—...

—Te estoy hablando, contéstame.

—...

Sin embargo, las preguntas hechas de la manera correcta (no te desesperes, ahorita vamos a ver cómo) son una muy buena opción para que se abran y hasta para que consideren tus ideas. Ideas que de otra manera hubieran mandado muy, muy lejos. Hay muchas más posibilidades de llegar a un nuevo punto de vista con ellos cuando preguntas, escuchas sus puntos de vista y negocias, que cuando solamente les dices qué hacer y punto.

Me acuerdo el día que llegué a entrevistar a un grupo como de veinte chavos para escribir el libro *Quiúbole con...* para hombres. El tema sobre el que necesitaba preguntar era las drogas, obviamente no iba a estar fácil, y por si fuera poco sólo tenían una hora porque tenían una fiesta y se tenían que ir, o sea, que no podía darme el lujo de perder mucho tiempo. La clave estuvo en la pregunta inicial, la hice completamente al revés de como la haríamos normalmente.

Primero conviví y les platiqué de otras cosas para crear un poco de empatía y cuando sentí que estaban a gusto, les dije: "Voy a hacer un capítulo sobre drogas" y en lugar de preguntarles, "¿Quién se ha metido mota?" (algo que ya de entrada suena a regaño), les pregunté, "¿Quién NO se ha metido mota?" (cómo si los que no lo hubieran hecho estuvieran mal). Inmediatamente levantaron la mano los que no lo habían hecho y al mismo tiempo los demás amigos los empezaron a señalar. En ese momento mi objetivo exclusivamente era saber cuántos de esos chavos consumían. Con el simple hecho de cambiar el sentido de la pregunta, ellos me lo dijeron a la primera.

Normalmente queremos saber información de lo que hicieron para ayudarlos, pero estamos acostumbrados a regañarlos y decirles todas las consecuencias de lo que hicieron, o sea, nos vamos como Ferrari de 0 a 100 en 4.2 segundos. Esto lo único que hace es que se cierren y que te enteres sólo de 10% de lo que en realidad pasó.

Tú de verdad necesitas saber la mayor información posible de lo que pasó para pensar cómo ayudarlo; si no, es como ver la película *Sé lo que hicieron el verano pasado*, bueno, *Sé lo que hicieron en la fiesta del sábado pasado*, y sólo ver los créditos del principio.

En uno de los cursos de la Dra. Janice Hillman sobre adolescentes, ella comentaba que para saber más de ellos y después ayudarlos, es muy importante mostrarles curiosidad, pero una curiosidad genuina, empatía y lo más importante de todo... NO JUZGARLOS CUANDO SE ESTÁN ABRIENDO CONTIGO. Si lo haces así, te vas a quedar impresionado de la cantidad de cosas que te pueden contar (de hecho, te las van a contar hasta con gusto).

Por ejemplo, aunque tú no lo hayas visto, si sabes que en una fiesta tu hijo estaba medio jarra, jaladón, pasado de cucharadas, pegando pósters, digno candidato al alcoholímetro, hasta las manitas, borracho, en fin... lo que normalmente hacemos antes que cualquier otra cosa es regañarlos, darle una disección de las consecuencias y efectos del abuso del alcohol o de plano no decirle nada.

En ese momento, tu hijo o hija se va a quedar callado y no te va a compartir ni un milímetro más de información, bueno, hasta van a ir a quitar sus comentarios en Twitter de la fiesta. Peeero, si en lugar de la regañiza *a priori*, le dices dos días después algo como: "Se ve que estuvo buena la fiesta, ¿qué tal se la pasaron?" (obvio, sin sarcasmo). Te aseguro que te va a contar mucho más de lo que te imaginas.

No se trata de convertirte en uno de sus cuates de la pomida, ni de hacerte pasar por el papá mas *cool* del mundo, pero si lo haces de una manera auténtica e interesada, él no va a dejar de darte el lugar que tienes y se va a abrir contigo. Tampoco se trata de convertirte en un espía (eso tampoco le latería nada a tu hijo), se trata de saber un poco más lo que está viviendo para poder ayudarlo.

Si te quedas nada más en la regañiza, sólo vas a saber que se pusieron medio borrachos y punto; pero si sabes más, te puedes enterar de cosas muy serias como la que me platicó un papá al final de una conferencia. Él utilizó este método y se dio cuenta de que su hijo tomaba con sus amigos y de que en las fiestas que hacían llevaban armas y tres de ellos jugaban ruleta rusa. ¿Cuándo le iba a tocar a él?

¿Algún día lo iban a obligar? ¿El alcohol le iba a dar el valor para jugar?

Saber preguntar te da la oportunidad de tener información valiosísima para (ahora sí) buscar asesoría, hablar con tu hijo y ayudarlo. Cómo ves, es muy importante saber en qué están tus hijos, abrir el canal de comunicación, conocerlos; para ésto es muy importante que tomes en cuenta que muchas veces es mejor dejar pasar una discusión o ceder en algo trivial y que en realidad no te afecta, para poder ganar confianza e información en algo serio, algo que puede llegar a ser de vida o muerte.

Para poder mejorar la comunicación con tu hijo, es importante tratar de igualar su forma de hablar. Si es tímido, no hables de sobra porque lo puedes aturdir. Si es muy abierto, no seas muy callado y concreto.

Diez puntos básicos para que un adolescente hable

"No sé por qué, pero imagínate que hasta se lo platiqué a mi papá."

1. Como normalmente ellos no empiezan la comunicación, cuando te quieren decir algo hay que aprovechar el momento.
2. Por más que intentes crear el ambiente, el mejor momento para hablar con ellos no es cuando tú quieres, es cuando ellos lo necesitan.
3. Cuando quieran hablar contigo trata de evitar el "estoy ocupada/ocupado", si te es posible, deja lo que estés haciendo y atiéndelos. Si no le pones atención es muy, pero muy posible que no lo vuelva a intentar (si de plano te es imposible, queda con él para hablar en equis tiempo y cúmplelo).
4. Trata de hablar con tu adolescente de algo que le interese (música, depor-

tes, moda, celulares, redes sociales), es importantísimo que tus conversaciones no sean solamente para hacerle entender algo, regañarlo o darle una lección de vida. De esta manera se acostumbran a hablar contigo... (y lo aprenden a disfrutar).

 Si la primera vez que se sincera contigo y te cuenta algo que hizo "medio mal", te pones como energúmeno y le dices hasta de lo que se va a morir, ten por seguro que no sólo va a ser la primera, lo más seguro es que también sea la última vez. Ahora sí que como decían los Ángeles Negros, será "una noche de debut y despedida..."

 Cuando tu hijo o hija te hable, deja lo que estés haciendo, para ellos es muy importante que les pongas atención y que los estés viendo mientras te hablan.

⓻ Es muy importante entender el tono, la forma y las palabras con las que hablan. Mientras no te falte al respeto, no te enganches con eso, porque si también eso le criticas, no va a querer decirle ni media palabra.

⓼ No hables siempre de lo mismo. La mayoría de las veces los papás no nos damos cuenta de eso y repetimos lo mismo mil veces.

⓽ Trata de hacer actividades con ellos donde puedan platicar, como ir juntos al doctor, de compras, algún deporte, pasar a comprarse un café. La televisión, las computadoras, los videojuegos y los celulares, son los mayores enemigos de esto, trata de hacer treguas de esos aparatos (pero cúmplelas tú también, si no, no funciona).

⓾ Recuerda que en la adolescencia la comunicación baja mucho y el chavo confía menos en sus padres así que es normal; no lo tomes personal.

Ellos hablan... con los papás que escuchan
Piensa en las cosas que no soportabas que
te dijeran tus papás cuando eras adolescente...

¿Ya? Tranquilízate, no vayas a echar la lágrima acordándote de esa fiesta a la que no fuiste porque... *"Soy tu padre y yo digo que no vas... y punto"*. (De hecho, yo me acordé de una vez que me castigaron y no me dejaron ir a un campamento que llevaba más de dos meses esperando. Me dijeron que no, nada más porque se pusieron sus moños –frase de adolescente ochentero– y ahora el que quiere echar la lágrima soy yo).

Bueno, el caso es que precisamente ese sentimiento que recordamos es el mismo que tienen tus hijos cuando les das una regañiza (por más que se la merezcan). Era una combinación entre esa vibra de guerra adolescente que teníamos y la manera tan fuerte y exagerada con la que a muchos nos regañaban (mi mamá no tenía ni que hablarme, sólo me pelaba los ojos, era como si me manejara con control remoto desde que nací). El asunto es que esa mezcla hacía que no nos pudiéramos comunicar nadita.

Aunque hemos visto varias técnicas es importante saber... ¿cómo podemos mejorar la comunicación? Tus hijos definitivamente no pueden cambiar su sentimiento adolescente, porque en este momento es su forma de vivir, pero nosotros sí podemos cambiar nuestra forma de hablar con ellos... ¡y ahí está la diferencia!

Y si te fijas, hasta comprobado lo tenemos, piensa ahora en algún momento en el que tus papás hayan hablado algo contigo y no sólo lo entendiste, sino que estuviste de acuerdo, le viste sentido y hasta lo disfrutaste. ¿Te acuerdas?

La diferencia fue cómo te lo dijeron y cómo te hicieron sentir frases simples pero importantes como: *"¿Tú qué opinas?" "¿Cómo lo ves?"*, y ya con unos papás muy avanzados: *"¿Tú qué sientes?"* ¿A poco no el hecho de escuchar estas preguntas te cambiaba completamente la química de la plática?

Me encanta el punto de vista de las expertas en comunicación adolescente Adele Faber y Elaine Mazlish, porque dejan muy claro este punto. Lo más importante para un chavo en este tema es sentirse escuchado. Si logramos tener un ambiente amigable, cálido y que les dé la confianza para hablar de sus sentimientos, no sólo logramos que hablen (como le ruegan muchas mamás hasta a San Juditas, aunque San Juditas no tenga nada que ver), además conseguimos que ellos también escuchen y entiendan lo que nosotros sentimos.

Una vez una mamá me preguntó:

—¿Por qué ellos no pueden darse cuenta de lo que yo siento?

—Porque en realidad tú tampoco lo estás haciendo con ellos –le dije.

Si logramos hacerlo bien, es como poder hacer dos cartas a Santa Claus y hasta con vale de regalo para cambiarlos, por si no nos gustan. Pero sí se puede. Si nosotros los escuchamos y ellos se sienten en confianza para sacar (a veces, exorcizar con todo y vuelta de cabeza) lo que están sintiendo, están mucho más dispuestos a escuchar nuestros puntos de vista y hasta a aceptar nuestros límites, porque... cuando a ti te interesa lo que sienten, a ellos les interesa también lo que te preocupa y lo que sientes tú.

¡Quieren sentirse escuchados!

Un día me dieron un consejo (que las mujeres que estén leyendo van a entender perfecto). Me dijeron que cuando las mujeres estaban agobiadas por un problema y se lo platicaban a su pareja, más que un consejo y el tratado esquematizado con las cinco soluciones posibles que damos los hombres, lo único que querían era una oreja que las escuchara.

Y ya después de desahogarse verdaderamente, se sentirían con ganas de escuchar una "recomendación". Lo mismo pasa con los adolescentes. Ellos necesitan que escuchemos y conozcamos lo que están sintiendo.

Muchas veces nos cerramos a escucharlos porque nos duele muchísimo saber que están confundidos, enojados, decepcionados, asustados, en fin... para la mayoría de los papás lo más importante que tenemos son nuestros hijos y nos parte el alma verlos infelices.

Parte del problema es que cuando los vemos tantito mal, de inmediato desechamos sus sentimientos y les imponemos nuestra forma de pensar de adulto. Obvio, hasta nuestro ángel de la guarda sabe que lo hacemos con la mejor de las intenciones, pero en realidad cuando a ellos les urge hablar de sus sentimientos, nosotros no los dejamos.

—¿Por qué no fuiste al fut? Te veo medio tristón.

—No, para nada, además ¿para qué? Jorge y Ricardo ya hicieron como otro equipo, yo los presenté y ahora ya son mejores amigos.

(Y cuando está empezando a hablar de lo que siente… ahí vamos con todo a callarlos.)

—No pasa nada, mi amor, no te vayas para abajo, tú no necesitas a nadie para estar contento, tú tienes a muchos amigos… tú ve a tu futbol mañana y que te valgan ellos.

—Ajá.

El consejo puede no estar mal, pero no va eliminar lo que está sintiendo, sólo lo paramos en seco cuando necesitaba hablar para liberarse. Si te pones a pensar, la mayoría de las veces escuchamos a todo mundo (desde a la señorita que hace el manicure en el salón de belleza, hasta el señor que le cambia el tóner a la copiadora de la oficina), pero con nuestros hijos nos cuesta mucho trabajo porque como mamá o papá tienes el chip integrado de "tengo que ayudarlos" y te lanzas cual director de recursos humanos a darle la solución. Lo chistoso es que esa es la peor manera de "ayudarlos".

Ellos necesitan que aceptemos sus sentimientos negativos, para que los puedan manejar mejor. Consiguiendo esto no sólo los vas a ayudar, vas a poder platicar más con ellos y conocer en verdad lo que están viviendo y lo que les está preocupando. Si te fijas, la clave de todo este asunto de la comunicación está en saber cómo ellos están entendiendo las cosas y saber qué necesitan. Si lo logras, vas a conocer de una manera muy distinta a tu hijo y lo vas a poder ayudar mucho más. Y eso no sólo será fantástico para él… va a ser todavía mejor para ti.

Algo que también debes tomar en cuenta es que la comunicación no es igual con adolescentes hombres y mujeres. Según Stephen Worchel, en su libro *Psicología social,* la comunicación no verbal es muy distintiva. Las mujeres te ven cuando les estás hablando, y generalmente se ponen tensas y formales; mientras que los chavos siempre serán más desenfadados e informales. Ellas sonríen más y ellos casi te ignoran. La razón, según Worchel, es el estatus elevado y la posición de poder a la que están acostumbrados los hombres en sociedad, y una tendencia sociológica de las mujeres a subordinarse ante la autoridad. ◼

Hablar con ellos y ayudarlos, (¿se puede todo junto?)

"Siempre me regañas, prefiero estar solo..."

- ¿Cómo lo ayudo?
- ¿Qué le digo?
- ¿Por qué siempre terminamos peleándonos?

O sea, cómo hablar de las cosas que le pasan todos los días a tus hijos y no morir en el intento (no morir tú... ni ellos).

Antes, cuando tus hijos estaban chiquitos casi, casi, agendabas las pláticas especiales, pero en la adolescencia resulta que casi cualquier plática (o momento) puede ser motivo, causa o razón (soné como noticiero) de una pelea. Y es muy lógico, porque como lo hemos visto en los temas anteriores, hablamos como si fuéramos de distintos planetas. Y lo peor de todo... nuestro sentido común nos hace actuar exactamente en contra de lo que los chavos necesitan. Por eso, cuando menos te imaginas, hay un problema y a veces ni siquiera te acuerdas de cómo empezó.

La clave para no llegar a este tipo de broncas tiene mucho que ver con lo que dices y qué contestas en cada uno de estos casos. En varios talleres de adolescentes he visto que existe una serie de técnicas que son muy efectivas y que no sólo hacen que puedas hablar con ellos, también que resuelvan los problemas ellos solos. La varita mágica es no olvidarte y tratar de que saquen sus sentimientos. Por ejemplo, si le dices a tu hija:

—¿Por qué estás llorando, mi amor?

—Es que no me dieron el papel en la obra, se lo dieron a Alejandra.

—¡Qué lástima!, pero no te preocupes, así tienes más tiempo para la escuela.

—Tenía muchas ganas...

—Sí, pero lo importante ahorita es la escuela.

—Pero no voy mal en la escuela, tú no me entiendes.

En este caso la mamá, cuando se olvida de sus sentimientos y busca otro tema para reemplazarlos, sólo logra que su hija se sienta más triste, y en lugar de acercarse a ella se aleja. De otra manera podría ser así:

—¿Qué pasó mi, amor, por qué estás tan triste?

—Es que no me dieron el papel en la obra, se lo dieron a Alejandra.

—Uuuy, con razón debes sentirte terrible.

—Sí, me moría de ganas, llevo muchos años queriendo hacer teatro.

—Te entiendo, tenías mucha ilusión.

—Exacto, fui tres veces a ensayar en la semana.

—Y te emocionaste mucho...

—Sí, lo que sí es cierto es que Alejandra ensayó toda la semana, creo que yo tendría que haber ensayado más.

No le puedes quitar el dolor, pero cuando pones sus pensamientos y sentimientos en palabras y le das chance de hablar, ayudas a que se sienta un poco mejor, enfrente la realidad y lo resuelva ella solita.

Otro ejemplo es:

—Pa, ¿sí puedo ir al concierto? Ya me bajó la fiebre.

—Sí bajó, pero todavía la tienes alta.

—Pero ya me siento bien.

—Sí, pero hace mucho frío y te vas a poner peor.

—Pero todos mis amigos van, por favor, te lo ruego, me voy a súper cuidar, nunca me dejas, todos los papás son menos estrictos que tú...

—Ok, pero necesito que te vayas súper abrigado.

Con tal de no pelearte muchas veces cedes, aunque en realidad no estás de acuerdo. Con el lenguaje exacto puede ser distinto:

—Pa, ¿sí puedo ir al concierto? Ya me bajó la fiebre.

—Me encantaría darte permiso, pero todavía la tienes alta.

—Pero me siento mejor y van todos mis amigos.

—Y tú con calentura, qué mala suerte, caray.

—Y tampoco pude ir a la fiesta de quince de Sofía.

—¡Qué mal!, ojalá que ya te mejores para que puedas salir con tus amigos, te entiendo.

Cuando muestras que te importa lo que tu hijo está sintiendo en lugar de sólo dar lecciones, la percepción de tu hijo cambia muchísimo y le cuesta menos trabajo aceptar los límites que le estás poniendo. El asunto es aceptar lo que siente, pero no dejar de ser firme. Ahora que si te cuesta trabajo contestarle a tus hijos aplicando estos puntos, un muy buen tip es contestar con una sola palabra o un sonido como:

—Assssh, se me olvidó que tengo examen mañana.

—¿Y no has estudiado? ¡Qué poca responsabilidad!

—Es que creí que era más temprano, mamá.

—Te digo que siempre andas en las nubes.

—Es que...

—¡Es que nada! Te pones a estudiar en este momento.

—Tú no me mandas.

—¿Ah, no? ¿Entonces, quién?

La intención de la mamá es que le vaya bien en el examen, pero criticándolo, rechazando su preocupación y atacándolo así, lo único que logra es que el chavo se confunda más, no sepa qué hacer y hasta reaccione en contra. Pero con respuestas mínimas le das oportunidad de que él solo saque sus sentimientos:

—Assssh, se me olvidó que tengo examen mañana.

—Uuyy.

—Y está bien difícil.

—Mmmm.

—Y yo quería ir al cine hoy en la tarde.

—Ayyy.

—Pero ahora tengo que estudiar esa porquería de examen, porque cuenta 50% de la calificación.

—Pues sí.

Esas respuestas tan mínimas hacen que se sienta comprendido, y como no se pelea contigo, es más fácil que se concentre y sepa qué tiene que hacer. Aunque no todos los adolescentes ceden tan rápido, ni tan sencillo, el ejercicio de estar haciendo esto constantemente hace que de entrada sepas lo que están sintiendo, y aunque a veces no lo demuestren tan abiertamente, cada vez te sienten más cercano y, no sólo eso, sienten que pueden platicar contigo... aunque literalmente tú no hayas dicho "ni pío".

El objetivo principal es tratar de ponerle palabras a lo que el adolescente está sintiendo, y al mismo tiempo reservar lo que sientes tú. Por supuesto que como mamá o papá quieres decirles lo que piensas y exponer tus puntos y valores. Esto sí se puede, pero para poder hacerlo y lograr que te escuchen (que es lo más importante, sino no sirve de nada), es necesario que sientan primero que los escuchaste. Hablar con un adolescente de una forma sencilla no es nada fácil, pero de que se puede se puede. Sólo es importante tener la información y las herramientas básicas para hacerlo. Y algo importantísimo que no se te puede olvidar: aunque los veas que protestan, que se enojan contigo y que de plano no te pelan, en realidad están súper pendientes de todo lo que haces. Tus valores y convicciones son importantísimos para su seguridad y para cada una de las cosas que hacen o dejan de hacer... ¿así o más importante?

Yordi Rosado • ¡Renuncio!

La rebeldía al cien

"Mamá, digas lo que digas no estoy de acuerdo."

Todos los adolescentes son rebeldes en menor o mayor medida por el proceso que está teniendo su cerebro y las necesidades que tiene su etapa de maduración. Para muestra no basta un botón, basta cualquier cena, reunión, fiesta, viaje, carnaval, fiesta Tupperware®, y hasta *baby shower* donde se reúnan adultos, porque, de plano, no pueden dejar de hablar de lo que hacen sus adolescentes. Es como una terapia de grupo, así de: "Hola, soy Bruno y soy papá de un adolescente." Todos: "Hola, Bruno."

De hecho, a veces hasta competencia parece…

—Mi hija reprobó el examen y me dijo que no escribió nada porque le dio flojera.

—¿Cómo crees? Mi hijo me gritó enfrente de sus amigos y me dijo en pocas palabras que soy una inútil, que sólo me la paso echada en la cama.

—¿En serio? Mi hija hackeó el sistema de la escuela, y no sólo cambió sus calificaciones, sino que les cobró a sus amigos por cambiar las de ellos.

—¡¡Ganaste!!

Posiblemente es uno de los temas que más nos preocupan a los papás, porque no sabemos cómo controlarlo. Y es que una cosa es que de vez en cuando tengas una discusión con tu hijo (como cuando era chiquito y te hacía berrinche en medio del centro comercial) y otra muy diferente es que TODO sea un problema y te cuestionen de la A a la W (porque ni con el abecedario están de acuerdo). Ahora si que ya no ves lo duro, sino lo tupido.

La Dra. Jennifer Marshall, maestra en desarrollo humano de Harvard, comenta que los adolescentes van en contra de los padres, los maestros y cualquier persona que represente autoridad. Esto pasa porque están despertando a su independencia y para ir conquistándola necesitan poner en tela de juicio y cuestionar todo y, (para nuestra mala suerte), en especial lo establecido por los padres. En general su rebeldía se presenta:

- Desobedeciendo, de entrada, sin preguntarse si esta bien o mal.
- Poniéndose en contra a las normas, reglas y a todas sus primas, hermanas o situaciones que se les parezcan.
- Protestando y quejándose todo el tiempo (tipo plantón en el Zócalo, pero permanente), soltando su afamado y recurrente grito de guerra: "No es justo."

De hecho, si la adolescencia de tu hijo fuera obra de teatro, esta frase ya hubiera develado placa de las 2,125,345 representaciones. Lo interesante y hasta irónico de esto es que toda esta rebeldía no sólo es normal, sino hasta saludable y necesaria. Tu hijo o hija la necesita para alejarse de la infancia y entrar al mundo de la edad adulta. (Quizá ahorita pensaste: "Ah, bueno, entonces mi hijo está sanísimo.")

Sin embargo, no por esto debes de aguantarle todo y mucho menos dejar de poner límites. Las técnicas de ataque que generalmente utilizan los adolescentes son:

- **VERBALES:** gritando, reclamando y murmurando (lo recordarás por todas las veces que les has dicho "¿qué dijiste?").

- **COMPORTAMIENTO:** golpeando (cualquier objeto inanimado y a veces hasta animado), aventando cosas, azotando la puerta al punto de generar un temblor en tu casa de 6.2 en la escala de Richter.

- **VIOLENTAS:** agresiones físicas (que pueden llegar a ser causadas por un problema mayor).

La Dra. Trinidad Aparicio Pérez, psicóloga clínica especializada en adolescentes, recomienda los siguientes puntos para poder hacer más llevadera esta situación:

- Si vas a discutir con tu hijo, hazlo sólo para lo esencial; evita discutir por cosas como el peinado, la forma de vestir, la forma de hablar (mientras no te falten al respeto), la música que escuchan, etcétera. Son cosas que no son trascendentales y te pueden meter en unas súper discusiones que no van a resolver nada y sólo van a tensar más su situación.
- Corregirlos nada más por cosas importantes como valores, responsabilidades, violencia, alcohol, etcétera. Prácticamente situaciones que tengan consecuencias.

- No preocuparse por los sube y baja de ánimo que tienen, muchas veces ellos están muy felices y cinco minutos después están tristísimos. Es completamente normal, sus pensamientos se están acomodando en esta etapa. No te asustes, dales su espacio. Si estos episodios son muy constantes y largos, es necesario checar que no sean problemas de depresión.
- Confiar en ellos y darles responsabilidades para que se pongan a prueba ellos mismos y sientan tu confianza.

Con estos puntos no va desaparecer la rebeldía, pero sí vas a lograr que disminuya parte de ella.

En cuanto a las agresiones físicas, existe un tipo de rebeldía que termina en la agresión, saliéndose del parámetro normal por completo. Es una agresión patológica, por la cual se pierde el control de los impulsos, el chavo no reconoce la línea entre lo bueno y lo malo. El neuropsiquiatra Edilberto Peña de León, Director médico del Centro Remembranza para Adolescentes Agresivos, dice que si tu hijo o hija presenta este tipo de agresión, es necesario evaluarlo para saber si, en efecto, se trata de un problema patológico. Si es así, es necesario acudir a tratamiento para poder trabajar este problema.

En este punto surge la pregunta lógica: ¿cómo puedo saber la diferencia entre una rebeldía normal y una agresión de este tipo? La rebeldía normal es aquella que mencionamos en la primera parte de este capítulo, es parte de la naturaleza reactiva de los adolescentes. La agresión patológica es aquella que pone en riesgo la convivencia de la familia o la integridad física del adolescente o de los que lo rodean. Algunos ejemplos muy evidentes de ello podrían ser:

- Golpear a los padres.
- Fugarse de su casa cuando ya negociaron el permiso y no se lo diste.
- Maltrato a los animales (quemarlos, patearlos, etcétera).
- Resolver todo con golpes (en la calle, la escuela y la casa). Tener una necesidad de contacto físico constante.
- *Bullying* muy serio contra otros chavos al grado de lastimarlos físicamente o psicológicamente (terror psicológico y baja fuerte de autoestima).

Por lo tanto, es muy importante tratar este tipo de agresión. Si tienes dudas, existen centros de tratamiento integral donde puedes hacer una evaluación a tu hijo o hija para saber si tiene este problema. En caso de que tu hijo o hija sólo presente los signos de rebeldía normales de la adolescencia, entiéndelo, no te enganches por cosas que no son trascendentes. Escoge qué batallas vas a luchar, pon límites cuando sea necesario y sobre todo recuerda que cuando la adolescencia se termine, todo esto va a desaparecer (sí, leíste bien... a desaparecer).

Mamá detective

"¡¡Ya déjame en paz!!"

Seguro en tus maternales y delicados oídos han retumbado últimamente frases como: "Ay, mamá, cómo crees que te voy a platicar así de mis amigos", "Déjame vivir mi vida", "Ayyy, maaa, tú ni sabes", "Mamá, entiende que no te voy a contar cosas que no te quiero contar". En fin, sientes una gran impotencia al darte cuenta de que el señorcito que atiende en la tiendita de la escuela (no sé porque las llaman cooperativas, si jamás me dieron un peso) sabe más de tus hijos que tú misma.

Y como o-b-v-i-a-m-e-n-t-e necesitas (y quieres) saber de tus hijos para poderlos cuidar y saber en qué andan, ante su discreta y encriptada información, tienes que convertirte en detective, en mamá agente 007 (o 001/003/005/009/011 según la talla). Para esto, seguro utilizas todo tipo de estrategias para acercarte a la escena del crimen sin ser descubierta.

- Tu oído se convierte casi en biónico y aunque estés platicando otra cosa, intentas escuchar cada palabra de lo que tus hijos están hablando por su celular.
- Tratas de imaginar y completar las frases que le está diciendo la otra persona en la llamada telefónica.
- Cuando tus hijos llevan a sus amigos a tu casa o los llevas al cine o algún

lugar, vas calladísima (de hecho, te gustaría hacerte invisible) para poder escuchar todo lo que están diciendo.

- Algunas mamás que dejan tomar alcohol a sus hijos aprovechan cuando los recogen de una fiesta para recabar datos, porque se les suelta la boca.
- Bueno, algunas hasta les checan los cajones y huelen cada centímetro de su ropa.

En fin, hay muchas técnicas. La realidad es que la mayoría de las mamás lo hacen... así que no te sientas mal, como dicen en los *shows* de televisión... No estás sola. Esta practica no sólo es común, sino necesaria.

Es muy importante saber en qué están tus hijos para poder orientarlos, algunas veces abiertamente y otras veces por debajo del agua. Y al mismo tiempo hay que respetar su intimidad y su mundo. ¿Difícil, no? Ésa es la verdadera misión imposible, no la de las películas. Encontrar ese justo medio es muy delicado, porque si tu hijo o hija se da cuenta de que estás violando su privacidad, lo único que vas a lograr es que se aleje más y si no estás cerca de ellos puede ser que se estén metiendo en algo serio donde es necesario que lo ayudes.

Una mamá me contaba que mientras su hijo hablaba por teléfono ella levantó el otro aparato de la casa para escucharlo. Se asustó fuertísimo. Se sorprendió de la cantidad de groserías con las que hablaba, de las cosas que decía de las mujeres y, por si fuera poco, se enteró de que quería ser chef y eso a ella jamás se lo había dicho. Lo peor de todo es que ella le fue a reclamar todo esto a su hijo.

Eso es violar completamente la intimidad de tu hijo. Por supuesto que la mamá se asustó con las palabras que usó y con lo que decía, pero es una conversación con sus amigos. Es el equivalente a que tu hijo escuche lo que dices en la cama con tu esposo o con tu pareja. ¡¡¡¡Imagínate!!!! Te morirías de la pena. Pues exactamente así se siente tu hijo si te cacha leyendo sus cosas o espiando sus conversaciones sin que hayan hablado de eso antes.

La mayoría de los expertos en adolescentes coinciden es que es muy importante saber en qué está metido tu adolescente, ya que ésta es la única forma de ayudarlos oportunamente. Como padres es nuestra obligación monitorear su vida y no meternos en más de lo que necesitamos.

Es básico acercarnos a ellos, aprender cómo comunicarnos y cómo obtener información sin invadirlos. Para esto hay varias técnicas que pueden funcionar muy bien, y que iremos viendo dentro de cada uno de los temas siguientes, ya que en cada aspecto de su vida el acercamiento es distinto. Así que no te preocupes, vas a encontrar la forma de hacerlo.

Mi adolescente cambia de ánimo como de calcetines (de hecho, cambia más de ánimo)

"Te amo / Te odio."

Si tu hija o hijo es un tierno corderito y cinco minutos después el lobo feroz le queda chico, no te preocupes, no te equivocaste de cuento. El nombre de este cuento es "Adolescencia" y aunque no es precisamente una casita hecha de dulces, donde hasta el piso de la azotea sabe rico, el final feliz depende de ti. Es muy desconcertante ver que tu hijo o hija cambie tan radicalmente de humor, cada vez que se le ocurre. Sé que esto no sólo te molesta y te hace enojar, sino que puede provocar muchos sentimientos distintos. Una mamá me decía:

Cuando veo que mi hijo está contento y diez minutos después lo veo triste, con la mano en la cara, no habla con nadie y se queda así horas, más que enojarme, me asusto. Primero pienso, "¿qué hice mal yo?, ¿qué le dije?, ¿qué lo hizo ponerse así?". Entre que me echo la culpa unas veces sí y otras no, la realidad es que me preocupo muchísimo, me pongo muy triste porque no sé lo que le pasa, y entre más me acerco a preguntarle cómo lo puedo ayudar, peor me va. Siento mucha angustia, es algo que creo que sólo las mamás entendemos.

Todos, absolutamente todos los libros, estudios y talleres de adolescentes dicen que esa montaña de emociones de adolescentes es totalmente normal. Los famosos *mood swings* son los cambios inesperados de estado de ánimo en un adolescente. En una edición reciente del *Journal of Nature Neuroscience*, la investigadora Sheryl Smith reportó que existe una hormona que nos calma cuando estamos estresados, pero esta misma revierte su efecto cuando comienza la pubertad y provoca que los adolescentes enfrenten escenarios de ansiedad.

En la adolescencia, los chavos están pasando por un tremendo ajuste psicológico, físico, social y neurológico. De hecho, si tuviéramos que poner una característica para describir la adolescencia, definitivamente una de las más importantes sería: que son volubles. Es de lo más normal que un adolescente pueda ir jugando con su hermano como si fueran dos niños chiquitos, mientras los llevas a tomar el camión para ir a la escuela y que después, en la comida, a él le parezca que todos en la mesa son unos idiotas (incluyéndote a ti) y decida no abrir la boca ni para pedir la sal (es más, prefieren darle la vuelta a la mesa para no tener ni que pedirla), y que más tarde en la noche salgan de bañarse con una paz y un amor que les envidiaría el mismísimo Gandhi.

Cuando como padres nos preparamos para la adolescencia de nuestros hijos, sabemos que esto es común y sobre todo nos dejamos de preocupar. Es como la varicela: cuando sabes qué es, te tranquilizas. Una muy buena recomendación que me sugirió un terapeuta de adolescentes fue platicar con más papás de chavos en las reuniones, fiestas, oficina, desayunos de mamás a las 12:30 de la tarde (sí, desayunos) y, en especial, con los papás de los pares (los mejores amigos) de nuestros hijos, porque de esta manera puedes tener una referencia, relajarte, sentirte entendida o entendido, y entender el reacomodo emocional que están teniendo.

Es algo así como cuando los esposos llegábamos al curso propedéutico (casi casi terapia) a platicar con los otros maridos sobre nuestras esposas y nos autodábamos el curso "El efecto del embarazo sobre la relación en la pareja, viviendo con un hombre que es un verdadero santo", o cuando las mujeres acompañan a sus esposos a ver la final del futbol (donde nos mimetizamos con la tele) y ellas aprovechan para desahogarse y compartir lo poco agradable que puede ser convivir con un marido que cuando ve el futbol se convierte en un mueble (un mueble que grita y pide cada quince minutos botanas y la salsa Búfalo).

Así que, si ves estos saltos de humor, no te preocupes y sobre todo no te enganches. Sin embargo, algo que es muy importante y que comenta el Dr. Michael J. Bradley en el libro *Losing Your Kid Without Losing Your Mind* es que debes estar pendiente de que estos cambios ocurran en un rango normal (por eso es tan importante que compares esto con los otros papás). Cuando sus comportamientos son muy extremos, o sea, que duran mucho tiempo con respecto a los demás adolescentes, o que hagan algo muy distinto a lo que hace la mayoría, es necesario consultar a un experto.

Hay tres situaciones que se pueden convertir en problemas muy serios:

- La depresión
- Los pensamientos suicidas
- La bipolaridad

Estos temas serán tratados más adelante. Así que si tu hijo o hija tiene estos cambios de humor dentro de la normalidad adolescente (si es que se le puede llamar "normalidad"), no te tenses y déjalo fluir. Pero si las cosas se salen de de control, hay que actuar de inmediato. Por eso es tan importante que por más que tu hijo te haga sentir que no te necesita, no te olvides que te necesita más de lo que él (y tú mismo) te imaginas.

SOS: se pelea todo el día con sus hermanos

"¡¡¡Él empezó!!!"

Las frases de terror más comunes son:

- ¡¡¡Aaaaaay mis hijos!!!
- ¿Ya checaste a los niños?
- Morirás en siete días… (hábiles).
- Veo gente muerta (esto se puede aplicar cuando algunas personas se acaban de despertar).

Pero si en tu casa las frases de terror más bien son:

- Otra vez me agarró mi ropa… y ¡¡¡ni siquiera la había usado yo!!!
- ¡¡¡Él me estaba molestando!!!
- Te voy a romper la madre.
- ¿Por qué no te largas de aquí?
- Mamá, conste que se lo advertí, eeehhh.
- Yo sólo me defendí.
- ¡¡Eres un pinche rajón!!
- ¿Qué te pasa, idiota? ¿Por qué le haces esas caras a mi novio?
- Te voy a matar.

Entonces, de seguro tienes problemas con las peleas entre tus hijos. Así como podemos encontrar hermanos que se lleven muy bien (ahora sí que como el programa… aunque usted no lo crea), la mayoría se pelea mucho, lo cual es algo completamente natural en esta etapa.

Primero, hay muchísimos puntos de fricción en la adolescencia y si a esto le aumentamos la cantidad de hormonas que cada uno tiene, la forma distinta de ser y de pensar, y el tiempo que pasan juntos, cada día es una bomba de tiempo (y la bronca es que esa bomba la tienes ni más ni menos que en el cuarto de a lado). Además de esto hay una razón muy importante por la que los hermanos pelean (sólo que no la tienen consciente) y esto es por: el reconocimiento de los papás.

El Dr. Anthony E. Wolf comenta que una de las grandes mentiras de los papás es decir sobre sus hijos que "los quieren igual", porque de este punto resultan muchos de los problemas entre hermanos. Quererlos de la misma forma no es posible; por lo general hay un consentido, pero tratamos de que no se den cuenta. Tenerlo tampoco está mal, simplemente habla de que tenemos más afinidad con uno que con otro.

Por su parte, el Dr. Federico Soto en una sesión especializada sobre las peleas entre hermanos comentó que el sentimiento correcto debe ser: a cada quien lo quiero diferente. El asunto no eso sólo saberlo nosotros, sino cumplírselo a los chavos. Hacerlos sentir a cada uno especial y distinto (y es que en realidad así es, pero a veces a los papás se nos olvida). Darle su espacio a cada uno, desde lo más claro como es lo físico, hasta lo emocional. Por ejemplo, sería ideal que cada uno tuviera su recámara, y si no se puede (que es la mayoría de los casos o más bien de las casas) que cada quien tenga su clóset y si esto se complica también, no pasa nada, que entonces cada quien tenga su cajón.

Es importantísimo que cada uno se sienta un individuo único y que tenga cosas o lugares que sean sólo de él o de ella (obvio, aquí de la novia o el novio ni hablamos). Debemos darle a cada hijo no sólo su espacio físico, sino también su espacio emocional, social y, súper importante (si tuviera focos se los pondría a esta palabra), su espacio **AFECTIVO**.

Hay que aceptar lo de cada quien. Hace poco vi una película que te recomiendo mucho y que me hizo entender esto mucho mejor, se llama *Todos están bien*, con Robert de Niro y Drew Barrymore. La historia te hace ver muy claro las diferencias de cada hijo y cómo afectan nuestras etiquetas y tratos con cada uno. De hecho, compré la película y me propuse verla una vez al año hasta que mis hijos sean adultos, para no olvidarme de este punto que es tan importante y tratar de no cometer ese mismo error con mis hijos. Ojalá la puedas ver.

El gran meollo del asunto es que cuando puedes darle a cada uno su espacio, logras que la rivalidad entre hermanos sea menor. De esta forma empiezan a sentir el reconocimiento de sus papás, independientemente de su forma de ser; o sea, se relajan porque no tienen que estar luchando todos los días por él. Por ejemplo:

—¿Por qué me obligas a que vayamos al fut de mi hermano, si a mí no me gusta?

—Porque así estamos juntos y apoyamos a tu hermano.

Muchas veces los reunimos siempre porque queremos matar dos pájaros de un tiro, o sea, aprovecho el mismo tiempo para estar con los dos y logro que se lleven bien. Pero en realidad no funciona así, para mejorar la relación entre ellos ayudaría mucho más algo de este estilo:

—¿Por qué me obligas a que vayamos al fut de mi hermano, si a mi no me gusta?

—Ok, no vayas, mañana nos escapamos tú y yo, ¿a dónde te late? ¿Repetimos boliche?

Algo importantísimo es NUNCA COMPARARLOS. Todos los psicólogos y los expertos en jóvenes coinciden que es lo peor que puedes hacer. Yo tengo una amiga de 41 años que cada vez que platicamos llegamos a su principal problema, el cual es una gran inseguridad y baja autoestima basadas en que su papá siempre la comparó con su hermana, en lugar de ver todas las cosas buenas que ella también tenía.

Cuando no comparas a tus hijos y ubicas que cada uno es distinto, además de reconocer y sobre todo disfrutar la forma de ser de cada uno, te ayuda en su educación:

—Es que a mi hermana sí le diste permiso.

Tú tienes todo para poderle contestar:

—A ver, si yo no te comparo, tú no te compares.

—Pero es que a ella le prestaste el coche.

—Sí, pero tú no has demostrado la misma responsabilidad que ella, así que por lo pronto no te puedes llevar el coche.

¿Te fijas? Si tú no generalizas de un lado, es más congruente (y funcional) que tampoco generalices en el otro.

El Instituto de Neurociencias de la Universidad Autónoma de Barcelona concluyó que los chicos con más hermanos presentan menor índice de ansiedad en la vida adulta y mayor capacidad para reaccionar ante situaciones complicadas. Así que aunque peleen, se hacen mucho bien. En este mismo sentido, la Dra. Laura Padilla-Walker de la Universidad de Brigham ha descubierto que los hermanos actúan como potentes agentes antidepresivos.

¿Qué hacer cuando se están peleando?

1 Sepáralos y pídeles que hablen estando tú ahí. Primero uno y luego el otro (sin interrupciones), tienes que dejar que ellos lo solucionen. Cuando hablan, generalmente se les baja el enojo, se desahogan y es mucho más fácil que haya conciliación. Tu papel es el de réferi, checas que no haya golpes bajos, pero ellos lo resuelven. Si te preguntas si no es más práctico que tú pongas la consecuencia y tú decidas quién tiene la razón, la respuesta es SÍ, pero el problema es que no los ayudas en nada. Cuando dejas que ellos lo hagan, lo estás haciendo para el futuro, los estás ayudando a que expresen sus puntos, a que tomen en cuenta los argumentos de los demás, a enfrentarse a sus problemas y a resolverlos ellos solos. Los estás ayudando a crecer.

2 Lo ideal es que se resolviera en el punto uno, pero si de plano, por más que intentaste, no pudieron resolverlo y las cosas se están poniendo feas, tienes que decidir salomónicamente, o sea, lo que viene siendo, por tus pistolas. Por ejemplo: "Ok, no le has pagado a tu hermano lo que te prestó para tu camisa nueva, voy a tener que descontártelo de tu mesada." Cuando estás en medio de las peleas de tus hijos prácticamente eres como un artificiero, de esos hombres que desactivan bombas y que tienen que hacerlo con todo el cuidado del mundo, porque en cualquier momento te explota.

Es muy importante que ayudes y le enseñes a tus hijos a resolver sus problemas por sí solos, porque así aprenderán a hablar, a escucharse y a exponer sus puntos de una manera natural ahora que las cosas son más sencillas. Porque cuando crecen hay muchos elementos que complican las cosas, como el dinero, los hijos, las parejas, etcétera, y si nunca aprendieron cómo afrontar los problemas, mucho menos van a saber cómo hacerlo de adultos. Y la parte más triste es que muchos terminan sin hablarle a sus propios hermanos por años, lo cual es una gran pena... una pena que comienza en la educación de su casa.

Los amigos (las buenas y las malas influencias)

"Si no me dejas ver a mis amigas, me muero."

Me dio mucha risa una frase que me dijo una mamá: "Tengo más celos de los amigos de mi hijo, que del Facebook de mi esposo." La mamá estaba verdaderamente preocupada porque su hija ya no la pelaba, pero ni por equivocación. Otro papá me decía: "Es que parece que sus amigos son su nueva familia…" Y le atinó, efectivamente (por un cierto tiempo) ellos son su nueva familia.

Cuando comienza esta etapa, los adolescentes buscan otros modelos con quien identificarse, que no sean sus padres. Primero empiezan con tíos, padrinos, amigos adultos de los papás (trata de hacer memoria y de seguro te acordarás de alguno que traía a tu hijo como de llaverito), y después buscan esos modelos en los personajes que no desaparecerán de tu mente (y mucho menos del celular de tus hijos) que son… sus amigos.

No hay ninguna otra etapa en la vida en la que la amistad sea más importante y vital como en la adolescencia. Los adolescentes sueñan amistad, comen amistad, viven amistad (a veces ése término de "viven" lo toman literal y tienes la presencia de su amiguito en tu casa de dos a tres meses, y luego hasta se quejan de que no hay jamón en el refrigerador).

La confianza, la lealtad y la comunicación son como los pilares de la amistad, por eso todos los días te puedes sorprender con escenas como éstas:

Pasas por tu hija a la casa de su amiga:

—Bye, Pili.

—Bye, Ale.

—¿Cómo te fue, mi amor?

—Normal.

—Y de qué platicaron

—De todo.

—¿Y se la pasaron padre?

—Mmmjjjjj

(… silencio …)

(… más silencio …)

Tu hija toma su celular y le marca a Ale:

—¡¡¡¡Hola!!!! ¿Qué haces?

Tú piensas, ¿cómo qué hace?, si acaba de estar con ella hace tres minutos con veinte segundos. Pero a tu hija eso no le importa.

—Jajajaja, sí es cierto, pero ahora sí hay que hacerlo, mañana en la escuela eeehhh, conste. Yo vi que te estaba viendo… Obvio, noooo, te estaba viendo a ti. ¡¡¡Estás loca!!! No, tú estás loca, jajajajaja, bueno, estamos locas las dos… jajajaja. Oye, lo que sí se me hace rarísimo es… bla bla bla bla bla bla bla.

Lo que pasa es que están viviendo tantos cambios que tus hijos requieren alguien con quien identificarse. Tienen una gran necesidad de decir y compartir lo que les está pasando y lo que están sintiendo. Necesitan alguien con quien aliarse para poder enfrentar lo que están viviendo (si piensas en tu adolescencia, recordarás muchos momentos donde te sentías solo y necesitabas de tus amigos). Por eso cuando una amiga le falla a la otra, se arma el Apocalipsis, la ves envuelta en Kleenex® húmedos, y en el caso de los hombres pueden tratar de romperle la cara al amigo que la semana pasada defendieron con su vida en el mismo antro.

Para poder sentirse apoyados, los adolescentes buscan a sus "pares". Los pares son los amigos o las amigas con quienes más se identifican, son esos amigos con los que se peinan igual, se visten igual (de hecho, a veces traen la misma ropa), hablan igual, les gusta la misma música, se ponen los mismos tatuajes (o mínimo, el ying y el yang). En fin, el caso es que si pudieran romperse la misma pierna y traer el yeso del mismo color, lo harían.

Entre los pares, hay quien baila mejor, quien liga mejor, quien rockea (o sea, salir de fiesta) mejor y esto hace que se respeten y se admiren entre ellos. Son un espejo y se proyectan uno en el otro todo el tiempo. A muchos papás les molesta esto y hasta les preocupa que hagan todo igual, pues en "su teoría" son muy influenciables. Sin embargo, los expertos en el tema adolescencia comentan que este comportamiento no sólo es normal, sino que es completamente necesario y (lo pongo con negritas) **saludable**.

Muchas veces es tan fuerte y constante la relación entre los hombres adolescentes que muchos papás se confunden y les preocupa el tiempo que pasan juntos. Recuerdo que un papá con un hijo de 15 años me decía: "Es que está mucho tiempo con su amigo y ya no me está gustando. No sé, no me late." Sin embargo, no podía decirme abiertamente a qué se refería en realidad. En las mujeres esto todavía es más evidente. El contacto es tan cercano entre ellas desde que se toman la mano, se acarician el pelo, se abrazan y hasta se hacen piojito, que muchos papás y mamás se preocupan porque esa amistad se esté convirtiendo en amor.

Aunque el tema de homosexualidad es algo muy importante (lo puedes consultar en el capítulo "Sexo", página 178), en este caso no es así, simplemente están pasando por un proceso de identificación y se necesitan unos a otros (tanto hombres como mujeres) para recorrer juntos el camino (muy difícil por cierto) que los está llevando a madurar. Y a pesar de que algunos amigos de esa época pueden conservarse y llegar a convertirse en los tíos políticos de tus nietos (muy pocos), la mayoría va a desaparecer así nada más, de un día para otro, bueno, de un fin de semana para otro, porque ya no les son útiles, ya adquirieron cierta seguridad y ahora van por... la pareja, y ahora sí, como dice mi papá, "ésas sí son palabras mayores".

Las bolitas de amigos

Los grupitos, las bandas o las bolitas de amigos son su punto de referencia ante la mayoría de las cosas porque los hace sentir que "pertenecen" a algo. Así se explican las bajas de autoestima, traducidas en agresión, aislamiento y muchas antimonerías más, que pasan cuando los chavos no se sienten aceptados. Como para ellos su centro de aprendizaje ya no son sus papás (aunque indirectamente debemos estar ahí), estos grupitos significan mucho para ellos y los ocupan casi como un oasis adolescente, donde pueden hablar, los entienden, no los juzgan, y por si fuera poco nadie les pide que recojan su cuarto o que estudien para el examen.

Los grupitos son el equivalente a ir al salón de belleza para las mamás o a ir a echar el dominó con los cuates para los papás (pero a la décima potencia). Estos grupos siempre tienen un líder que pone las reglas, toma las decisiones y tiene todo el respeto y la admiración de todos. Estas bandas tienen integrantes de primera y de segunda (aunque se escuche feo). Los de segunda son aquellos que no son completamente aceptados, o sea, los que no pondrían su foto tamaño real en la entrada de su casa-club / logia / hoyo *funkie* / fraternidad / o familia harrypottersina (en caso de existir alguna), pero que su presencia se tolera en ciertas actividades.

Para los adolescentes es muy importante sentirse parte de una de estas organizaciones con dirección fiscal en el patio de la escuela o en el parque más cercano, pero no todos logran ser parte de ellas. Algunos hacen sus grupos únicamente de dos personas, que son sus pares, y algunos otros se quedan solos y esto puede dañar fuertemente su autoestima. Conociendo esto, es más fácil entender la importancia de sus amigos y sus grupos sociales, ya que en esta etapa son muy importantes para su seguridad, sus referencias y su crecimiento.

Las malas influencias

Esta es una de las pesadillas, miedos y hasta terrores de la mayoría de los padres. Tienen razón. Eso de que no hay malas influencias, que sus amigos son sólo "diferentes" y que tu hijo o hija tiene impregnado desde kínder uno los valores de los niños héroes para hacerle frente a lo que sea, es totalmente una mentira.

El Dr. Federico Soto explica cosas muy interesantes sobre este problema, dice que así como hay muy buenas influencias y tus hijos pueden no tener problemas en este aspecto, también hay muy malas, peligrosas, que pueden ser las causantes de problemas serios en los que puedan estar metidos tus hijos.

Por un lado, los papás tenemos miedo de perder el control de nuestro hijo y que todos los valores que le hemos inculcado se tambaleen; tenemos miedo de que "nos echen a perder" a nuestros hijos. Y por otro lado, los chavos ven a sus amigos como sus ídolos y NO creen (y no pueden creer) que su hermano del alma, realmente el amigo, sea una mala influencia. De hecho, como sus amigos son su fuente de aprendizaje en este momento, a la mayoría les llama la atención los amigos o las amigas más radicales en su forma de ser, actuar, pensar, vestir, bailar, contar chistes, etcétera, y los ven como guías para atravesar la adolescencia.

Cuando las influencias son naturales en aspectos como la forma de vestir, la música, las expresiones, las malas palabras, los gustos no peligrosos, es algo normal y hasta sano. Pero cuando estas influencias los llevan a cosas como el alcohol, las drogas ilegales, la agresión, la delincuencia, el descuido de la escuela o el sexo fuera de lo normal, definitivamente hay que actuar y buscar ayuda. Lo más difícil de esta situación es que entre más les prohíbas las amistades, más las van a buscar. No lo hacen por molestarte, es su mecanismo adolescente. Prohibirles una amistad sólo provoca que se acerquen más a ella.

Para ayudarlos, primero hay que estar pendiente de ellos y conocer a sus amigos. Es importantísimo vigilarlos y saber de ellos, **sin hacerlo evidente**, ni romper su autonomía (unos padres ausentes, independientemente de si viven con el hijo o no, lo exponen a muchos peligros). No te puedes oponer a sus amigos, pero sí buscar alternativas. Tienes que hacerlo colateralmente, hacerlo con la mano izquierda sin que se den cuenta, casi como un trabajo quirúrgico para que no sientan una imposición, y entonces hagan todo lo contrario. Por ejemplo:

❶ Ayúdalos a que conozcan a otros chavos en actividades recreativas o acércalos a hijos de amigos tuyos.

❷ En lugar de repeler a sus cuates, dile: "Oye, invítalos a la casa a comer." Para que tú puedas conocerlos mejor.

❸ Genera actividades para que hagan otros amigos y otros círculos. Puedes decirle a tu amigo que lleva a su hijo al futbol: "Oye, no seas malo, llévate a mi hijo, ¿no?" (esto, por supuesto, si le gusta el futbol, si no, te va a alucinar).

❹ Habla con ellos frecuentemente recordándoles que *actúen de forma responsable y por sí mismos* (aunque parezca que no, funciona mucho si lo haces con frecuencia).

❺ Coméntales continuamente que no están obligados a hacer nada que no quieran, sólo porque otros chavos o chavas lo hacen en su bolita (aunque creas que no te escuchan, les das fuerza para cuando tengan que tomar una decisión).

Quiero compartir algunas inquietudes que varios papás y mamás me comentaron sobre sus hijos cuando los entrevisté:

Sus amigas toman mucho, siempre tenemos que ir a rescatar a una de ellas.

Sus cuates se la pasan de pinta, yéndose a jugar gotcha, y faltan a la escuela, mi hijo ha bajado mucho de calificaciones y me preocupa que lo corran.

Mi hija se lleva con unas niñas que gastan muchísimo, en nuestra casa no estamos a su nivel y ella no lo entiende, se la pasa gastando y chantajeando a su papá para que le dé más dinero.

Los tipos con los que se lleva se la pasan peleándose muy fuerte, uno de ellos estuvo un mes en el hospital, y ya van dos veces que mi hijo llega a la casa con la cara deshecha… ya no sé qué hacer, nunca había tenido tanto miedo, me da miedo que lo vayan a matar.

Mi hijo se lleva con los niños "bien" del salón, todos de muy buena familia, y muy educados, pero de repente empecé a ver muchos excesos en todo, desde los coches que les daban sus papás. Después de casi dos años descubrí que mi hijo era adicto a la cocaína, primero empezaron con las tachas y luego siguieron con la coca. No tienen límite, tienen todo en las cantidades que quieran. Los choferes se las compran.

Mi hijo conoció a una bola de cabrones en la escuela y se juntan en la calle de atrás. Se la pasan haciéndose cosas en el cuerpo, dicen que es arte y que es su cuerpo. Mi hijo empezó a esconder sus tatuajes a nosotros y ahora tiene unas escarificaciones que son como tatuajes, pero se queman o se cortan la piel haciéndose figuras para que les queden marcadas para siempre.

Y ten por seguro que en cuanto a modas nunca vas a estar al día. ¿Sabías que ahora se está poniendo de moda hacerse injertos? Una pieza de metal se inserta dentro de la piel por medio de una microcirugía. Es como si empotraran un pequeño tornillo dentro de la piel, del cual puede atornillar piezas de joyería. En la mayoría de estos casos, las cosas ya son muy fuertes, por ello en situaciones extremas es necesario pedir ayuda de un experto y actuar de inmediato.

Los adolescentes necesitan un adulto que vea por ellos, que los cuide, y que sea tan astuto para hacerlo sin que ellos sientan la prohibición. Porque muchas malas influencias pueden terminar llevando a tu hijo o hija hasta la muerte. Cada vez que me siento con un grupo de papás a platicar, hay un chavo o una chava de los que todos dicen, "Pobrecito… está tan solo, sus papás están en todo, menos en él, cada vez lo veo más confundido".

Abre los ojos, acércate a tus hijos, tenlos cerca, para que el próximo adolescente del que digan "pobrecito"… no sea el tuyo.

> *Según la presidenta del sistema para el Desarrollo Integral de la Familia (DIF), ha habido un claro crecimiento en la mala influencia del narco en los menores de México. Un "halcón" es un niño de entre 7 y 15 años que por un módico pago se dedica a espiar para los narcos.* 🍁

Ya no puedo con ellos, ¡¡¡no sé cómo controlarme!!!

"¡¡¡Yo hago lo que quiera y no me das miedo!!!"

Manolo, papá de un adolescente de 16 años, me platicaba que le pidió a su hijo durante tres días seguidos que levantara su cuarto porque lo tenía hecho un basurero. Cuando volvieron a tocar el tema, su hijo le dijo que NO, que era su cuarto y que él hacía lo que quisiera con él. Después de comentarle que ya se lo había pedido mucho y que era una orden, el hijo le contestó: "No lo voy a levantar. ¿Qué vas a hacer? ¿Me vas a pegar o qué?" Le pregunté al papá qué había sentido en ese momento, a lo que me respondió: "Sentí rabia, un coraje grandísimo y me dieron muchas ganas de reventarle un trancazo en la boca. Sus ojos se veían como nunca, se veían retándome, no aguantaba su voz y sobre todo lo que me estaba diciendo, lo único que quería era hacer algo para callarle la boca."

Es muy normal que un adolescente nos lleve poco a poco (algunos hasta se ahorran el poco a poco) a un nivel en el que es muy fácil explotar. Una vez más, la rebeldía, los enfrentamientos, llevarte la contraria y retarte es parte de sus características adolescentes (características que nos cuesta trabajo entender, pero que nos cuesta mucho, mucho más trabajo aguantar). Y cuando a todas esas monerías que tiene la adolescencia le sumamos que tu hijo o hija te insulta, dice groserías, hace un tango tan grande que parecen dos, te hace un drama digno de convertirse en *drama queen* (o *king*, según sea el caso), o sea, hace berrinche de todo, entonces es muy normal que perdamos el control y terminemos, inclusive, siendo más agresivos que ellos.

Cuando como adulto pierdes la cabeza, lo único que transmites es falta de control. Tu actitud le está diciendo al chavo que no puedes manejar las cosas, y le estás entregando el poder (y tu papel), porque ahora el control lo tiene él o ella. ¿Qué fuerte, no? Sé que está durísimo aguantar, porque también me ha pasado esto varias veces y hay un momento donde, de plano, ni tú mismo te obedeces. Pero la realidad es que lo único que logramos cuando nos ponemos así es que nos vean con debilidad.

El experto en comunicación no verbal y consultor en imagen pública, Álvaro Gordoa, afirma que cuando alguien reacciona agresivamente transmite el mensaje de inseguridad, de haber perdido el timón. Por lo tanto, cuando te enganchas de esta manera, el respeto de tu hijo o hija hacia ti disminuye, siente que maneja la situación como quiere y, en algunos casos, puede llegar hasta a sentir satisfacción por hacerte enojar, ya que de alguna manera significa que está ganando. A veces, cuando las cosas se ponen muy feas y se cree que los gritos quedan chicos, algunos papás (muchos más de los que te imaginas) se sienten tan ofendidos que piensan en tranquilizar a sus hijos con algún golpe.

> **⚠ Tip de experto**
>
> Si tu adolescente es tranquilo, no te enfrenta y jamás has tenido un problema serio con él, también es completamente normal, no te preocupes. Cuando un adolescente no es tan rebelde o retador, expresa su adolescencia en otros aspectos, como los amigos, la adrenalina, etcétera.

Le voy a dar una cachetada

La Dra. Montserrat Domenech asegura que un golpe o cachetada es una muy, pero muy mala opción. Primero, por lo que significa en sí misma; segundo, porque no ayuda a resolver el problema (de hecho, lo hace mucho más grande); tercero, porque no sólo es signo de tu impotencia, sino que debilita tu autoridad y, lo peor de todo, debilita la seguridad que tus hijos buscan en ti (esa cicatriz del alma es mucho más grande que la que puedas ocasionar físicamente). Darle una cachetada a tu hijo adolescente es algo muy delicado porque no hay vuelta atrás. Lo único que logras con un golpe es que tu hijo o hija genere resentimiento, rencor, impotencia y venganza.

¿Sabías que México ocupa el primer lugar dentro de la OCDE en violencia física, abuso sexual y maltrato a menores de 14 años? ¡Qué lástima que en esto sí nos ganemos el primer lugar!

Cuando crees que ya acabó todo, a tu hijo o hija no se le ha olvidado y su venganza puede basarse en cosas como:

Prácticamente es como escupir para arriba. Y por si esto fuera poco, el papá se siente arrepentido, decepcionado de sí mismo, y con una culpa gigantesca. Cuando pasa algo así, el chavo pierde la confianza en el padre... Y el padre pierde mucho de lo que había ganado en la relación con su hijo. Si estás leyendo y te está doliendo en el alma, porque ya lo hiciste, tranquilízate, no eres la única ni el único que lo ha hecho y tampoco significa que no tenga solución.

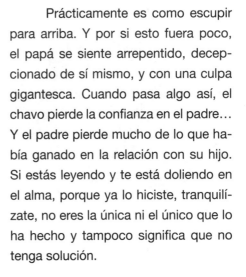

Ahora repruebo todo lo que pueda.

No llego de la fiesta para preocuparlos.

Voy a dejar de comer para que vean cómo no me controlan.

Agredí verbal o físicamente
a mi adolescente y no sé que hacer

Se vale pedir perdón. Si llegaste a ese nivel y te sientes fatal con tu hijo (no sólo por una cachetada o algo físico, también por algo que le dijiste o hiciste), puedes decirle: "Perdón, no supe qué hacer."

Los papás creemos que debemos saber todo y no es así. De hecho, a veces hasta inventamos respuestas y quedamos peor (ya no estamos hablando con un niño de 4 años del diente que se le cayó y del Ratón Pérez, ¿ése era el verdadero apellido del ratón?).

En un curso con algunos de los doctores más reconocidos en manejo de crisis con los adolescentes, se comentaba que pedir perdón es lo más honesto que puedes hacer para rescatar una relación, ya que lejos de perder jerarquía ganas respeto y cercanía. Además tendrás lo más importante, haz todo lo necesario para controlarte y no volverlo a hacer.

Ahora que si le diste un golpe a tu hijo y él te lo regresa (algo de las peores situaciones que puedes vivir con una adolescente), o hay agresión física frecuente del padre o la madre al hijo (estos papás posiblemente fueron también abusados), es necesario buscar ayuda profesional de inmediato.

⚠️ Tip de experto

Los padres, especialmente el género masculino, pensamos que debemos ser muy duros con nuestros adolescentes, cuando lo que en verdad funciona es decirles las cosas de una manera tranquila, y ubicar que se trata de un trabajo de todos los días. El éxito con ellos es recordarles las reglas y hacerlas cumplir.

¡¡¡¡¡Me reta!!!!!

Muchas veces los adolescentes te retan sin que haya un problema en sí, sin que los estés castigando por algo que hicieron, o sin que estés quitando un permiso. Te retan, así nada más, por deporte. En el entendido de que lo hacen en automático por las inyecciones de adolescencia que les está aplicando el cerebro, es mejor que te tranquilices y que no lo tomes personal (porque no lo es).

Lo mejor que puedes hacer es escucharlo, escucharlo y escucharlo (sin interrumpirlo) hasta que él mismo agote el tema del que te está hablando. Es esencial escucharlo con respeto, porque eso va a hacerle sentir que le estás poniendo atención y que tomas en cuenta su punto de vista (es importante que lo hagas con sinceridad). También es necesario que te tranquilices (ésta quizá es la parte mas difícil), y sobre todo... que seas imparcial.

Si de verdad escuchas al adolescente de esta manera, cuando termine de hablar estará desinflado, mucho más tranquilo y hasta extrañado. Haberlo escuchado y darle su lugar de esta manera hará que la molestia y la agresión que tenía baje mucho más de lo que te imaginas, entonces será el momento perfecto para que tú hables. No creas que ese es el momento perfecto para tirarle el sermón gigantesco que le ibas a tirar al principio. Es el momento perfecto de dialogar, de negociar y de darle validez a los puntos de vista de los dos.

Recuerda que, aunque te duela que te rete, no lo hace a propósito, lo está haciendo para crecer. Si quieres tener una mejor y más atinada relación con tu adolescente es importante que seas flexible y tengas criterio, sino jamás llegarán a nada. La mayoría de las veces esto servirá para que cuando te rete las cosas se resuelvan de mucho mejor manera y que, en lugar de sentir a un enemigo, sienta a una persona que puede entenderlo.

¿Cómo evito un enfrentamiento con mi hijo o hija?

Primero es muy importante que apliques la información que está en los tres capítulos anteriores (así que si empezaste a leer desde aquí, échate de reversa dos temas por favor, porque son muy importantes). Una vez que estás en el problema (muy posiblemente sea un día sí, y el otro también), debes saber que el adolescente enojado va a enfrentarse contigo todo el tiempo (todo es... todo), porque cuando está molesto su naturaleza se sensibiliza y tiene la necesidad de confrontar en todo momento. Y adivina quién paga los platos, vasos, jarras y toda la vajilla rota... adivinaste: ¡¡¡nosotros, los papás!!!

Por lo tanto, es importantísimo que estemos preparados. De seguro aunque el sujeto en cuestión ya esté más tranquilo, te va a tocar vivir experiencias como ésta:

4:15 pm en el supermercado.

—Mamá, ¿por qué no me diste permiso?

—Es una consecuencia de lo que ya habíamos platicado.

4:25 pm en la caja rápida del supermercado.

—Oye, pero si ya me porto bien, ¿me das permiso?

—La próxima vez con mucho gusto.

5:20 pm en la entrada de la casa.

—¿Ya lo pensaste, mamá?

—¿Pensar qué?

—Lo del permiso...

—Ya te dije que no.

5:45 pm en el cuarto de los papás.

—Oye, no es justo, ¡¡eeeh!!

—No es justo ¿qué?

—Que no me dejes ir nada más porque se te ocurrió. Pues, ¿quién te crees?

5:56 pm afuera del baño.

—¿Entonces, sí o no?

¡¡¡¡Yaaaaaa me desesperé nada más de escribirlo!!!! El chavo te va a estar persiguiendo todo el día, y no va a dejar de intentarlo y de confrontarte, porque es su forma de actuar. Es por eso que tienes que ser muy claro y muy firme, ya que si no cedes, cada vez lo irá entendiendo mejor y respetará más tus decisiones. Pero si se te ocurre ceder a la décima vez que te pregunte, te tomará la medida y siempre te preguntará de diez veces para arriba, para saber cuál pega. Una vez que estás en el enfrentamiento, los expertos recomiendan:

- **Tratar de anticiparte** cuando sabes que va a haber un problema. Es básico llegar tranquilo y contar con una salida. Por ejemplo, si quedó de llegar a las 11 pm y ya se pasó una hora, sabes que cuando llegue va a haber un enfrentamiento (a veces ese enfrentamiento te da más miedo a ti que a él), así que mejor prepárate y piensa muy bien lo que vas a decir y cómo actuar, para que puedas ser firme y, sobre todo, para que no te enganches.

- **Respirar** (suena a clase de meditación trascendental, pero funciona). Resulta que el famoso "cuenta hasta diez" (promocionado desde el Chavo del ocho hasta los mayores líderes de opinión de los noticieros), es una de las claves más importantes para evitar explotar. Cerrar los ojos, respirar y contar hasta diez (cuenta hasta veinte, si de plano la cosa se puso muy fea) te ayuda a tranquilizarte, a concientizar lo que está pasando, a desengancharte y, principalmente, a evitar hacer algo de lo que te vayas a arrepentir.

- **Tiempo fuera.** Ésta es una de las claves más importantes para evitar conflictos con tus hijos adolescentes. Se vale decir, "Estoy enojada, no puedo hablar ahorita", y darte la media vuelta e irte. Es muy importante retirarte, porque si te quedas ahí, tu adolescente va seguir retándote hasta que llegues al mismo punto en el que estabas. Si no te retiras, es algo así como tener una olla exprés a punto de explotar, quitarla treinta segundos del fuego y volver a ponerla.

- Ahora que si te sigue a donde vayas para continuar peleando, me comentan los expertos en el tema que lo mejor es encerrarte en tu cuarto o salirte de la casa. Todo esto es porque cuando los dos están tan sensibles (súmale que además de todo, tú traes los problemas acumulados de todo el día y tu hijo o hija el de sus hormonas) es muy difícil llegar a un acuerdo. Lo único seguro es que vas a hacer el problema más grande y van a decir/gritar cosas que sólo los lastimarán a los dos.

- Buscar un momento para hablar. Hay que tratar de aplazar la discusión hasta que las cosas se tranquilicen. De nada sirve lo típico de "Hablamos hasta que te tranquilices", porque tu hija o hijo es capaz de meterse al cuarto tres minutos con veintidós segundos, salir y decir: "Ya estoy tranquila", y sigues discutiendo. Eso es prácticamente como estar en el segundo round de una pelea de box, que toque

la campana para irte a tu esquina a que te echen agua en la frente, hagas dos buches de Gatorade (o la bebida rehidratante que patrocine las peleas en tu casa), y regreses con más fuerzas al tercer round. Lo que realmente hay que hacer en estos casos es esperar a que pase el entripado que está haciendo tu adolescente (y el que estás haciendo tú) y una vez que pase esto, hablar las cosas, pero en frío. No hay que retrasar mucho la plática, lo ideal sería hacerlo poco después de que haya pasado el coraje.

En fin, la mejor herramienta que puedes tener para pasar estos momentos tan complicados es información. Recuerda que en la medida de lo posible (y espero que esa medida sea muy, muy amplia) trata de no enojarte por el bien de los tres (tu hijo, tú y tu hígado).

⚠️ Tip de experto

1 Cuando las cosas se enfrían, cualquier momento (siempre y cuando no tengan un problema nuevo) es bueno para aclarar las cosas, pero un muy buen momento es cuando están de buen humor. Puede ser después de que vio un video musical que le gusta, una película, fue al salón de belleza, hizo ejercicio, hablo con el novio o novia, terminó de jugar videojuegos, recibió una buena noticia, etcétera.

2 Evita las frases "Porque soy tu madre/padre", "Porque lo digo yo y punto". Esas frases solo te restan autoridad. Los adolescentes son MUY inteligentes y entienden mucho mejor con razones y argumentos. Recuerda que en esta generación no funciona eso, ellos no están viviendo en el mismo mundo y época en la que nos amedrentaron, perdón, educaron a nosotros.

¿Mamá / papá amigo?

"¿Qué onda, güey, ya hiciste tu tarea?"

—Papá, el viernes que me vayas a dejar con mis amigos, métete un rato a la comida, va estar chingonsísima. Nada más te encargo que te traigas unos limones, una bolsa de hielos de la gas de la esquina y tres six de chelas, pero de las *lights*, porque ya sabes cómo son las viejas. Ahh, también te encargo mi iPod, unos condones de nueve si se te cruza una farmacia y tráete tu coche para que cuando nos vayamos al antro se vea más chido. Si chupas, no le vayas a entrar a las perlas negras al principio, porque ya sabes que te pones bien mala copa y luego nadie te aguanta. Y, plis, no te vayas a traer esos pantalones horribles que tienes de pinzas, eehh; ponte los jeans que nos compramos juntos y no se te ocurra hablar de las cosas de tu oficina en la fiesta, porque le das hueva a mis amigos, ¿ok?

—Sí, mijo.

¿Así o más fuera de lugar? Hay muchos papás y mamás que quieren ser más amigos de sus hijos que sus propios cuates. Su objetivo no es malo, lo hacen buscando conectar mejor con ellos para mejorar las cosas. Un amigo mío le dio el libro *Quiúbole con*... a su hijo y, cuando lo terminó, me pidió que platicara con él por si tenía alguna duda. ¿Saben qué me dijo? "No soporto que mi papá se quiera hacer el chavo, me pone de mal humor. Cuando se acerca a platicarme trato de contestarle lo menos posible para que termine y ya se vaya, me pone muy mal. Odio cuando 'trata' de decir las palabras que yo uso. Cuando hace eso, no sólo me da pena estar con él, me da pena él mismo."

Me quedé impresionado de cómo algo que el papá hacía con la mejor de las intenciones, podía terminar tan mal. Cuando dejas de ser padre para convertirte en amigo, pierdes tu autoridad y, no sólo eso, dejas de darle a tu hijo o hija la seguridad que necesita.

Amigos tienen muchos (de hecho, ahora hasta los rentan en internet), pero alguien que sea una guía confiable, no. Me gusta mucho cómo lo explica la autora Montserrat Doménech: "Los adolescentes con padres así se sienten completamente desorientados a mediano plazo, porque aunque estén más rebeldes que nunca y estén en contra de todo lo que digas, en realidad están pidiendo un modelo a seguir, necesitan un punto de referencia." Es muy importante que exista esa diferencia generacional.

Una adolescente con la que trabajé algunos temas me dijo que su mamá era como una más de sus amigas, iban juntas al gimnasio, se hablaban de "güey", le ayudaba a cubrir las borrachera de sus amigas y hasta competían por ver quién tenía mejor cuerpo.

—Y cuando tienes una duda sobre algo serio, ¿se la preguntas a tu mamá? –le dije.

—Obvio NO, se la pregunto a una amiga que es muy madura –me contestó.

¡¡¡Imagínate!!! Si les quitamos su punto de referencia y su ejemplo, lo van a buscar en sus amigos o en alguna otra persona.

Ahora si que poco le faltaba a la mamá para quererle bajar el novio a su hija… y si se descuida también se lo baja a sus amigas.

Hay una serie de televisión (muy buena, por cierto) que se llama *Modern Family* en la que el papá es exactamente el ejemplo de esto, si puedes, te recomiendo que la veas, en ella se nota perfectamente cómo se pueden perder los parámetros de ser un papá para convertirse en otro hermano, que en lugar de causar respeto, causa ternurita.

Sin embargo, ayuda muchísimo tener empatía con los hijos, saber qué les gusta, estar cercanos (cercanos, no tatuados) y ser cómplices en algunas cosas, pero ni de broma debemos perder los roles que cada quien tiene. Los expertos en comportamiento adolescente mencionan que no debemos ser el amigo de nuestro hijo, debemos ser un papá amigable.

Por eso ser amigo de nuestros hijos no funciona. Si lo hacemos, no puedes poner límites y mucho menos hacer que te respeten. Sin límites ellos pierden la brújula más importante que tienen que eres tú. Y tú pierdes la mejor herramienta que tienes que es… tu credibilidad ante ellos. Así que no te sientas mal. Si no entiendes ni la cuarta parte de los términos

> **No debemos ser EL AMIGO de nuestro hijo, debemos ser un papá amigable.**

tecnológicos de los que hablan y no sabes cómo combinar los tenis de siete colores, acuérdate de que amigos tienen muchos, lo que necesitan son unos papás que les den seguridad.

> ### ⚠ Tip de experto
>
> Según la investigadora y pedagoga Pilar Sordo, una de las razones que ha llevado a la proliferación de los papás-amigos es la mala interpretación de muchas teorías psicológicas de los últimos años, así como al hecho de que las nuevas generaciones no quieren envejecer y luchan como pueden para permanecer jóvenes.

La llave mágica: amor, firmeza, amor, confianza, amor y amor

"A pesar de todo, me gusta estar contigo."

Aunque parezca todo lo contrario, lo que más necesita un adolescente es amor. Hay un dicho que me encanta porque se refiere a la niñez que dice: "Abraza a tu hijo cuando menos se lo merezca, porque es cuando más lo necesita." Ocurre lo mismo con los adolescentes, pero en ellos el rechazo es constante. Así que el abrazo no lo necesitan sólo algunas veces, lo necesitan todo el tiempo (pero hay que saber de qué forma hay que dárselo ahora). Si tuviera que hacer un resumen de lo que todos los expertos de comportamiento adolescente dicen sería: amor, límites, firmeza, presencia de los padres, constancia y más y más amor.

Michael J. Bradley, doctor en educación, señala que los siguientes puntos representan amor en sí mismos:

- Los límites lo hacen sentir que están ocupados en él o ella, le dan una referencia y se siente querido.
- La firmeza los hace sentir seguros porque saben qué esperar y no se sienten a la deriva.

- La presencia los hace sentirse acompañados y con un guía en el momento de mayor confusión de su vida.
- La constancia hace que sientan algo seguro de donde sujetarse en esta etapa de cambios.

Aunque en todo momento el adolescente nos haga sentir que no quiere el amor de los padres (desde el beso enfrente de los amigos, hasta cuando te saca de su cuarto porque está en depresión después de tronar con la novia o el novio), lo que más necesitan de nosotros es precisamente eso, amor. De seguro estás pensando "¿cómo le hago, si no se dejan tan fácil?"

Cuando encuesté a un grupo de adolescentes entre 15 y 18 años, en vez de preguntarles por cosas grandes como: ¿los mantienen, se preocupan por ustedes y los educan?, decidí preguntarles ¿qué hacen tus papás que te hacen sentirte querido? Las respuestas que me dieron fueron las siguientes:

- Cuando sabe que tengo una bronca y le digo que me deje solo y lo hace. Me da mi espacio y al otro día se sienta a platicar.
- Cuando me ayuda a arreglarme, a peinarme, se queda horas conmigo, se emociona igual que yo y me acompaña casi, casi, a la puerta.
- Cuando mi papá cancela algo en el trabajo para ir conmigo a una presentación de la escuela o algo, me hace sentir importante, querido.
- Cuando me cumple un castigo, pero sigue siendo lindo.
- Cuando me da ánimo porque algún galán no me habló o me dejaron plantada.
- Cuando acepta que se equivocó en algo y me pide una disculpa.
- Cuando por más cosas que tenga que hacer, procura que nos veamos o me llama por teléfono.
- Cuando mi mamá me dice: "Sé que estás triste, cuando quieras aquí estoy."
- Cuando hago algo mal y me castiga, pero me cuenta que ella también la regaba cuando estaba chica.
- Cuando me pregunta: "¿Cómo estás?"
- Un día que se desveló conmigo haciendo una maqueta, yo la presenté a las ocho y me regresé a dormir. Él se tuvo que ir a trabajar y se la echó en vivo.
- Cuando mi mamá me recoge en un lugar y sólo me da beso cuando estamos solos.

- Una vez llegué tristísimo porque perdí la semifinal en un torneo de taekwondo después de haber entrenado más de seis meses. Todos me decían que no me preocupara, que no pasaba nada, yo estaba enojadísimo. Cuando llegué a mi casa, mi papá me abrazó y no me dijo una sola palabra. Me solté llorando y le agradecí mucho que no dijera nada.

"Abraza a tu hijo CUANDO MENOS SE lo merezca, porque es cuando más lo necesita."

Si te das cuenta, todas son cosas muy sencillas y fáciles de hacer. Sólo tienes que entenderlos un poco para poder hablar su idioma.

En estos años que he estado trabajando con adolescentes, es impresionante cómo se nota inmediatamente quiénes son los chavos que tienen amor de sus padres (aunque aún así renieguen de él) y los que no sólo NO lo tienen, sino que hasta les estorban a los papás.

Una vez conocí a un adolescente que supuestamente lo tenía todo, una mamá y un papá que no pueden ser más exitosos, una familia con un renombre y respeto en todo el país, un matrimonio estable, una familia bien formada, las mejores escuelas, excelentes amigos, viajes, valores, cursos. ¿Sabes qué me dijo un día en una de las sesiones para el libro después de mucho platicar? "Me siento solo, mis papás están muy ocupados en sus éxitos y en darme lo mejor, y yo sólo quiero que estén conmigo", me confesó.

Yo quise entrevistarlo porque el chavo a los 16 años estaba en un problema de adicciones muy serio y sus papás pensaban que era la influencia de un mal amigo que había conocido en el club. Ahí me di cuenta de que le hacía falta lo más importante: el amor de sus papás. Si los adolescentes no tienen esto, cualquier otra cosa es secundaria.

Así de importante es nuestro amor. Aunque ellos no lo hagan notar, te agradecen cada segundo de tu tiempo que les dedicas. La firmeza más que alejarlos (como muchos papás creen) los acerca, por eso es muy importante ser firmes, pero con afecto. "Si me enojo con mi hijo, no le dejo de hablar seis días; al otro día soy firme y le cumplo la consecuencia, pero le doy un abrazo, una palmada o algo que lo haga sentir que estoy ahí, que estoy cerca."

> *Con los adolescentes es preferible ser palmera, que ser roble, porque el viento se lleva al roble por fuerte que éste sea, pero la palmera es flexible.*

Así que podemos leer todos los libros sobre adolescentes y hacer una maestría en su comportamiento, pero si no aprendemos a negociar con ellos, a darles apoyo, a ESTAR verdaderamente y a dar amor, no sólo no lograremos nuestro objetivo como padres, que es ayudarlos a crecer, también los iremos perdiendo poco a poco.

Por fortuna estamos a muy buen tiempo de hacerlo o de seguir haciéndolo. ¡¡Ánimo!! Si tienes amor que dar a tus adolescentes, tienes todo para ganar.

Los valores

¿Qué tan importantes son?

Los valores, la base más importante para el comportamiento en las relaciones humanas, ¿están a la baja?, ¿están pasados de moda? Todos o casi todos sabemos que los valores son el principio para la educación de una persona, el problema es que la *cool*-tura que viven hoy los adolescentes no ayuda mucho.

La tecnología en la que viven hoy los volvió superhéroes. Los superhéroes que conocemos tienen el poder de lanzar fuego, de volar, de hacerse invisibles o de derretir todo con su visión láser. En cambio, nuestros adolescentes tienen el poder de conseguir toda la información del planeta en internet, y eso sí es en serio (prácticamente su computadora es el palacio de la justicia y que no tenga pila su celular es su kriptonita).

El Dr. Kevin Leman señala que los chavos de hoy:

- Están acostumbrados a la inmediatez, todo lo consiguen en un clic (ya cuando está difícil, un doble clic), y eso a la larga los desmotiva, y además no tienen nada de tolerancia a la frustración.
- Lo malo les parece bueno y viceversa (hay adolescentes que sacan ma-

las calificaciones a propósito para no ser de los matados del salón).

- El consumismo que vivimos los hace ser muy inseguros, porque basan su seguridad en cosas externas.
- Están pasando por el proceso natural de la adolescencia y necesitan autoconvencerse de que ellos tienen la verdad para poder tener la confianza en sí mismos que les pide su cerebro.

Pero por si fuera poco, está la situación más fuerte de todas:

- La mayoría de los padres no sabemos exactamente qué valores queremos enseñar. Y encima de esto muchas veces no somos coherentes con los valores que pedimos y con los que hacemos.

Todos sabemos que los hijos viven del ejemplo y si nosotros somos los que la regamos todo el tiempo, no hay forma que ellos saquen algo bueno de eso. La tolerancia, la libertad, el respeto, la responsabilidad, la verdad, la honradez, no importa qué valor sea, ninguno se aprende a control remoto.

Típico caso que como papá le dices:

—No hay que decir mentiras, mi amor, y cuando tienes problemas, hay que enfrentarlos.

(Ring, ring, suena el teléfono)

—Papá, te hablan los de la tarjeta de crédito.

—Diles que no estoy, por favor.

Los valores universales no sólo **no pueden** estar a la baja, sino son la mejor arma que tienes para que tus hijos entiendan las reglas, los límites y, principalmente, para que **sostengan su vida, sus relaciones y sus decisiones.**

Es muy importante definir con tu pareja o con las personas que te ayudan a educar a tus adolescentes cuáles son los valores con los que piensas educar y sobre todo ser congruente con ellos. A veces nos enfocamos en un solo valor. En realidad, no hay un sólo valor que sea más importante que los otros, necesitas diferentes grupos de valores para resolver cada caso, porque cada situación tiene muchas variables. Si lo haces desde uno sólo, no tendrás el parámetro completo y hay una gran posibilidad de cometer un error.

Si le explicas a tus hijos las reglas de tu casa, de su vida y hasta de la hora de regreso de las fiestas con base en los valores que les has inculcado y que respetas, para ellos será mucho más fácil entenderlos (eso no significa que no te hagan todo un rollo, pero en el fondo lo empiezan a entender). Por ejemplo, si les has enseñado el respeto, la responsabilidad y la verdad, pueden ayudarte en todo:

—Mamá, ¿me puedes llevar al cine?

—¿A qué hora termina tu película, Mariana?

—A las 7:30.

—Ok, te recojo a las 8.

—Perfecto.

(Mariana llega a las 8:30)

—¿Por qué hasta ahorita?

—Perdón, se me hizo tarde.

—Mariana, tú sabes lo que es el respeto. Yo respeto tu tiempo y tú no estás respetando el mío, ¿por qué?

—Es que mis amigos se quedaron echando relajo.

—Tus amigos tienen sus propios horarios, tú tenías una responsabilidad conmigo, así como la mía era recogerte y aquí estoy. Por favor, que no vuelva a pasar, si tú no aprendes a respetar mi tiempo, yo no puedo volver a traerte ni a dar permiso.

Si cuando tu hijo tenía 5 años te preguntaba a todo ¿por qué? y te desesperaba, espérate a que tu adolescente te pregunte el porqué de cada regla que le pones. Lo más seguro es que llegue un momento en el que no tengas la menor idea de qué contestarle. Si tus reglas (que son sólo las instrucciones) están basadas en los valores como en el ejemplo anterior, no hay forma de fallar en la explicación y será para ellos mucho más fácil entenderlas y saber por qué deben seguirlas.

Basar tus reglas en los valores hará que ante una situación en la que no haya una regla, en el mejor de los casos, el propio chavo sepa qué hacer porque no está pensando en la regla, está pensando en los valores que le has enseñado.

> **Es muy difícil EDUCAR a un adolescente si los valores y los límites no están claros.**

Es muy difícil educar a un adolescente si los valores y los límites no están claros.

Ahí te va una radiografía de los valores en México. Gracias a la Encuesta Nacional de Valores que levanta BANAMEX, se reportó que en nuestro país:

- ● 25% de la gente cree que la justicia es el valor más importante.
- ● 24% la solidaridad y
- ○ 22% la igualdad.

Los papás mexicanos piensan que los valores más importantes que se debe inculcar a un hijo son responsabilidad, trabajo duro, ser ahorrativo y ser independiente.

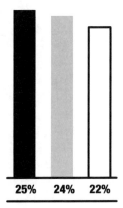

25%   24%   22%

>Líneas de ayuda

Rebeldia / Violencia de adolescentes

Centro de tratamiento integral para jóvenes REMEMBRANZA

www.centroremembranza.net

Cd. de Méx Cel 04455 33 81 7532

Canoas # 20, Sto tomás Ajusco, Tlalpan, C. P. 14710, México, DF.

Convivencia Sin Violencia , A.C.

www.convivenciasinviolencia.org.mx

Bosque de Duraznos no. 65-206, Bosques de las Lomas, Miguel Hidalgo C.P. 11700, México DF. Tel (01 55) 5251 7261.

Los límites

"¡Ya cállate, mamá! Me vale con lo que me castigues."

Cuando arranqué la investigación de este libro, muchos papás cooperaron dándome frases como éstas:

- Los papás les tenemos miedo a los hijos.
- Hoy en día cuando un papá pone límites, es el único raro.
- Ya no les puedes contar hasta tres… llegas al tres y ¿qué haces?
- No sé que más quitarle, y no le importa.
- Si me levanta la mano, en lugar de darle miedo a él me da miedo a mí.
- Me hace salirme de mí, he dicho y hecho cosas de las que me arrepiento.

De hecho, me acuerdo perfecto que en una junta hubo una mamá que habló como veinte minutos sin parar y cuando terminó se soltó llorando. Definitivamente los límites, castigos, premios y todos sus parientes son un tema importantísimo cuando uno tiene adolescentes (no leo la mente, pero estoy seguro de que muchos de los que tienen este libro en sus manos lo compraron por este tema, si asentiste con la cabeza sigue leyendo, si no… también, por favor).

Tener un adolescente rebelde, enojado y retador, o sea, prácticamente engendrado en pantera (y pantera adolescente, que no es lo mismo) es como estar en medio de una guerra y no tener un arma, a veces nos defendemos a puros resorterazos. Y saltan las preguntas que a todos nos preocupan:

- ¿Sirven los límites?
- ¿Cuáles deben ser?
- ¿Cómo y cuándo se ponen?
- ¿Qué tan tolerante debo ser?
- ¿Los castigos son buenos o malos?
- ¿Se deben dar premios?
- ¿Qué hago si ya lo intenté todo?

Y no falta quien pregunta:

- ¿Puedo darme unas vacaciones de mi adolescente y regresar cuando haya terminado la universidad?

Bueno, pues hablando de lo que más nos importa, es básico que sepas que no hay un solo experto que no crea que los límites no sólo son necesarios, sino que son esenciales para poder educar y llevar la vida de un adolescente. En pocas y sencillas palabras, sin límites seguro llevas las de perder (y tus hijos peor). Es cierto que a veces no sabemos cómo reaccionar, ahora sí que nos agarran en curva y piensas... ¿qué le digo? Te suenan situaciones como:

—¿Por qué te llevaste el coche? Quedamos en que no lo ibas a usar.

—Ayyy, papá, pues porque si no, no llegaba a la escuela, ni tu solito te entiendes.....

—¿Qué te hago de cenar, mi amor?

—Mmmta.... ¿Que no oíste que no tengo hambre?

—No es posible que no estés estudiando, vas terrible en la escuela.

—Mamá, tú eras burrísima, no acabaste ni la prepa, ¿cómo me puedes pedir eso?

—Mañana vamos a ir a la comida familiar.

—Yo no voy.

—Tienes que ir.

—¿Qué, me vas a llevar amarrado o qué?

En el libro *Get out of my life*, el Dr. Anthony E. Wolf dice que aunque los adolescentes están viviendo una época de rebeldía que es completamente natural y necesaria, la intervención de los padres es de vital importancia. O sea que aunque creas que se les metió el diablo, no es así. Y si no quieres vivir un infierno, es muy importante que aprendas a manejar las cosas. Es la época en la que tenemos que saber dónde poner los límites, y al mismo tiempo debemos saber negociar, hablar con ellos, escucharlos y hasta pactar.

Otro problema fuertísimo es que los adolescentes se sienten inseguros e inestables si no tienen límites y reglas. Cuando ellos no tienen reglas, no saben a qué atenerse. Y el ejemplo de esto lo vi un día que estaba platicando con unos chavos como de 17 años en una encuesta que les hice, y uno de ellos me dijo: "Odio a mi mamá, me habla todo el día, ya no la soporto... todo el tiempo me está fregando."

Y otro chavo que estaba a lado dijo: "A mí me encantaría que mis papás me llamaran aunque fuera de vez en cuando, nunca me pelan, ni siquiera saben dónde estoy ahorita."

Me dio muchísima tristeza. Empecé a justificar a sus papás para tranquilizarlo, pero sentí mucha lástima por cómo se sentía, pensé que sus papás no sabían el súper chavo que tenían y mucho menos se imaginaban cuánto los necesitaba. Me sorprendió que a la primera me dijera algo que le dolía tanto; cuesta mucho trabajo que te digan lo que les duele y por eso es necesario escuchar con claridad las necesidades que tienen los adolescentes. Fue como ver el problema en blanco y negro.

Cuando hay límites bien puestos y claros, por más que se quejen y mienten todo lo mentable, los chavos se sienten seguros y saben que están pisando un terreno firme. Cuando tienen límites, por más que alucinen a su mamá y la vean convertida en una cruza de Maléfica y Úrsula de *La Sirenita*, tienen una referencia, y eso es lo que necesitan para crecer y madurar.

Si de por sí la adolescencia es difícil, imagínate sin una guía, es muy fácil perderse y sentirse solos. Los límites son como una lámpara de mano y la adolescencia una cueva muy oscura. Tu hijo está adentro y necesita salir, ¿crees que le ayudaría que le dieras la lámpara?

¿Cómo pongo reglas?
(Que funcionen y sin volverte loco en el intento)

Si te cuesta muchísimo trabajo poner reglas y límites, y tienes muchas dudas, eso sólo significa que eres una mamá o un papá completamente normal. Así que respira en modo yoga y relájate porque a todos nos cuesta trabajo.

Durante muchos años los psicólogos y los pedagogos más reconocidos han ido mejorando las formas de poner límites y reglas, ya que aunque hay bases muy sólidas, existen otros puntos que se han ido modificando. Eso tiene que ver con que las generaciones de los chavos han cambiado muchísimo. Solamente piensa en cómo nos cuadrábamos nosotros cuando éramos adolescentes y en cómo reaccionan hoy tus hijos; algunas veces hasta somos los papás los que terminamos obedeciendo, como si los famosos "mensajes subliminales" con frases de "debes obedecer... debes obedecer..." de nuestros discos de AC/DC, o quizá hasta de Pandora, hubieran hecho efecto.

Manual de
OPERACIONES Y
Políticas de la casa
de la Familia
González

TOMO 1 de 10

Es importante no llenarlos de reglas (como árbol de navidad de centro comercial con mil foquitos). Si intentas reglamentar absolutamente todo, además de ser interminable, su vida (hablo de la vida de todos) va a ser un infierno. El adolescente busca cómo romperlas de inmediato porque se siente asfixiado y además se confunde (de hecho, más que unos papás, necesitaría un Manual de Operaciones y Políticas de la Casa de la Familia González), y de plano así la educación no funciona. Es mejor tener pocas reglas, pero que sean: generales, claras, basadas en valores, de esta manera su justificación está garantizada.

Así, sin necesidad de tener una regla específica para cada cosa, los chavos pueden pensar qué valor están violando y saber qué eso, de entrada, es algo que no está bien. Honradez, la cabeza de tu adolescente lo traduce como no robar, no quedarme con la sudadera de mi amiga y utilizarla un mes, no conseguir el examen y venderlo a mis compañeros, no sacar dinero de la bolsa de mi mamá, etcétera, etcétera.

Esto ayuda un poco y hace que se concienticen, pero cuando haya situaciones particulares, tendremos que hacer pequeños acuerdos para cada ocasión. Así que mejor empecemos. Vamos a ver cuáles son las mejores técnicas actuales que recomiendan por los expertos en adolescencia para poner reglas sanas y funcionales en casa.

① Hacerles ver que estás de su lado

Al principio, los límites y las reglas separan a la gente. Pero si se trata de adolescentes, esto aplica a la *n potencia* (en este caso, "n" de no, no y no quiero, mamá). Como dijimos en el capítulo anterior, aunque parezca que a estas alturas del partido a los adolescentes el amor de sus padres les viene valiendo, es lo contrario. Yo sé que la mayoría de las veces su forma de actuar no lo representa, pero por dentro lo necesitan mucho más de lo que te imaginas.

Hablarles con amor cuando vas a poner las reglas y hacerles ver que en realidad los quieres y lo haces por ellos, aunque suene anticuadísimo, funciona. Poner límites con amor de por medio es como cuando llega una amiga o un amigo tuyo a decirte algo que está mal; al principio no lo quieres ni oír (es más, hasta para darle la cita te haces tonto), pero si te hace ver que está de tu lado y que sólo quiere ayudarte, las cosas cambian y te abres. Lo mismo pasa con los adolescentes. Un día hablando de este tema con un papá él me preguntó:

—¿Cómo se lo explico a mi hijo?

—Dile lo que quieras, menos la frase "lo hago por tu bien", porque ya están tan mecanizados al escuchar esa frase, que su disco duro ya la trae incluida desde la fábrica. **Díselo con el corazón, como a ti te salga, pero con el corazón** –le sugerí.

Tu hijo o hija te conoce tanto que sabe perfecto que estás mintiendo cuando escondes un problema, cuando te pregunta qué tienes y le dices que nada. Aunque cada uno es distinto, y habrá algunas mamás y papás más secos o serios que otros, ellos saben cuando te abres. Y aunque le pongas un ejemplo de pasteles, de finanzas, o el más sentimental del mundo, ellos saben cuando es tu corazón el que está hablando.

Cuando le explicas que para ti sería más fácil "dejarlo hacer lo que quiera", o decir "haces esto y punto" y ve que lo estás intentando de otra manera, se da cuenta del amor auténtico que le tienes. ¿Por qué estás leyendo este libro? ¿Por qué te interesa tener información? ¿Por qué te enojas cuando tu hijo hace algo mal? ¿Por qué te duele cuando le hacen algo? ¿Por qué lo castigas? ¿Por qué te lastima tanto cuando alguien dice algo malo de tu hijo o hija? Tú y yo sabemos las respuestas, pero ¿las sabe él o ella?

El libro *Límites con los adolescentes* del Dr. John Townsend, uno de los libros que más me gusta respecto a este tema, dice que cuando ponemos límites a nuestros hijos con amor logramos que:

1. Cuando haya un problema, el chavo se reconozca como el origen del problema y no te vea como un verdugo.

2. Se dé cuenta de que su conducta es el problema y no los límites que se pusieron.

3 No te vea como su enemigo, sino como su aliado.

4 Entienda los límites y acepte las consecuencias como algo, que aunque le choque, sabe que en el fondo es bueno para él o para ella.

2 Imparcialidad

Una de las cosas que más les interesa a los chavos en este momento es la imparcialidad (o sea, que las cosas sean justas, que la balanza no se incline para ningún lado). Ellos respetan a los padres, maestros y a cualquier adulto que tenga autoridad, que ellos crean que es imparcial (esta información grábatela porque vale oro). De ahí comentarios como: "El papá de Manuel también lo cuida, pero es súper buena onda", "La mamá de Julia sí sabe cómo ponerse de acuerdo con ella". Y peor aún: "La mamá de Alejandra sí sabe cómo ser mamá" (éste duele hasta escribirlo). El problema es que ponemos muchas reglas, pero no ponemos la consecuencia. Ponemos reglas como:

- Tienes que llegar a X hora.
- No puedes usar tu celular cuando estamos comiendo.
- No puedes ponerte borracho.
- Tienes que recoger tu cuarto.
- Si vas a una fiesta, no te puedes cambiar de fiesta.

Y un día (más bien, una noche) le hablas a todas las mamás GPS de las amigas de tu hija (o sea, con las que ni te llevas, pero que utilizas para rastrearla), y te das cuenta de que se cambió de fiesta. ¡Te quieres morir! Le pones una regañiza de miedo y empiezas a pensar: "¿Cómo la castigo? ¿Cómo la castigo?" Y como el castigo no estaba definido, digas lo que digas, lo siente injusto, siente que lo estás cambiando a tu conveniencia, y así como algunas mujeres se convierten en la Reina de la primavera, para ella tú te conviertes en la Reina de la parcialidad (con banda en el pecho y todo). Pero lo peor de todo es que, como la regla no estaba clara, piensa que la responsable de toooooodo lo que le está pasando eres tú (aunque sea una consecuencia de lo que hizo), y por lo tanto no desarrolla la responsabilidad, que es lo que más importa en todo este rollo.

Como no conoce la consecuencia y cree que la manipulas a tu antojo, no siente que pueda influir en las cosas que pasan, porque para ella **tú vas a cambiar las cosas, como tú quieras. ¿Qué fuerte, no?** Por eso es muy importante…

③ Aclarar al mismo tiempo las reglas y las consecuencias

Cuando pones las reglas y al mismo tiempo las consecuencias, las cosas en su cabeza cambian por completo, porque de alguna manera le dices "Si haces esto, va a suceder esto otro". Entonces ya sabe a qué atenerse y no siente que lo estés inventando en el momento justo para molestarlo.

Cuando lo haces así, por un lado, dejas que él o ella escoja lo que va a suceder, y entonces genera responsabilidad (lo que estamos buscando). Tener la regla clara es muy importante para que el chavo sepa dónde está la línea y pueda decidir si la cruza o no.

Y por otro lado, de cierta forma, tú te "relajas" (sí checaste las comillas, ¿verdad?) porque de alguna manera, tú no vas a decidir lo que pasa, lo va a decidir él. En teoría (y ojalá también lo hagas en práctica) ya no tienes que estar encima de él diciéndole cada dos minutos, platicando, gritando, escribiéndole en post-its, mandándole mensajitos a su celular y hasta señales de humo (de la cocina a su cuarto), lo que tiene que hacer.

Si lo haces, le quitas valor a su responsabilidad (que tarde o temprano... muy tarde o muy temprano) aprenderá. Cuando Gaby Vargas y yo escribimos los libros *Quiúbole* con... lo que más nos decían (y nos siguen diciendo) los papás era: "No puedo creer que mi hija o hijo lo leyó en sólo cuatro días", "estoy impresionada de cómo ha cambiado sus actitudes". Creo que algo que tiene mucho que ver con el efecto de estos libros, es que nunca les decimos qué hacer. Más bien, en el libro se dice en todo momento y en todos los temas:

Si haces esto, pasa esto...

Si haces esto otro, pasa esto otro...

Tú decides...

Así se genera confianza y libertad; de cualquier manera ellos van a decidir, pero de esta manera haces que crezca su responsabilidad.

④ Deben ser específicas

Las reglas y las consecuencias deben de ser muy específicas, porque los chavos en esta edad toman tu palabra muy literalmente (hasta exagerado, ehhh). Tú te vas un fin de semana y les dices:

—No se te vaya a ocurrir hacer una fiesta, ¿ok?

—Ok, mamá.

Y cuando llegas te enteras de que el sábado en la noche hubo veinte chavos en tu casa, y afuera estaban cuatro chavas platicando (gritando) quién de la escuela tiene el mejor trasero, además tu gato tiene dos quemaduras de cigarro en el pelo y los vecinos se quejaron porque dos chavos llevaron serenata y para mostrarles todo lo que comieron en el día, cantaron Oaxaca. Después de todo tu hijo te dice: "No fue fiesta, mamá, fue una reunión. No bailamos ni nada, sólo estuvimos echando unas chelas."

Y ¿sabes qué? No se está burlando de ti, en realidad lo cree, así funciona su cerebro en la adolescencia. Para él una fiesta es algo con Dj mezclando música, comida, invitaciones por Facebook y dos edecanes (güera y morena) regalando Red Bulls en la entrada. Por eso tus reglas deben ser muy específicas, en este caso podría haber sido algo como: "No quiero a nadie en la casa".

Otro error grande que cometemos es que creemos que ellos piensan lo mismo que nosotros. Como cuando nosotros andábamos de novios y se armaba un rollo gigantesco con el famoso: "Es que yo pensé que tú pensaste que yo te hablaba mucho, y entonces por eso no te hablé, y como tú tampoco me hablaste, pensé que tus amigos habían pensado que yo ya no quería nada y que tú pensaste que era cierto. ¿Qué piensas?" Siempre terminaba en: "No, para nada, yo no pensé eso", (cuántas broncas de novios nos hubiéramos ahorrado).

Por eso hay que darles el contexto completo. Si le dices, "Ayuda a tu mamá con la comida", puede ser que él sólo eche un grito diciéndoles a todos "¡Ya vénganse a comer!" En este caso sería necesario decirle: "Tu mamá está sola y necesito que la ayudes, pon la mesa, avísale a todos y ayúdale a servir, por favor." Porque de lo contrario, al haberles "echado el grito", él cree que cumplió con lo que le pediste y como obviamente tú no piensas igual, se arma un problema entre los dos y una vez más siente que lo están tratando injustamente.

Esto pasa mucho, fíjate cuando le pides que recoja su cuarto. Para él puede significar sólo tirar la basura al bote, aunque tenga tres kilos y medio de jeans en el suelo, sesenta centímetros de calcetines usados con mugre de una semana y cuatro pares de tenis fluorescentes porque se ven padres cuando apaga la luz. Así que es importante decirle todo lo que significa hacerlo.

Cuando dejas las expectativas abiertas, todo va a ser injusto para él, porque de alguna manera te está cumpliendo:

—Necesito que te vaya mejor en el examen.

—Saqué 4 en lugar de 2, papá.

Entonces sería mejor decir:

—Necesito que apruebes el examen.

—Sandra, no quiero que le quites la ropa a tu hermana.

—No se la quité, se la regresé dos semanas después.

Sería mejor decir:

—Si quieres usar algo de tu hermana, tienes que pedírselo antes.

En cuanto a las consecuencias es lo mismo. Dejarlas abiertas sólo complica el momento de la discusión. "Si sigues contestándole a tu mamá así, no sabes cómo te va a ir" (exacto, literalmente no sabe y, al no saberlo, no le preocupa). "Sigue molestando a tu hermana y vas a ver qué te va a pasar" (además de que claramente le dices que tú tampoco sabes lo que le va a pasar, también la haces pensar, que igual es algo leve y mejor se la juega dándole de zapes).

Si las cosas no quedan claras desde el principio, son puntos en tu contra porque en lugar de tener una consecuencia por lo que no hizo, se van a quedar todas las horas del mundo discutiendo por lo que él cree que sí hizo y lo que tú en realidad esperabas. Así que por lo pronto, mientras acaba su adolescencia, es muy importante que seas muy específico para evitar tener un problema de este tipo.

5 Dar libertad

Si algo he aprendido en estos catorce años de dar conferencias a jóvenes es jamás decirles lo que "tienen que hacer". Tú dile a un adolescente "tienes que hacer esto", y a penas pueda, va a hacer todo lo contrario (ahhh y, por cierto, vas a perder toda su atención).

Pero si los dejas tomar la decisión y conocen cada opción, la analizan y deciden; por supuesto que esto no impide que se equivoquen, pero por lo menos sí lo piensan… y eso ya hace toooda la diferencia a sólo llevarte la contraria.

Yo sé que seguramente te preguntas: "¿Cómo? ¿Darles libertad de decisiones?, si así esto es ya una locura…" Ves que la perra es floja y le pones tapete, o su versión más moderna: "Ves que la niña no es muy difícil y le pones reggaeton."

Rich Van Pelt, uno de los hombres que más ha escrito sobre límites, dice que para los adolescentes la libertad de elección es importantísima. Primero porque hay muchas cosas que no puedes controlar en ellos (y aunque nos duela en el alma, es cierto). De entrada, no puedes estar pegado a él todo el día, viendo qué come, si entra a clase o no, qué hace con sus amigos, cómo reacciona cuando alguien le ofrece una droga, si tiene o no relaciones sexuales y si se cuida, entre muchísimos y dolorosísimos etcéteras. Tienes que confiar en que tenga la mejor información y tome las decisiones más inteligentes posibles. Por eso tratar de obligarlo y no darle tu confianza empeora la situación y tu relación con él.

Y segunda porque la libertad para elegir mal es necesaria, para aprender a elegir bien. O sea, necesita equivocarse para aprender a hacerlo bien. Acuérdate de las mejores lecciones que te dio la vida, y cómo las aprendiste. Aunque lo obligues a tomar las decisiones correctas, no estás ayudándolo a crecer ni a madurar. Si tomó esas decisiones, lo hizo porque lo obligaste, pero no tiene ni la menor idea de cómo llegar a ellas y prácticamente lo estás retrasando en su proceso de maduración.

Es obvio que hay cosas muy serias que no quisiéramos que jamás sucedieran, por eso es muy importante que tengan la mejor información sobre los peligros, y que conozcan los límites y las consecuencias para que lo dimensionen y los ayude… Pero la mejor opción es que la decisión sea de ellos. Si no quiere ir a clases, tendrás que tener una consecuencia natural del TAMAÑO de lo que está haciendo (de cualquier manera, tú no vas a poder llevarlo con una pistola, pero la consecuencia después de un tiempo sí puede hacerlo pensar).

En una reunión de investigación para este libro, una mamá me platicaba que estuvo casi dos años luchando con su hijo porque se quería ir de la casa. Se peleaban todas las semanas y ella "sentía que se moría" (en sus palabras).

Su hijo de 17 años se iba 2 días y regresaba, mientras ella no podía de la angustia, hasta que un día (declara la parte ofendida que no sabe si fue cambio de estrategia o cansancio) dejó de pelear, habló de las consecuencias y le dio su apoyo para que se fuera. El chavo se sintió tan libre y con tanta responsabilidad que no volvió a amenazar con irse.

> La libertad para ELEGIR MAL es necesaria, para aprender a elegir bien.

La mamá me decía: "Estoy impresionada, pero lo hacen mejor cuando sienten la responsabilidad." Por supuesto, hay un momento de emergencia en que debes cortar esta libertad, y eso es cuando lo que está haciendo es muy peligroso o, peor aún, es de vida o muerte. En este caso es necesario una hospitalización involuntaria (se llaman intervenciones), internamientos, arrestos, hospitalización, etcétera.

La Dra. Susana Mondragón Kalb, psicoterapeuta y especialista en adicciones, comenta que en los hogares que tienen bien puestas sus reglas, sus límites y los padres están presentes, hay menor incidencia de estos casos. Así que tranquilo, sé que parece una decisión fuerte, pero no hay mejor estrategia con un adolescente que un poco o un mucho de responsabilidad.

¿Cómo pongo límites y hablo de las consecuencias?

"¿Tengo que negociar con mi hijo?"

Seguramente hay ocasiones que ya no puedes más con tus adolescentes, de esas veces que dices: "¡Renuncio¡" y hasta te cachas rezando o piensas: "Si esto es karma, hasta me salen debiendo." En fin, te gustaría tener el arma secreta para mejorar su comportamiento. Pues esa arma sí existe… se llama consecuencias. Pero como toda arma tiene sus indicaciones. Las consecuencias no sirven si no las cumples (y mucha gente no lo sabe, son como las letras chiquitas de los contratos leoninos).

Juan Carlos (el nombre lo cambié, para no ventanearlo tan despiadadamente), un muy buen amigo mío, tiene un chavo adolescente. Desde que tenía 13 años y yo los visitaba, cada vez que iba a su casa veía como lo regañaban, lo amenazaban y le decían veinte mil veces: "Si haces esto, te va a pasar esto." Pero cuando se estaba acercando a hacerlo, los papás hacían todo lo inimaginable (mi mamá diría: "Se paraban de pestañas"), para que no lo hiciera.

En lugar de que experimentara la consecuencia, hacían todo lo posible para no cumplirle. Prácticamente "lo querían tanto" que preferían traerlo en friega todo el día y, de paso, también estar en friega ellos. Como dicen: "Era como buscar trabajo, rogándole a Dios no encontrarlo."

Las consecuencias son la herramienta más importante que hay para modificar la conducta, si las aprendemos a manejar (y a hacer cumplir), tenemos la mitad del camino ganado. Por eso es muy, pero muy importante ponerlas bien, pero todavía más importante es cumplirlas.

Para establecer consecuencias son muy importantes los siguientes dos puntos:

1 Utilizar consecuencias naturales

Hay que tratar que la mayoría de las consecuencias sean naturales al problema porque, de esta manera, la consecuencia es lógica y no parece como un castigo. Por ejemplo:

"La ropa que se lava en esta casa es la que está en el bote de la ropa sucia, si la dejas tirada en tu cuarto y no la metes en el bote no se va a lavar."	*"Si te sigues peleando con tu hermano significa que no pueden convivir y entonces no pueden ir al cine juntos."*	*"Te presto el coche, pero necesito que llegues aquí a las 6 pm porque tengo una cita. Si no llegas a tiempo, no te lo puedo volver a prestar porque yo lo necesito para mi trabajo."*
La consecuencia es no tener ropa limpia.	La consecuencia es que se canceló su salida.	La consecuencia es que ya no tienes coche para salir.

De esta manera, ellos lo entienden mejor, y su cerebro empieza a usar esa lógica para saber qué consecuencia puede haber en cada problema, y así pensar dos o tres veces si se la juegan o no. Seguro estás pensando qué hacer con las situaciones en las que es difícil encontrar una consecuencia natural; si no lo estabas pensando, no te preocupes, no pasa de dos días o tres discusiones con tu adolescente —lo que suceda primero, como servicio de coche— para que te preguntes qué hacer.

Bueno, pues ahí te va. Cuando pasan casos como:

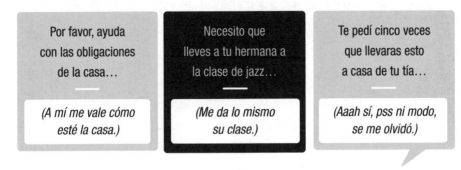

Por favor, ayuda con las obligaciones de la casa…	Necesito que lleves a tu hermana a la clase de jazz…	Te pedí cinco veces que llevaras esto a casa de tu tía…
(A mí me vale cómo esté la casa.)	*(Me da lo mismo su clase.)*	*(Aaah sí, pss ni modo, se me olvidó.)*

La forma de utilizar una consecuencia natural sería:

"Si tú no cooperas conmigo, yo no puedo cooperar contigo y no por mala onda, padre desnaturalizado o peor aún… ardido, pero aquí todos tenemos responsabilidades y yo como 'papá o mamá' cumplo las mías, si tú no ayudas, necesito utilizar mi tiempo, mi dinero o mi tranquilidad para lo que no me pudiste ayudar." O sea, la idea es "somos un equipo y tú no estás cooperando en él."

> *¿A ti te vale cómo esté la casa? No te puedo llevar a la fiesta, porque tengo que ocupar ese tiempo para hacer lo de la casa o para descansar.*

> *Simplemente no puedo hacer X contigo (cooperar), porque tú no lo haces conmigo.*

Aunque estas consecuencias no suenan tan naturales, se sostienen de "tú no cooperas, yo no lo puedo hacer contigo". Ésta sería la forma más natural de enfrentarlas.

> ### ⚠ Tip de experto
>
> Siete de cada diez adolescentes sienten que hacen mucho más por sus papás que lo que sus papás hacen por ellos.
>
> Cuando tengas muchos problemas por falta de obediencia, funciona retirar tu cooperación. Al principio no va a pasar nada, pero rápidamente tu hijo o hija se dará cuenta de la cantidad de cosas que haces por él y que depende de ti. O sea, va a notar que le tocó la peor parte del negocio, y como deuda externa de país en crisis, querrá renegociar, lo que será mejor para ti y para tu adolescente.

Según Scott Brown, autor de *Cómo negociar con los hijos aún cuando usted piensa que no debe hacerlo*, la negociación puede convertirse en una experiencia de aprendizaje para tus hijos. Sin ella, puede que los chicos crezcan sin las herramientas necesarias para solucionar conflictos de manera constructiva. Una de las cosas más importantes en las consecuencias (desde la más sencilla hasta la más seria) es hacerlo de una forma tranquila, sin gritar, ni enojarse, sin utilizar groserías.

Sé que esto está más difícil que estar a dieta en vacaciones, o que haya ley seca en Las Vegas, pero es muy importante (lo veremos más adelante en el capítulo "Mi adolescente hace que me salga de mí"). Además hay dos cosas que las consecuencias naturales deben tener para funcionar:

- Que realmente sean importantes para el chavo (si le va a dar lo mismo, no funcionan).
- Que antes de decirla, te preguntes si en verdad quieres que suceda la consecuencia.

Un día, mientras platicaba con unos papás, ellos me dijeron que le advirtieron a su hijo que si volvía a faltar a la escuela (léase irse de pinta y parecer delincuente matutino por andar en Chapultepec con uniforme escolar antes de la una de la tarde) no iría a un viaje a Canadá que llevaban más de un año planeando.

El chavo se volvió a salir de la casa y el viaje era en una semana. Los papás ya habían pagado todo y ni siquiera tenían con quién dejarlo. Además, la mamá me decía que no era justo, que estaba muy ilusionada con el viaje y que no se quería quedar. El papá me comentó que no podían perder el dinero del viaje.

Fueron al viaje y para el chavo sólo fue una amenaza más no cumplida. Así que si le vas a decir a tu hijo o hija que si no hace tal cosa se va ir de la casa, tienes que estar dispuesto a sostenerlo.

> *La mejor forma para cambiar la conducta de un adolescente es que enfrente consecuencias constantemente. Si sólo lo hace de vez en cuando, es como si no lo hiciera nunca. No modifica su forma de actuar.*

¿Funcionan los premios y los castigos?

"Sólo si te portas bien te voy a..."

Esta es definitivamente la pregunta del millón para cualquier papá, mamá, madrastra, padrastro y cualquier persona encargada de un adolescente por motivos de fuerza mayor, fuerza mediana y hasta fuerza menor (porque hay personas que cuidan a los adolescentes, más que sus propios padres y a veces ellos no les dan… ni las gracias).

He hablado con muchos expertos sobre este tema y he cotejado diferentes puntos de vista. Hace poco fui a una conferencia del pedagogo y especialista en desarrollo humano Vidal Schmill, la cual me pareció una de las posturas que conserva las bases que muchos expertos han utilizado y que aporta nuevas ideas que lo hacen mucho más claro, actual (importantísimo) y efectivo.

Así que arranquemos de una vez, no vaya a ser que el día que queramos aplicar correctamente los límites a nuestros hijos, sea cuando tu pollito de 32 años vuele y vea por el retrovisor el nido (o sea que se case), o cuando la empresa de gomitas azucaradas que creo tu hija cotice en la bolsa.

Volvamos a la pregunta: ¿el asunto de los premios y los castigos funciona? La respuesta es SÍ, pero el problema es que funciona a corto plazo y, en realidad, no educa. Haz de cuenta que es como cuando te corren del trabajo. Echarte unas cubas te ayuda a que se te olvide, pero no te regresa la chamba. Al otro día que te levantes, no sólo no tienes trabajo, ¡¡tienes una cruda horrible!!

131

Premios

Cuando premias a tu hijo por hacer algo, después actúa sólo por el premio. No aprende el verdadero valor de la acción. Le importa más el premio, que lo que quieres que aprenda. Esta forma es prácticamente como un soborno casero, y entre más lo hagas, tu hijo más se acostumbrará a recibir algo a cambio. Cuando no se lo des, no lo hará. "Si te portas bien y no eres grosero con tu mamá, el fin de semana te compro el reloj que quieres", "Si entras a gimnasia y haces ejercicio, conseguimos el salón que te encanta para hacer tu fiesta de XV", "Si te tranquilizas y no te vuelves a pelar a golpes con tu hermano, te consigo los boletos para el concierto que quieres", "Si pasas de año, te damos X dinero para que te compres lo que quieras". O sea, aplicas la catafixia en todo su esplendor dominical…¡pero con la educación de tus hijos!

Lo haces así porque quieres que aprendan a respetar a su mamá, a tener una vida saludable con el ejercicio, a no golpear y a ver la importancia de los conocimientos para su desarrollo. Pero fue en lo último que ellos pensaron. Para ellos esto significó un reloj para estar a la moda, un salón de fiestas para hacer una súper fiesta, un concierto y dinero sin que te puedas meter en que lo va a gastar.

Estas formas lo único que consiguen es disminuir su iniciativa y motivarlos sólo si va a haber un premio de por medio (y lo peor es que muchas veces es por medio… de tu cartera).

La culpa no es de ellos, es de lo que les enseñamos nosotros. Es cierto que algunos premios pueden lograr su cometido, como en el siguiente caso:

Un papá quiere que su hijo haga ejercicio, lo condiciona con un premio para que entre al futbol americano. Y resulta que al final termina encantándole. De alguna manera funcionó, pero la mayoría de los premios NO logran este objetivo, y más que ayudar complican las cosas.

Quizá estás pensando: "¿Entonces cómo aprendimos nosotros si nos educaron de esta manera?" Bueno, en realidad hay muchísimos adultos que jamás aprendieron conceptos como el respeto, la honestidad, la preparación intelectual, y te los topas un día sí y el otro también en todos lados. Otros aprendieron con miedos y resentimientos. Algunos por los ejemplos que veían en la forma de actuar de sus padres (ésa es la mejor educación que existe). Algunos otros en los golpes que después les dio la vida y que los hizo tener que re-aprender algo que quiza aprendieron desde mucho antes, ahorrándoles broncas. Algunos padres les dieron una gran educación a sus hijos, por su preparación o por sus atinados instintos.

Pero ahora las cosas han cambiado muchísimo (los adolescentes todavía más) y nosotros tenemos que hacerlo mejor. Tampoco se trata de no reconocerlos y no motivarlos, pero frente a todo esto, logramos un mejor resultado si los reconocimientos son verbales y afectivos. Sí, dándoles una felicitación, diciéndoles algo alentador y explicándoles la importancia de lo que hicieron: "Lo hiciste perfecto, te portaste muy bien con tu mamá. Cuando respetas a los demás haces que todo mundo te respete también a ti", "Felicidades, qué bueno que finalmente estás haciendo ejercicio. La gente que hace ejercicio está más saludable, se siente mejor y está de muy buen humor, vas a ver que lo vas a notar pronto".

Yo sé que no suena tan fácil y que el premio tiene una respuesta inmediata, pero se trata de que les podamos dar la mejor educación a nuestros hijos, y lo mejor siempre cuesta más trabajo. Estamos tan acostumbrados a dar premios que la verdad no está nada fácil quitar de la noche a la mañana nuestro arsenal ABEA (Armas Básicas para Extorsionador al Adolescente), pero podemos ir quitando premios poco a poco y si lo logramos, nuestros hijos se irán adaptando (se adaptan a TODO, de hecho, así se adaptaron a los premios), y le estaremos enseñando verdaderamente lo que queremos.

Yo empecé poco a poco con mis hijos, y aunque me ha costado trabajo y a veces por la costumbre se me sale un premio por ahí, cada vez son menos, y sí noto el cambio en su forma de pensar.

¿Y si quiero darle algo? Cuando quieras regalarle algo a tu hijo, se vale, pero porque lo quisiste hacer, no por un intercambio de cierta acción en específico. En el caso de que tu hijo se haya volado la barda y de plano haya hecho algo fantástico, los expertos recomiendan darle un reconocimiento (sé que suena a premio)... La diferencia es que hizo algo que no era su obligación y además no lo condicionaste. O sea, que tú sabes, hueles y ves que no lo hizo por conveniencia.

Castigos

Aunque es mucho más difícil quitar los castigos que los premios, es necesario hacerlo porque causan el mismo efecto de los premios. "Hago esto sólo para que no me castiguen, ¡pero la neta me vale!" Posiblemente estás pensando: "¿Qué dijiste?... ¿Cómo? Me estoy quedando sin armas."

No te asustes. El asunto aquí, más que quitarlos, es transformarlos, convertirlos en consecuencias, como hemos estado platicando en los capítulos anteriores. Tanto los premios como los castigos deben ser pensados de una manera lógica y orgánica. Si tú haces algo bien, la vida no te deja una caja de regalo con doble moño en tu cuarto al otro día. Si haces algo mal, la vida no te castiga llevándose tu celular al mas allá por dos semanas. ¡La vida no es así y todos lo sabemos!

Para que los adolescentes entiendan los límites, la mejor forma es la natural, o sea, en forma de consecuencias. Por eso dediqué varios capítulos a esta llave que todos estamos buscando. No puedes castigar a tu hijo con algo que no tiene nada que ver con lo que hizo, porque no tiene relación y no tiene la menor idea de por qué no lo debe hacer. Sólo le estás ocultando la verdadera razón de por qué no está bien.

En una boda, una señora me platicaba que un día su hijo se enojó tanto que de una patada rompió la puerta principal de su casa. La señora no supo qué hacer y lo castigó sin ver a su novia. ¿Qué tiene que ver la puerta con su novia? A menos de que sea el rincón de su primer beso (para no irme más lejos)... ¡no tiene que ver absolutamente nada! No tiene relación, por lo tanto, el chavo no entiende lo que hizo.

Si seguimos la consecuencia básica, es más fácil. La puerta cuesta dinero, tú la rompiste, luego entonces (me acordé de mis silogismos en la prepa del CUM) tienes que pagar la puerta:

—Tienes que pagar la puerta con el dinero que tienes ahorrado y si no tienes, te tengo que quitar durante dos meses la mitad de tu mesada para poder pagarla.

—Pero, mamá, necesito el dinero para muchas cosas, si así a penas me alcanza.

—Te entiendo, pero rompiste la puerta y necesitamos el dinero para arreglarla (dices esto sabiendo de antemano que la mitad de dinero que le queda es suficiente para sobrevivir a sus necesidades).

De esta manera, lo que hizo tiene un límite y al mismo tiempo es una consecuencia real que le enseña el resultado de su mala decisión: darle una tranquiza a la pobre puerta (y a tu presupuesto).

"Si reprobaste nueve de once materias, no puedes ir a ninguna fiesta, ni salir en la tarde con tus amigos, porque necesitas tiempo para estudiar."

"Si te presto el coche y van dos veces que lo chocas o que te paran, no puedes volver a usarlo. Significa que todavía no estas preparado para usar uno."

"Si te doy permiso de ir a con tus amigos y no llegas a la hora que quedamos, no puedes ir a la siguiente reunión, porque todavía no sabes manejar horarios."

Haciendo esto logras que tu hijo se corrija y se haga más responsable. El castigo como lo conocemos no tiene nada que ver con la realidad, la consecuencia es la realidad en sí misma. Si de plano hay algo que se sale de mis manos, no encuentro una consecuencia natural y mi hijo o hija no reacciona a mis explicaciones... ¿hay algo que deba hacer?, ¿hay algo que pueda hacer de emergencia?

Sí, por supuesto. Hay un límite de emergencia que podemos utilizar (hablaremos de esto en el siguiente capítulo), algo así como un SOS para madres y padres al borde de un ataque de nervios. Pero, por lo pronto, por favor, ve borrando de tu cabeza la palabra **castigo**... y mejor ve escribiendo (pero con plumón indeleble) **consecuencias**.

Los tres niveles de faltas de los adolescentes y ¿qué hacer? ¿Qué es normal y qué no?

"¿Cómo hablo con él sin pelearnos?"

Existen tres niveles de faltas de los adolescentes que nos pueden ayudar a saber cómo reaccionar en cada una, cómo ayudarlos y, principalmente, cómo NO exagerar. El Dr. Federico Soto, uno de los psicólogos especialistas en adolescentes más importantes de México, sostiene que los tres niveles tienen un cierto estándar, pero cada familia lleva diferente educación y costumbres y, por lo mismo, cada una debe tener su propio termómetro.

Por ejemplo, si para una familia hablar con groserías es el pan de cada día y los chavos les hablan a los papás de güey para arriba (obvio eso es porque ellos lo han permitido y algunos hasta promocionado), entonces eso no sería una falta grave en esa familia. Pero si en esa casa no se usa ni la "ch", eso sí sería una falta.

Los tres niveles son los siguientes:

NIVEL 1

- No contestar.
- El famoso (y odiado por tantos padres) "¡Aaash!"
- Tronar los labios.
- No ver a los ojos a los padres mientras están hablando.
- La postura que tienen cuando se sientan, cuando comen, cuando... todo.
- Resoplidos (síndrome de aire acondicionado en la boca).
- Estar serio todo el tiempo (mi mamá decía "Andar con carota").
- Su forma de vestir (las minifaldas ahorra tela o el peinado más bien despeinado que odias).
- Tener tirado su cuarto.
- Andar sucios.
- Hablar con groserías o palabras que no te gustan.

Todas estas acciones son características de la pubertad, digamos que vienen en paquete. Sabes qué tienes que hacer cuando te diga seis veces "¡¡aash!!" en los últimos treinta minutos... Nada.

El Dr. Soto sostiene que, por más que queramos, los corrijamos, imploremos y algunos hasta recemos, no lo van a dejar de hacer. Y no lo van a cambiar porque no pueden, porque es la naturaleza de la adolescencia. Ellos están buscando su individualidad, y para poderla encontrar necesitan ir en contra o repelar de la mayoría (o todas) las cosas que vengan de ti. Es su forma de revelarse.

Cuando discutimos por estas cosas, nos metemos en un remolino que no tiene salida y lo único que provoca es que pierdas tiempo, que te canses y que desgastes la relación. Muy en el fondo, los papás lo hacemos porque nos causa mucho dolor haber perdido a ese niño o niña que moría por nosotros y nos veía como su mayor ejemplo. Porque queremos que regrese y volverlo a tener, ocupamos toda nuestra autoridad y fuerza para intentar controlarlos.

Si te fijas, todos estos "detallitos" de los adolescentes en realidad son cosas que no trascienden. Nos prenden, enojan, desesperan (léase "nos vuelven locos"), pero en realidad no tienen grandes repercusiones, en especial si recordamos que es una etapa de la vida.

PLAN A

(el que normalmente hacemos)

—Carlos, ¿puedes llevar tus trastes al fregadero, por favor?

—Aaashh (mientras lleva los trastes).

—¿Aaash qué?

—¿Queeeé, no dije nada?

—¿Qué crees, que estoy sorda? Síguele y no vas hoy a la casa de Jorge, eehh.

—Aaash.

—Me estás colmando la paciencia, eehh…. ¿Quieres que me vuelva tu enemiga?

—…

—Te estoy hablando…, pocas cosas se te piden en esta casa y no las haces.

—Aayy, ya mamá…

—Ya mamá ¿qué?

Etcétera, etcétera, etcétera…

PLAN B

—Carlos, ¿puedes llevar tus trastes al fregadero, por favor?

—Aaashh (mientras lleva los trastes).

—Gracias.

El simple hecho de no engancharnos cambia por completo la situación. Todos quisiéramos que cuando presentas a tus hijos con la señora *nice* del club (con peinado de seis pisos) o con el jefe de tu jefe, fueran arreglados como la Princesa Diana y el Príncipe Carlos, y a la hora de la hora tu hijo trae el pelo morado, con un almohadazo de tres días (porque así va el peinado) y los pantalones a media nalga enseñando hasta las costuras del calzón. Pero, ¿sabes algo?, el hijo adolescente del jefe de jefes está igual, si no con su imagen, con otra cosa.

Si te vuelves menos aprensivo con estas cosas, tus hijos se relajarán más contigo, te ahorrarás muchísimas peleas y, lo más importante, en lugar de perderte en miles de regaños que sólo tensan la relación, podrás identificar cuando tengas un problema en el que en realidad tengas que actuar y guardarás tus regaños y tu autoridad para ese momento.

NIVEL

- (No, no es un error, ahorita te platico por qué nos saltamos el Nivel 2)
- Al ser el nivel más grave, es muy fácil de identificar.
- Faltas de respeto directas a los padres, como groserías verbales, señas, escupirles, golpearlos, etcétera.
- Problemas serios en la escuela (reprobar muchas materias o el año entero, dejar de asistir, enfrentamientos verbales y físicos con los maestros).
- Abuso del dinero y de la confianza de la familia.
- Robo, vandalismo, delincuencia.
- Abuso de drogas, incluyendo el alcohol.
- Promiscuidad, violencia sexual, prostitución, etcétera.
- Crisis (este punto es el más peligroso para un adolescente porque está conformado de diferentes problemas; encontrarás más detalles en el tema "¿Qué es normal y que no en un adolescente?").

Javier Urra Portillo, autor de *Violencia de los hijos hacia sus padres*, identifica tres tipos de causantes de la violencia: la actitud hedonista-nihilista, el típico "primero yo y luego yo"; el patológico, que se desarrolla por una relación amor-odio; y el de violencia aprendida, lo aprenden desde la observación de padres violentos.

Cuando tu adolescente cae en este tipo de faltas, hay que actuar pronto, no hay vuelta de hoja. Las consecuencias tienen que ser serias y, en la mayoría de los casos, buscar la ayuda de un especialista. No es necesario que tu hijo esté metido en drogas o en problemas alimenticios para buscar uno. En este nivel de faltas es muy normal que a los papás se les salgan las cosas de las manos. Por ello es importantísimo contar con ayuda profesional, como la que te puede dar un psicoterapeuta, ya que la mayoría de estos problemas pueden ser de vida o muerte. Más adelante trataremos cada problema en específico.

Ahora sí viene lo bueno. No es que éste sea más fuerte que el Nivel 3, pero sí es donde más tienes que trabajar. Prácticamente aquí hay que ponerse la camiseta de "Tengo un hijo adolescente... y estoy orgulloso" (bueno, o por lo menos, "estoy en vías de estarlo").

Dejé el Nivel 2 al final, para que sea más fácil ubicar qué tipo de faltas son. Las del Nivel 1 son muy identificables, las del 3 son tan fuertes que es imposible pasarlas por inadvertidas, y las que sobran son las afamadas, esperadas, vanagloriadas, y por desgracia... obligadas, faltas intermedias del Nivel 2.

- Los permisos.
- Las salidas.
- Las horas de llegada.
- ¿Con quién vas?
- ¿Adónde vas?
- ¿Quién te recoge?
- ¿Me compras?
- Eres la única mamá que no me dejó.
- Fajando (platicando papá) en el sillón de la sala.
- No quiero estudiar.
- Necesito más dinero.
- Y la lista más amplia de etcéteras que tú puedas (o tus hijos puedan) imaginar.

Este nivel es el más difícil porque tenemos que aprender a negociar. La mayoría de los expertos sobre adolescentes aseguran que: Para educar a un adolescente es necesario ceder, ser flexible, negociar y ser moldeable. Prácticamente el idioma de los adolescentes en este nivel de faltas es el trueque, y si no lo manejas... pierdes (él también, pero pierdes más tú, porque se te puede salir de las manos).

La Dra. Jenifer Marshal dice que, para terminar pronto, la palabra prohibida en este tipo de faltas es CONTROL, y la mayoría de los papás no lo sabemos. Si existe una clave, llave secreta, luz en la oscuridad, tesoro al final del arcoíris o reintegro del boleto de la lotería de la adolescencia es... no tratar de controlar todo.

Cuando los adultos hacemos esto, asfixiamos, apagamos, sofocamos y cuartamos la naturaleza de independencia con la que está creciendo nuestro hijo o hija. Y cuando siente esto, su impotencia interna es tan grande que no sólo empeora la cosa, si no que la situación puede ponerse muy seria.

Te recomiendo mucho la película *La sociedad de los poetas muertos* con Robin Williams (de hecho, es una de mis favoritas). En esta película se ejemplifica muy bien la situación de la que hablo y el grado al que se puede llegar. Sin irnos muy lejos, todos conocemos la típica plática de:

—Papá, siempre me pides que llegue a las doce, pero ¿podríamos cambiar la hora de llegada a la una?

—No...

—Todos los papás de mis amigos los dejan más tarde.

—Pues porque a todos esos papás no les importan sus hijos, a mí sí. Aquí hay reglas y se tienen que seguir.

Aunque suena muy coherente, me encantó la explicación que me dio el Dr. Federico Soto sobre esto. En un caso así es muy importante negociar y hacer sentir al adolescente que logró algo. Lo ideal sería marcarle a los papás de sus amigos a los que conozcas y preguntarles a qué hora (en promedio) les están dando permiso, y si es así entonces cambiar el horario, pidiéndole algo a cambio, por ejemplo:

—Ok, ya lo chequé y tienes razón (aunque te cueste trabajo esa frase puede ayudarte con tu adolescente mucho más de lo que te imaginas)... Te voy a dar chance de que llegues a la una, pero me tienes que mandar un mensaje escrito en el momento que salgas de la fiesta, ¿ok?

—Mamá, el sábado es la graduación de Gustavo y me gustaría mucho ir.

—Pero el viernes vas a ir al concierto y ya tienes hasta los boletos. Tú sabes que sólo puedes salir un día del fin de semana.

—Pero es una ocasión especial, es la graduación de mi mejor amigo.

—Ok, es cierto. Por esta ocasión puedes salir también el sábado, pero estás son las condiciones...

Si cedes y al mismo tiempo le pides algo a cambio, él siente que está negociando. Mientras escribía esta parte del libro, mi amiga Gaby Gutiérrez, mamá de una adolescente de 16 años, me contaba que en el salón de su hija (del Colegio Olinca, en el Distrito Federal), a principio de año los padres de familia se pusieron de acuerdo para conocer los horarios de llegada y coincidir. Eso me parece una gran opción.

Otra cosa importantísima con los adolescentes es que muchas veces queremos someterlos y controlarlos, pero se nos olvida nuestro papel, que es ayudarlos a crecer. No somos sus enemigos, debemos ser sus aliados. Es muy importante contenerlos, pero no asfixiarlos.

Nosotros debemos ir soltando las herramientas y la responsabilidad poco a poco para que ellos vayan madurando. Si no lo hacemos nosotros, van a buscar a algún adulto u amigo que lo haga, y no sabemos si lo puede hacer o peor aún, si tienen las mejores intenciones.

Lo mejor sería que fuéramos nosotros los primeros en ayudarlos a crecer.

—¿Por qué te veo tanto con ese niño Claudio?

—Ahhh, pues, porque me cae muy bien.

—Y ¿por qué ha venido tanto a la casa? ¿Qué, son novios?

—Salimos.

—¿Qué es salimos?

—Bueno, sí, somos novios.

—Tú no puedes tener todavía novio.

—Pero, papá, ya tengo 15.

—Y eso ¿qué?

Lo ideal sería:

—Entonces, ¿es tu novio?

—Sí, papá.

—Se ve buena persona, pero me gustaría que venga más a la casa para conocerlo mejor (aunque por dentro te duelan hasta los huesos).

—Sí, papá.

—Pero si vas a tener novio, las reglas son las siguientes: todavía estás chica, no quiero que salgan solos. Cuando salgan, yo te llevo y tu mamá te recoge. No puedes ir a su casa, pero pueden estar aquí el tiempo que quieran, mientras no descuides la escuela, ¿ok?

—Sí, papá.

Esta forma además de amigable es mucho más manejable, y tu hija lo va a agradecer mucho. Es posible que hasta sea ella la próxima que te cuente que tiene novio. Ahora, los celos, el dolor de ver que tu niñita ya no es niñita, y si el chavo te da la peor de la vibras, son cosas importantes que veremos en otro capítulo.

Otra cosa básica de negociar es que no puede ser lo mismo a los 13, que a los 17 años. Todos los permisos, las reglas y las concesiones deben irse modificando con la edad y sus necesidades, ni pueden ser las mismas para un hijo que es muy responsable y para otro que es problemático (léase en voz de nuestros abuelos "la piel de Judas" o en nuestras épocas "un chavo medio inquietito"). Aunque tuvieran la misma edad y sexo, cada quien debe tener las concesiones que puede manejar y las que se ha ganado.

En este caso, estamos considerando la discusión, el regateo y hasta la función de lucha libre que puede generar cada uno de estos temas. Pero lo que se pone peor es que, después de haber negociado y cedido, tu adolescente no cumpla con lo que quedaron. En este caso es muy importante ser firme, como lo hemos comentado, porque no hacerlo sería dar un paso para adelante y dos (o hasta tres) para atrás.

Ahora que conoces los tres niveles de faltas es muy importante identificarlos, conocer su grado de importancia y, sobre todo, saber qué hacer en cada caso para que no apliquemos la solución de la 3 a la 1, de la 1 a la 2, y que al rato no ayudemos al chavo y nos esté mandando muy lejos en un 2 x 3.

Estrategia mp: ¿le pido permiso a mi mamá o a mi papá?

Nada, realmente N-A-D-A de lo anterior funciona, si los papás o los encargados del adolescente no están de acuerdo entre ellos. Esto es como la esmeralda perdida de la educación de adolescentes (y uno de los motivos más grandes de peleas entre los matrimonios, uniones libres, re-uniones libres, padres divorciados con los míos, los tuyos y los nuestros, primera vuelta, segunda vuelta y hasta extraordinario).

Papá: No pasa nada, si se toma unas cubas. Ya tiene que aprender.
Mamá: ¿Cómo crees? Mi hijo no toma hasta que cumpla 18 años.

Éste puede ser el inicio de una pelea de pareja (de nivel mundial y hasta nuclear), donde los papás creen ser los mayores afectados cuando en realidad son sus hijos. Los papás se tienen que poner de acuerdo entre ellos para que esto funcione. Por eso es importantísimo que hagan las reglas con anticipación y toquen cada uno de los puntos importantes antes de pelearse y discutir en frente de sus retoños, éso es lo que el cerebro del adolescente está esperando para meterse por ahí (los chavos no lo hacen a propósito, pero les sale perfecto).

Las reglas las deben hacer los papás solos. De preferencia tiene que ser antes de que vengan los problemas. Elimina por completo a la suegra y a la tía que "sabe perfecto cómo educarlos, porque así lo hizo con sus hijos" (sí, claro, hace treinta años cuando se educaba generando miedo –en algunos casos terror– y el peligro más grande de la tecnología era que el Atari se te cayera en el dedo chiquito del pie).

Si lo hacen solos y con anticipación, pueden tener la cabeza fría, ya que a la hora de la hora, los ánimos se calientan, y aunque estén solos es mucho más difícil tomar decisiones.

- ¿Qué opinan del alcohol?
- ¿Qué pasa si sus hijos les faltan al respeto?
- ¿Cómo vamos a manejar la firmeza con las reglas?
- ¿Hasta qué hora pueden estar los hijos fuera de la casa?
- ¿Cómo vamos a manejar el dinero con nuestros hijos?
- ¿Y si roban?
- ¿Cómo manejaremos la sexualidad de nuestros hijos?

Muchas veces no platicamos esto cuando éramos novios de nuestra pareja porque creímos que coincidirían nuestras opiniones, pero la mayoría de las veces no es así. Por eso es muy importante comentarlo, escuchar, defender y ceder en estos puntos, para poder tener unos cimientos para nuestros hijos. Si no, estamos tratando de construir algo sobre arenas movedizas.

Cuando no estamos hombro con hombro con nuestra pareja, el chavo ubica la grieta y por ahí se mete.

—Mamá, ¿me prestas el coche para salir?

—No, ya habíamos quedado en algo.

El chavo planea toda la semana su estrategia, porque ya sabe que los papás no están de acuerdo y conoce las debilidades de cada uno. Es como un inspector del FBI dentro de tu casa. Se espera al viernes en la noche, porque sabe que su papá llega de trabajar cansadísimo y que lo último que quiere hacer es discutir, porque lo ha hecho toda la semana en el trabajo, y como que no quiere la cosa le pregunta:

—Papá, ¿me prestas las llaves para ir a una reunión aquí cerca? No me tardo nada.

—¿A qué hora llegas? (pregunta el papá que llegó en calidad de bulto).

—A las 11, no te preocupes.

—Ok, pero con cuidado, por favor… (y le da las llaves).

El chavo, cual ratero, sale volando de la casa, haciendo el mínimo ruido posible. La mamá cuando se entera:

—Pero ya le había dicho que no.

—No pasa nada.

Para este momento, el hijo ya va a siete semáforos de la casa, con el estéreo a todo volumen, le ha quitado el sabor a dos chicles y deja a los papás que lo resuelvan como quieran.

Así como ésta, cada adolescente va planeando sus propias técnicas de escape, estrategias de "me lo tienes que comprar", métodos de extorsión a sus hermanos con fuero que los respalda, y lo peor de todo es que no es su culpa, es la nuestra porque nadie puede seguir unas reglas en las cuales los directivos no están de acuerdo.

Cuando ponerse de acuerdo es muy difícil, es muy importante apoyarse en un terapeuta de pareja o de adolescentes porque si lo dejan pasar, esta pelea sólo será la punta del iceberg. Y si un iceberg fuera poco, debajo viene una montaña.

Esto pasa porque muchos papás no se conocieron lo suficientemente bien en el noviazgo y jamás hablaron de este tipo de cosas. Si a sus diferencias le sumamos los problemas que está generando el adolescente, es la fórmula perfecta para el divorcio, la separación o por lo menos para **vivir** en un medio de tensión prácticamente **invivible.**

Ocho puntos básicos para que funcionen las reglas y las consecuencias

- **Deben ser creadas previamente y explicadas al adolescente.**
- **Deben ser específicas para cada chavo de la casa.**
- **Deben ser razonables y justas.** Que se cumplan sin ser desproporcionadas.
- **Deben ser aplicables inmediatamente.** El horizonte de los chavos es el próximo fin de semana; si la consecuencia está pensada para ejecutarse en su cumpleaños que es en seis meses, no le va a importar en lo absoluto.
- **Si comete la falta, debes aplicar la consecuencia, cueste lo que cueste.** De lo contrario no educas, lo acostumbras a no tomarte en serio, se siente inseguro y pierdes credibilidad.
- **Deben ser revisadas periódicamente.** Después de seis meses aproximadamente, el adolescente cambia sus intereses y le deja de importar tu consecuencia.
- **Que las consecuencias no sean cosas vitales o importantes para su desarrollo.** Como dinero, deporte, cursos, etcétera.
- **Que no afecte a otros.** Que no sea un castigo para la mamá que se tiene que quedar a cuidarlo o algo como quitarle el celular, ya que lo único que vas a lograr es que al rato te estés tronando los dedos, porque no sabes dónde localizarlo. Si tienes que retirarle el celular por su adicción a las redes sociales, entonces es necesario darle otro aparato sencillo para tener contacto con él o ella.

Límites de emergencia

"¡Te dije que no te fueras sin permiso!"

Ok, ya sabemos que la mejor forma de poner límites es buscar una consecuencia natural de lo que hizo tu o tus adolescentes (aunque no lo creas, hay quien tiene cuatro o más hijos; algunos papás de ellos están postulados para Héroes de la Patria).

Ya comentamos la regla "no cooperas, no puedo cooperar contigo", cuando es difícil encontrar la consecuencia natural. Sin embargo, hay una última consecuencia que se puede aplicar cuando nada de lo anterior te ha funcionado y se llama **límite de emergencia.**

Este límite consiste en buscar qué es lo que más le interesa a tu adolescente (no para todos es lo mismo), puede ser:

- El tiempo con sus amigos.
- Las consolas de videojuegos.
- El viaje que muere por hacer.
- Facebook, Twitter, YouTube y todas las redes sociales inventadas y por inventarse.
- Salir el fin de semana.
- El coche (en caso de que exista uno para uso o préstamo del adolescente).
- La batería que quiere para hacer un grupo de rock.
- iPod, MP3, CD o de plano Walkman de cassette ochentero.
- Los permisos para ir a las fiestas, al cine, a reuniones, eventos, conciertos, estadios de futbol, antro, etcétera.
- Comprar eso que tanto quiere, pero que no es esencial (la bici de montaña, el vestido de noche para la fiesta de su mejor amiga, etcétera).
- Su fiesta o regalo de cumpleaños.
- La televisión.

En fin, son tantos los intereses y gustos de cada chavo que sólo tú sabrás qué es lo importante para el tuyo o la tuya. Y una vez que tengas identificado su interés y que no estés logrando que se respeten las reglas de tu familia, tendrás que quitárselo por cierto tiempo (retirárselo, dirían las directoras y prefectos de nuestras escuelas, o por lo menos de la mía).

Aunque esto definitivamente no está ligado con la consecuencia natural de lo que hicieron, al platicar con los expertos de adolescentes, ellos sostienen que en este nivel de la situación se puede y se debe hacer. Esto no es un ataque contra tu hijo o hija (aunque a veces parece que sólo nos falta el uniforme militar), sino una ayuda porque entre más rápido lo aprenda y coopere contigo, menos cosas, privilegios y permisos le vas a quitar. Por eso es muy importante que se lo cumplas, porque si de plano no lo haces, no va a aprender y nada más te la pasarás quitándole las cosas a medias mil veces.

Ahora sí que por algo es tan socorrido este refrán: "Más vale una colorada, que mil descoloridas", que en los tiempos de ahora sería: "Más vale una semana sin Facebook, que mil medias horas sin Twitter."

Ten cuidado de que no te pase lo siguiente:

—Te dije que si volvías a irte un viernes sin pedir permiso, te quitaba tu iPod.

—Pero, ¡¡mamá!!

—Dámelo.

En lugar de guardarlo una semana, la mamá decide que el tiempo de castigo debe ser tres meses once días y ocho horas (ese tiempo tan exacto puede corresponder al tiempo de desobediencia ÷ el número de noches que ha llegado tarde, por las faltas de respeto elevadas a la décima potencia, o simplemente porque hasta ese día la mamá se acordó que lo tenía castigado). Y como ya ha pasado tanto tiempo a la chava le da lo mismo.

—Mi amor, ya te has portado muy bien, aquí está tu iPod.

—Ahhhh, ya ni me acordaba, de hecho, ya conseguí otra forma de escuchar mi música.

Es como cuando estabas chavo y al final del año veías en el cajón de tu maestra el chismógrafo o la maquinita Mattel Electronics que te había quitado al inicio del curso (ya ni sabías que existían). Lo que tú le retires a tu hijo o hija tiene que ser poco tiempo, para que lo siga necesitando y no lo olvide. Si no, no sirve de nada.

Otra de las cosas que pasan cuando les quitas algo importante para ellos es que te van a estar insistiendo tantas veces que se los regreses, que puedes terminar sofocado. Una vez más, no es su culpa, ellos lo hacen inconscientemente, pero de que te pueden llevar al borde de la asfixia, te pueden llevar. De hecho, si llegaras a fallecer por esto, en la causa de tu deceso aparecería: ataque de *adolescentius intensus*.

Lo que tienes que hacer en este caso es no engancharte ni prenderte. El Dr. Soto asegura que lo mejor es retirarte de donde está el chavo y dejarlo solo para no seguir tocando el punto. Ahora que si te sigue a cada rincón de la casa, te pone recaditos en tu buró, te manda mensajes a tu celular, a tu *mail* y hasta te lo escribe en la sopa de letras de la comida, es necesario que le adviertas que si sigue le vas a duplicar la sanción (o sea, el famoso *happy hour* 2x1, sólo que lo transformarías en *sad hour*): "Si me sigues insistiendo, tampoco sales el otro fin de semana." Pero lo más importante es cumplirlo.

Si tú eres firme y no te enganchas, vas a lograr que tu hijo o hija aprenda más rápido y tenga que sufrir esto menos veces.

⚠ Tip de experto

La magnitud de la sanción no tiene que ser gigantesca. Los adolescentes son muy inteligentes. Por ello, aunque la sanción sea chica, a ellos les recuerda su error. Una pequeña tiene el mismo efecto de una grande. No vale la pena desgastar las relaciones con tus hijos con sanciones tan fuertes.

¿Qué es normal y qué no en un adolescente?

Hay muchos momentos en los que la situación que estás viviendo como padre de un adolescente te rebasa. A veces es tan fuerte que incluso crees que sólo en tu casa se está viviendo algo así, y de plano no tienes ni idea de qué hacer.

Aunque ya conocimos las faltas del Nivel 3 y sabemos que son serias, aún en estas nos podemos confundir y preguntarnos: ¿esto es normal? ¿Tan dura está la adolescencia? ¿Cómo sé si ya estoy en un nivel donde corre peligro mi hijo o hija, o nosotros como familia? ¿En realidad necesitamos la ayuda de un experto que maneje la situación, o estamos exagerando?

Esta parte de la adolescencia puede ser muy seria y puede tener problemas de vida o muerte (literal). La diferencia entre algo que es normal, que se puede manejar con las consecuencias que hemos platicado, y algo que se salió las manos es cuando se presenta una **crisis.** Los terapeutas especializados en jóvenes definen la crisis como un periodo de desequilibrio que sobrepasa los mecanismos homeostáticos de una persona.

Se oye muy complicado, pero prácticamente se refiere a que la crisis por un momento saca de balance a una persona, emocionalmente, espiritualmente, mentalmente y a veces hasta físicamente. Es una serie de circunstancias que atentan fuertísimo contra tu bienestar. Si esa crisis está dentro de tu casa y, peor aún, fue ocasionada por tu hijo o hija, el dolor es todavía más grande.

No es tan fácil medir del uno al diez una crisis, porque es muy subjetiva de la persona que la está teniendo. Pero lo que sí puedes es darte cuenta de que está ahí y de que necesitas ser fuerte y pedir ayuda, sí o sí. Cuando estás frente a una crisis con un adolescente, no sólo él se pierde, te pierdes tú también, y lo puedes saber porque tienes algunas (o de plano) todas las emociones que los doctores Rich Van Pelt y Jim Hancock, autores del libro *A Parent's Guide to Helping Teenagers in Crisis*, describen:

Compasión: no soportas ver a tu hijo sufriendo, quieres saber qué puedes hacer para ayudarlo.

Miedo: mi hijo o hija se puede morir con esto, ¿qué hago? Me siento impotente. No quiero, ni estoy preparado para manejar esto.

Resentimiento: ¿mi hijo piensa que es el único que ha vivido algo así? ¡Qué egoísta!

Impaciencia: ¿cuánto tiempo va a durar esto? ¡¡Ya no aguanto!! ¿Por qué no hace nada para cambiar su situación? Es un decisión muy fácil… ¡¡que la haga ya!!

Confusión: ¿cómo me metí en esto? ¿Qué pasa? ¿Va a depender toda la vida de mí? ¡Ya me quiero salir de esto!

Culpabilidad: soy muy mala madre/padre. Todo es mi culpa

Enojo: ¿Cuándo va a dejar de actuar como un niño y va a resolver ésto? Sólo se está aprovechando de mí.

En general, estas emociones no significan que tengas una debilidad personal; más bien hablan de nuestra falta de experiencia para manejar una crisis. Es muy importante ponerles atención porque estas emociones pueden ser una guía para saber cuando nuestro adolescente está en crisis. Por eso ni de broma hay que evadirlas. Es mejor aceptarlas, ya que pueden ser un buen medidor de cuándo vamos a necesitar ayuda profesional.

> *La crisis hace que sientas, pienses y actúes distinto a lo que normalmente haces.*

Tres tipos de crisis
Aguda: son directas, dolorosas e inmediatas.
Crónicas: son recurrentes, persistentes y difíciles de sobrellevar.
Ajuste: son temporales, transitorias y situacionales.

Crisis agudas. Son u-r-g-e-n-t-e-s y es necesario pedir ayuda de inmediato, ya que puede haber peligro de daños muy serios, físicos y emocionales. Algunos ejemplos pueden ser:

- Intentos de suicidio.
- Sobredosis de drogas.
- Crisis por embarazos no deseados en adolescentes.
- Episodios largos donde no llega a dormir a la casa.
- Violencia física contra los demás (peleas serias o ataques) y contra él mismo.
- Violencia sexual contra los demás o que alguien haya abusado de ella o él.
- Depresión seria por haber terminado con la novia o el novio.

Crisis crónicas. Estas crisis nacen gracias al constante y continuo dolor acumulado por X situación. En ellas, los chavos se portan tan mal que están pidiendo a gritos cuidado y atención. Pueden ser:

- Situaciones a largo plazo, como abuso físico, sexual o emocional.
- Falta seria de cuidado y atención por parte de sus papás.
- Sexualidad compulsiva u obsesiva.
- Abuso del alcohol y otra drogas (por ejemplo: "Van varias veces que tengo que ir a rescatar a mi hijo de la jarra").
- Desordenes alimenticios (bulimia, anorexia, comedores compulsivos).
- Peleas físicas constantes (cuando empieza a ser normal terminar en el hospital).

- Actividades riesgosas para él o ella, como cortarse el cuerpo, quemarse, lastimarse, en general.

Crisis de ajuste. Estas son cuando un adolescente se está ajustando a las diferentes situaciones del crecimiento, cuando se está adaptando a los cambios. Estas crisis no son tan peligrosas, pero pueden tensar demasiado las relaciones entre padres e hijos. Pero si llegan a los límites, pueden hacer que tus hijos hagan alianzas y se empiecen a juntar con otros adolescentes que estén fuera de sí y lleguen a situaciones que le cueste la vida a alguno. Pueden ser:

- Mentiras constantes.
- Abusos serios de confianza.
- Interrupción de la comunicación de hijos a padres (ley del hielo).
- Desafío de valores básicos (empiezan a poner en duda los valores lógicos).
- Comportamiento impulsivo.

A excepción de la crisis de ajuste (que de cualquier manera requiere toda tu atención), cualquier otra es necesario evaluarla y pedir la ayuda de un experto. Al final de cada uno de los capítulos, encontrarás datos de líneas y servicios de ayuda… para cada situación, así como temas para conocer y saber qué hacer en cada uno de los problemas.

Es muy importante que sepas que no es necesario llegar a estos niveles. Lo ideal es tener toda esta información para prevenirte. Recuerda que independientemente de si estás educando a tu adolescente, sola o solo, con una ex pareja (que más que ayudar complica las cosas) o en el mejor de los matrimonios, si pones bien las reglas, eres constante en las consecuencias y aplicas los límites, difícilmente llegarás a este tipo de situaciones.

Es muy importante que estés cerca de tus hijos/sobrinos/conocidos adolescentes, porque sólo así vas a conocer lo que están viviendo y vas a poder ayudarlos. Recuerda que un problema con tu adolescente puede hacer que tú pierdas la razón, pero a tu hijo puede hacerlo… perder la vida.

¡¡¡Cuando llegue tu papá vas a ver!!!

"¡¡No sabes lo que hizo TU hijo!!"

¡¡Qué culpa tiene el papá!! Como papá llegas con las broncas de todo el día en la cabeza, pidiendo esquina y con ganas de disfrutar a tus hijos (aunque a ellos en esta edad aparentemente les demos lo mismo), y lo primero que encontramos es una lista de reclamos y una orden de aprehensión (sin amparo) contra los adolescentes, dictada por la mamá, la cual, por cierto, espera que se desate una revolución a domicilio... Y se haga justicia.

La verdad es que también es muy injusto para las mamás que tienen que lidiar todo el día con los adolescentes y ocupar el puesto de mamá-chofer-nutrióloga-abogada-maestra (de todas las materias) sastre-tesorera-enfermera-juez–verdugo y redentora. Para la noche, qué digo la noche, para la tarde, ya no pueden más y necesitan la ayuda del papá (en caso de que haya uno) a la hora de las desobediencias.

De hecho, cuando dan a luz deberían preguntarles: "Tu misión, si decides aceptarla, es tener un bebé precioso, lindo y sin reflujo, que algún día se convertirá en un adolescente despiadado que tendrás que educar." La realidad es que cada vez que la mamá dice "Vas a ver cuando llegue tu papá" se resta más y más autoridad, porque la traducción de esto es: "Vas a ver cuando llegue tu papá = Yo no tengo la capacidad de controlarte." "Te dije mil veces que no te salieras con la bici, porque tienes examen y te valió", "Cuando llegue tu papá, vas a ver"

Las mamás logran ganar muchas batallas diarias y siguen haciendo su mayor esfuerzo por lograrlo todo el día, pero la constancia, la rutina y el hecho de que las vean a ellas la mayor parte del tiempo hacen más difícil la misión. Si sólo nos pasamos la bolita, le damos la oportunidad al chavo de que maneje sus cartas de la mejor manera (para él) y haga literalmente "lo que quiere".

De acuerdo con el Instituto Nacional de las Mujeres (Inmujeres), 23% de los hogares mexicanos están encabezados por una mujer, lo cual además de las labores de la casa y la atención a los hijos incluye el hecho de conseguir el dinero. Sobre este tema, el Dr. Federico Soto dice que los papás tienen que estar de acuerdo en las reglas y, algo importantísimo, respetar al 100% la consecuencia que haya puesto el otro. Cada papá debe arreglar su tema con el hijo, y si el otro lo respeta, le da mucho más poder y autoridad.

Cuando los PAPÁS están de acuerdo y se respetan, se validan uno a otro.

El que pone un límite es el único que lo puede modificar, aunque el chavo haga todo el vía crucis y convierta el camino de su cuarto a la sala en la vía dolorosa, el otro papá no debe levantar la consecuencia.

—Te dije mil veces que no salieran en la bici, porque tienes examen.

—No pasa nada, ya tranquila, ¡¡ya regresé!!

—Claro que pasa, hay una consecuencia, como perdiste el tiempo en la calle, no puedes jugar videojuegos lo que queda de la tarde, ni usar el teléfono… para que tengas tiempo de estudiar. Si de cualquier manera no estudias, seguro vas a reprobar y eso tendrá una consecuencia más grande. Tú decides…

Llega papá y en lugar de decirle que lo regañe, ya no hace falta, sólo necesitas su apoyo:

—Papá, mi mamá está loca, no me deja jugar ni usar mi teléfono sólo porque salí un ratito a la calle, pero ya estudié ¿ya puedo jugar?

—Eso sólo te lo puede decir tu mamá. ¿Cómo estás hijo?

¡Qué diferencia! Sin necesidad de regañar a su hijo el papá al llegar a casa está validando la jerarquía de su esposa. Aunque no parezca tan fácil y las primeras veces quizá no funciones al 100%, la constancia, la firmeza y el amor hacen que cada vez vaya funcionando mejor. Si tú lo haces una vez sí y tres veces no, no sirve de nada.

Y lo mejor de todo es que cuando seas constante, hasta tu adolescente te lo va a agradecer, porque inconscientemente se va a sentir más seguro sabiendo a qué atenerse siempre.

Cuando los papás están de acuerdo y se respetan, se validan uno a otro.

Cómo, cuándo y dónde lo asesoro sobre sexo

¿Qué tanto debe saber mi adolescente sobre sexo?

Aunque esta pregunta nos la hacemos todos los papás, es prácticamente como preguntar: "¿Qué tanto debe saber nadar mi hijo si lo dejo solo en una alberca?" Ahí te va por qué:

- Los niños en México reciben instrucción sobre sexualidad desde el tercer año de primaria. Durante esa etapa casi siempre se les habla acerca de los órganos sexuales como aparatos excretores (o sea, los encargados de eliminar el fluido amarillo que todos conocemos). En cuarto año se les platica sobre los cambios en la pubertad y se les explica cómo funcionan los aparatos sexuales (la esencia de este tema, que muchas veces es la que nos preocupa). En quinto grado se toca el tema de los anticonceptivos y el embarazo.

- Sin duda, toda esa información es muy buena y objetiva, pero por obvias razones no puede ser personalizada, ya que el chavo o la chava al estar en medio de su grupo difícilmente (entiéndase, casi imposible) preguntará todas las dudas y preocupaciones personales que en realidad tiene en la cabeza... (y en el resto de su cuerpo).

- Es papel de los papás y no del amigo o la amiga (que no sólo no sabe, sino que lo va a confundir más) hablar de sexualidad, de sus ideas sobre este tema y de algo muy, pero muy importante: los riesgos.

En 2011, la Secretaría de Educación Pública (SEP) en el Distrito Federal publicó un documento muy completo para padres y maestros, llamado Educación de la sexualidad y prevención del abuso sexual infantil, *el cual se puede obtener gratuitamente y también por internet con este mismo nombre en formato PDF. Tiene información muy clara con el fin de que los padres conozcan más sobre la sexualidad de los jóvenes y se preparen para hablar con sus hijos, sobrinos, ahijados, y hasta nietos si es necesario, con tal de prevenirlos.*

Según la Encuesta Nacional de Dinámicas Demográficas, seis de cada diez mexicanos tienen su primera relación sexual antes de los 20 años sin protección; de éstos, tres de cada diez se embarazan.

Los papás no sabemos cuál es el momento adecuado para hablar sobre sexo con nuestros hijos o hijas, los vemos muy chiquitos, y esto sin considerar lo difícil que es para muchos papás hablar de este tema. Es más, la mayoría prefiere quedarse trabajando tres años durante la Semana Santa antes que hablar con sus hijos sobre sexo.

Cuando Gaby Vargas y yo escribimos *Quiúbole con...* para los adolescentes, en el apartado sobre sexo (que tratamos a conciencia), muchas mamás me preguntaban: "¿A qué edad debe leer mi hijo o hija el libro?", también me decían: "Mi hija está muy chiquita para esto." Yo les respondía, y lo sigo haciendo, lo siguiente: "Cuando en la adolescencia tú tenías dudas sobre sexo (haz memoria), le preguntabas a tus amigas o usabas el diccionario, ¿estás de acuerdo? Bueno, pues el diccionario de hoy se llama Google. Y tu hija o hijo a los 7, 8 o 9 años —que es cuando empieza a sentir curiosidad por saber sobre esto— lo primero que hace es esperar a que no estés, va a buscar en la computadora, escribe en el buscador de internet la palabra SEXO, o de plano se lanza a cualquier otro lugar que no sea tu casa para investigarlo."

¡Hazlo! En serio, ve a una computadora y hazlo por favor, verás qué es lo primero que sale... Encontrarás la definición de sexo de Wikipedia, videos de sexo oral de estudiantes en un coche, monografías escolares de sexo, frases sucias para proponer sexo, pornografía en vivo, sexo anal y sus posiciones, ensayos sobre sexualidad y sus repercusiones psicológicas, personajes de las caricaturas y sus perversiones sexuales, sexo con caballos y otros animales, etcétera, etcétera, etcétera. ¡¡¡¡Imagínate!!!! Eso es lo primero que verá tu hijo o hija de 7 u 8 años. No es para que te asustes, sino para que tengas una idea del fenómeno con el que tus hijos tienen contacto.

> **Q ∨ Sexo**   ✕

De acuerdo con una serie de censos internacionales (ABC, AP, Crimes Against Children, BBC, U.S. Census), cada segundo, 28.25 usuarios de internet visitan un sitio porno, y cada treinta y nueve minutos un nuevo video porno es subido a internet, así que es muy lógico que la industria porno tenga mayores ganancias que Microsoft, Google, Amazon, Apple y Netflix combinados, es decir, cerca de 97.06 billones de dólares anuales.

Los sitios porno registran **28.25** USUARIOS X SEG.

Ahora que sabes esto, ¿no crees que es mejor hablar con tu hijo, darle un libro o mandarlo a un curso que enseñe objetiva y documentadamente de sexo?, para que sepa lo que realmente es, para que conozca estos temas sin alteraciones y pueda cuidarse y tener información verdadera del tema.

Cuando platiqué con la sexóloga Adriana López, me dijo que a muchos papás les da miedo hablar de sexo con su hijo o hija, porque piensan que sólo van a conseguir inquietarlos (o lo que es lo mismo, ponerlos nerviositos) sobre el tema y tal vez busquen practicarlo cuanto antes. Me acuerdo que una vez un papá me confió en una plática: "Yo no quiero que mi hijo sepa de sexo tan chico, porque se le va a antojar."

Es normal que algunos papás piensen así, pero esto es completamente falso. Irene Torices, maestra en sexología, Presidenta del Consejo Directivo de Geishad A. C., y autora del reporte *Educación de la sexualidad y prevención del abuso sexual infantil* de la SEP, me comentó que en todos los estudios sobre adolescentes, tanto en nuestro país como alrededor del mundo, está comprobado que cuando un chavo tiene acceso a información objetiva y confiable a temprana edad, en la mayoría de las ocasiones, retrasa su iniciación sexual y se cuida mucho más utilizando condón y anticonceptivos desde su primera vez.

O sea, en lugar de "antojárseles" el sexo, como muchos papás creen, lo toman con más calma; algunos incluso consideran la abstinencia y, en caso de decidir tener una vida sexual activa, por lo general lo hacen con protección. Así de fácil: **información es igual a poder de decisión.**

Según el Instituto Nacional de Salud Pública, 80% de las mujeres que se embarazan en México lo hacen de manera no planificada, y la mayoría de ellas tienen menos de 20 años.

La cantidad de abusos sexuales que hay en menores y en adolescentes jóvenes (y no tan jóvenes) por falta de información es alarmante. La organización Adolescentes A.C. realizó un estudio piloto llamado

Cuéntame tu secreto, a un grupo de estudiantes mexicanos de entre 18 y 22 años. Los encuestados contestaron por escrito, de manera anónima y espontánea, sin presión ni inducción alguna. Los resultados fueron los siguientes:

A 57% de las niñas había sido abusadas sexualmente.

B La edad promedio de la víctima fue de 8.5 años y la del abusador de 20.3 años.

Esto significa que casi seis de cada diez niñas que viven en nuestro país en condiciones normales han sido abusadas. ¡Imagínate, seis de cada diez niñas abusadas sexualmente! Y el abuso en hombres está creciendo también cada vez más.

Por si esto fuera poco, 84% de las niñas abusadas jamás habló con alguien sobre ello. Esta situación de verdad es alarmante, inaudita, inadmisible, preocupante y, lamentablemente, real.

En México, el abuso sexual ha crecido de manera impresionante; la Organización Mundial de la Salud (OMS) reporta que 4.5 millones de niños mexicanos menores de 15 años (mujeres y hombres) han sufrido abuso sexual sólo en 2011.

¿Quieres que tu hijo o tu hija sea parte de esta encuesta?

¿Quieres que tu hijo o tu hija tenga un embarazo no deseado o que sea víctima de una infección de transmisión sexual (ITS), de la que un importante porcentaje es mortal?

¿Es más grande tu vergüenza de hablar con ellos sobre estas cuestiones y apoyarlos que ser consciente de esta información alarmante y actuar?

Edad promedio: víctima 8.5 años, **abusador 20.3 años**

Todo esto nos lleva a una pregunta importante y a una respuesta todavía más:

¿CUÁNDO debe saber tu hija o tu hijo de los riesgos sexuales?

¡¡¡Lo más pronto posible!!! Más vale que esa información llegue tres años antes y no un minuto después.

6 DE CADA 10 NIÑAS mexicanas han sido abusadas sexualmente

> ### ⚠ Tip de experto
>
> El libro *Sexo sin lata. Manual de la educación de la sexualidad para niños, niñas y jóvenes* dice que es muy importante hablar de sexualidad con los hijos desde que son muy pequeños (1 a 6 años); hay que usar los términos reales (pene, vulva, vagina, etcétera), para platicar sanamente más adelante. Si no se hace de esta forma, te vas a sentir ridículo y vas a complicar mucho la comunicación hablándole a tu adolescente con términos como "pajarito", "cosita", etcétera.

Es muy importante explicarle exactamente lo que te preguntan sin darle vueltas, ni aplazar las respuestas. También trata de no ponerte nervioso y, mucho menos, hacerles ver que es algo malo, pues ellos lo van a percibir así desde muy niños. En especial, aclara sus dudas lo mejor posible. Asegúrate de qué es lo que quieren saber con preguntas específicas para no dar información de más.

—¿Cómo nacen los niños, mamá?

—¿A qué te refieres?, explícame tu pregunta.

—¿Con pelo o sin pelo?

—Con muy poco pelo, mi amor.

—¿Cómo nacen los niños, mamá?

—¿A qué te refieres?

—¿Cómo se meten en la panza de la mamá?

—Ah, mira, te voy a explicar. Los hombres tienen unas células chiquitas que se llaman espermatozoides y se juntan con otra célula que es como un huevito que está dentro de la mujer y se llama óvulo. Cuando se unen estas células se empieza a formar el bebé.

Si no te pregunta cómo entran los espermatozoides a la mamá, deja hasta ahí la información. Pero si lo hace, contéstale exactamente y sin rodeos cómo es. Si se lo explicas cuando lo pregunta por primera vez, aunque podría sorprenderse un poco, se le hará de lo más normal más adelante.

Así que si tus hijos todavía no son adolescentes, pon mucha atención en esto y trata de no quedarte en estado de petrificación tipo Han Solo, el de *La guerra de las galaxias* cuando te pregunten esto.

De acuerdo con un estudio de la Universidad de Columbia, una educación sexual eficiente debe tener las siguientes características:

1. Ofrecer información según la edad y la cultura de cada grupo social.
2. Desarrollar programas con la comunidad, en especial con gente joven.
3. Tener asistencia personalizada.
4. Proporcionar información médicamente probada sobre abstinencia y anticonceptivos.
5. Tener metas claras sobre la prevención del VIH y otras enfermedades sexuales.
6. Considerar el factor psicosocial.
7. Respetar los valores de cada comunidad y no hacer juicios morales.
8. Brindar una educación orientada a la participación de los alumnos.

La sexualidad de los jóvenes de hoy

"¿Ya tendrá mi hijo / hija relaciones sexuales?"

¿Te acuerdas cuando oíamos música en los discos de vinil o en cassettes? Jamás imaginamos tener nuestra música en un iPod o en un MP3 que nos cabe en la bolsa de la camisa (de hecho, algunos son tan chiquitos que hasta ahí se te pierden). Antes los discos ocupaban buena parte de la "consola" (palabra de abuelita) o del librero convertido más bien en "disquero".

¿O recuerdas cuando marcábamos en los teléfonos viejitos y esperábamos a que regresara el disco en cada número? ¿Y qué tal cuando te equivocabas y tenías que volver a empezar? Ahora es increíble cómo con un teléfono celular puedes estar conectado en cualquier parte del mundo (perdón, soné como anuncio de compañía celular), y además los aparatos tienen aplicaciones tan impresionantes que parecen cosa del diablo.

Pues imagínate que exactamente igual que estos ejemplos, cambió el acceso y la apertura del sexo para los adolescentes. Aquella época en la que nos ponían nerviosos películas como *El graduado* o *10 la mujer perfecta* quedó completamente en el olvido. Bueno, a mí hasta *La laguna azul* de Brooke Shields me parecía fuerte (ver las de *Emanuelle* era considerado casi, casi, un delito).

Hoy los chavos pueden ver sexo en un clic. Se pueden comunicar y escribir los mensajes más comprometedores (incluyendo hora y lugar) solamente texteando desde su teléfono; mientras tú manejas en el asiento de adelante, ponen en su estatus de Facebook casado, aunque sólo lleven tres semanas de loco amor con su novia o novio y una semana después ponen *situación complicada*. Ven mujeres y hombres semidesnudos (o más bien semivestidos) en revistas de chismes que venden en el súper. Algunos tienen *sex-phone* (sexo  por teléfono) bajo de sus sábanas de Hello Kitty o Mario Bros, o tal vez sexo interactivo por Skype, viendo cada movimiento que hace su pareja, aunque ella esté en Bangkok y él en la colonia Portales, y con la gran ausencia de muchos de sus padres pueden darse más encontrones que nunca.

Dato interesante: durante 2009 y 2010 se llevó a cabo un proyecto piloto muy innovador de promoción en redes sociales llamado *The FaceSpace Project* (www.facebook.com/thefacespaceproject), que ofrece mensajes de promoción de salud sexual, aprovechándose de la manera en que cada individuo se perfila, y da mensajes específicos a grupos de alto riesgo. El proyecto usa personajes ficticios para interactuar con los usuarios reales. Imagínate que tu hijo tiene un amigo en Facebook con sus mismos gustos, y su opinión tiene validez en ese contexto social, con esto, puede darle tips súper útiles para cuidar su salud sexual, sin sonar a sermón de adulto.

Todo ha cambiado, porque el mundo ha cambiado. El problema es que esa misma facilidad de acceso a internet la tiene no sólo su novio para ponerse en contacto, sino también las redes de pederastas. La misma facilidad con la que se promociona un producto de belleza en una página de internet, la tiene una página de pornografía que te bombardea cada cinco minutos con *pop ups* (ventanas que te aparecen en la pantalla de tu computadora) con imágenes tan fuertes que muchas veces ni los adultos podemos ver.

Actualmente en los medios de comunicación de todo el mundo tenemos una tendencia sexual tan grande que convierte el sexo en una supuesta normalidad. Por eso debemos cuidar a nuestros hijos e hijas y estar más al pendiente que nunca, porque aunque la tecnología y la apertura ha cambiado muchísimo, la vulnerabilidad y el peligro de que tus hijos o hijas queden marcados para toda la vida… no ha cambiado nada.

1 / Entre los diez términos más buscados en internet están *"teen sex"* (sexo adolescente) y *"teen porn"*: 4.2 millones de sitios web son pornográficos, esto es cerca de 12% del número total de páginas web.

2 / La edad promedio del usuario más joven de porno en internet es ¡¡¡11 años!!! 90 por ciento de los usuarios entre 8 y 16 años ha visto pornografía en internet, y MUY IMPORTANTE... muchísimos sitios son engañosos, pues responden a búsquedas inofensivas como la palabra "Pokemon".

¿Cómo hablar con tus hijos de sexo?

"¿Le digo? ¿Cómo le explico? ¡Uf! ¡Qué difícil!"

Te da miedo... Cuando llega el estado de cuenta de la tarjeta de crédito después de regresar de viaje...

Cuando el director de la escuela de tu hijo te llama para hablar contigo...

Cuando le cae una taza de café a tu computadora (aunque sea descafeinado) con tus archivos más importantes...

Pero nada da tanto miedo como tener que hablar con tus hijos de sexo.

Quizá la palabra **tener** te puso nervioso y hasta te molestó, pero la verdad es que este tema es tan delicado y hay tantos riesgos alrededor de él que aunque sientas que te mueres de la pena, de la incomodidad, o te quedes más callado que cuando preguntan en tu colonia "¿Quién quiere ser presidente de colonos?", es muy importante que lo hagas.

No puede ser más grande la pena o la incomodidad que la seguridad de tus hijos. ¿Estás de acuerdo?

Algunos papás quisieran quedarse únicamente con la información que les dan a sus hijos en la escuela, pero es muy importante complementarla por lo siguiente:

- La información escolar es muy buena pero, como decíamos, es general y los maestros no pueden especializarse en cada uno de los chavos.
- Porque la mayoría de las fuentes fuera de la escuela no son confiables: la información de sus amigos (que muchas veces la tomaron de fuentes aún

menos confiables), la de sus hermanos mayores (que a veces los confunden más de lo que ya estaban), la de las páginas de internet (donde cualquiera puede hacer una página y poner la información que quiera).

- Muchos papás piensan: "Mi hijo apenas está en primero de primaria, todavía no sabe de esos temas." Pero además de la exposición a internet existe un factor en el que muchas veces no pensamos que es el camión de la escuela, que en muchas escuelas es obligatorio. Ahí se mezclan niños de primero con niños de sexto, y tienen mucho tiempo para platicar. Es más, el camión escolar es el hervidero de los comentarios sexuales, y no hay nadie que los cuide. Los chicos escuchan lo que dicen, gritan y las burlas de los más grandes, y si los papás de los más chicos no hablan con ellos, ésta es la información con la que cuentan y de la que parten. ¡¡Imagínate!!

- Porque, como comentábamos, más que nunca están expuestos a una serie de impulsos sexuales, que se generan en internet, en las películas, en los canales de videos, en las revistas, en la publicidad, en las canciones, en las conversaciones y en los medios de comunicación en general.

- Al ver pornografía y no tener información objetiva, se crean una idea deformada del sexo, no saben qué esperar del sexo contrario, y lo peor: no saben qué esperar de sí mismos en el sexo. Éste es uno de los principales causantes de los problemas de autoestima y de pareja más adelante.

- Porque nadie los quiere como tú y a nadie le importan tanto como a ti.

Piensa lo siguiente: sería una gran opción que seas tú el primero en hablar con tus hijos de este tema y, sobre todo, ser el primero al que él o ella acuda cuando tenga una duda.

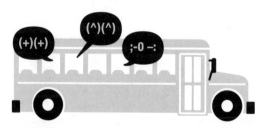

Si tú no te abres y tocas el tema, ellos, sí o sí, buscarán y encontrarán alguien con quien tocarlo y a quien preguntarle. Y sería una pena (y principalmente) un gran riesgo que ese alguien sea una persona con mala información, o mucho, pero mucho peor, con malas intenciones…

Pero los expertos indican que el promedio actual en México de INICIACIÓN SEXUAL es entre 13 y 14 años.

En México, el promedio de la iniciación sexual de los jóvenes, según la Encuesta Nacional de la Juventud 2010, es antes de los 16 años. La Encuesta Nacional de Salud reporta un promedio de 15.7 años.

¿Es normal que estés nerviosa(o)?

¡¡¡Por supuesto!!! No es raro que tengamos tantos nervios, después de todo venimos de un país católico y la religión sigue teniendo un peso sobre el tema de la transparencia en información sexual. Según datos del INEGI, tres cuartas partes de la juventud mexicana siguen considerando que la religión es un aspecto muy importante en sus vidas. Eso sí, la edad promedio de su primera relación sexual es 16 años.

Es difícil hacer lo que nadie te ha enseñado a hacer... A la mayoría de los padres de hoy sus papás no les hablaron de sexo cuando eran adolescentes, y si a eso le sumamos que no es fácil hablar de este tema y menos con tus hijos, las cosas se complican.

Puede ser que seas una mamá a quien le dé mucha pena, un papá que sea muy introvertido, alguien a quien le ha costado mucho trabajo conectar con sus hijos en todos los aspectos, pero hay diferentes formas, elementos y alternativas para hacer esto, así que sólo basta con la disposición, porque existen muchas herramientas que voy a comentar aquí.

Una señora que me platicó que sus papás habían sido muy conservadores y que nunca tocaron el tema (ni siquiera el de la menstruación), me dijo una frase que se me quedó muy grabada: "Cómo me hubiera gustado que mis papás me hablaran de esto, me hubiera ahorrado tantos problemas."

Ahora, más que nunca, como papás debemos prepararnos para algo que jamás nos enseñaron, pero que hoy no sólo es posible sino necesario para cuidar lo más valioso que tenemos... nuestros hijos.

Puntos importantes antes de hablar
- **No se trata de que llegue el día cero para hablar y se acabó**

En su libro *Mi hijo adolescente ya tiene sexo ¿ahora que hago?*, Maureen

E. Lyon y Christina Breda Antoniades afirman, como la mayoría de los expertos en comportamiento adolescente, que debe sostenerse una serie de conversaciones y no sólo una con nuestros hijos, ya que la primera plática sólo es para romper el hielo.

A muchos papás la primera vez les da pena y no saben cómo decir las cosas. Al mismo tiempo los chavos también se sienten avergonzados y los pone nerviosos ver a sus papás o mamás caminando de un lado a otro, buscando palabras (que los chavos conocen perfectamente) y haciendo todo lo que pueden con sus manos y su vista para no verlos a los ojos, mientras hacen casi casi una zanja en la alfombra del cuarto.

En mi casa siempre se habló de sexualidad de manera muy abierta. Mi mamá le dijo a las cosas por su nombre desde que éramos muy chiquitos, y por lo mismo jamás relacioné el sexo con lo morboso. Era un tema natural que no se manejó como tabú. Por eso creo que yo toco con naturalidad ese tema en los medios de comunicación y no me siento incómodo cuando hablo de él.

Sin embargo, aun con todo eso, no puedo olvidar un día que salí con una de mis primeras novias formales, como a los 15 años. Fuimos a tomar un café a un lugar que se llamaba *Las mil y una donas* en Plaza Universidad y después con unos amigos. Cuando llegué a mi casa, mi mamá me preguntó que si nos habíamos besado, que si ya había pasado algo entre nosotros.

Bueno, a pesar de toda la apertura que había en mi casa, me quería morir de la pena cuando me preguntó eso. Me acuerdo que me puse de todos colores y sólo le decía: "¡¡¡¡¡Ya, mamá!!!!!" cada vez que tocaba el tema y, de plano, me fui.

Nunca dejó de hablar del tema (por fortuna encontró maneras más sutiles) y con el tiempo fue impresionante cómo me abrí con ella, la cantidad de temas que platicamos y lo seguro que me sentía al preguntarle cosas. De hecho, en mi casa, sentía más confianza con ella que con mi papá, con el que no había hablado de sexo. Fue tanto lo que platicamos, lo que le pregunté (y lo que me contestó), que aun cuando yo había decidido no tener relaciones sexuales todavía, le explicaba a mis amigos (con vida sexual activa) la tabla de los días fértiles de las mujeres a partir de su inicio de menstruación para que independientemente de usar condón siempre se cuidaran más esos días.

Por eso que los expertos recomiendan hablar del tema constantemente, ya que la situación se relaja y cada vez es más fácil hablar. Entonces sí, los chavos se sienten con toda la confianza de preguntarte sus dudas. Una sola plática no sirve, es importante que las pláticas se conviertan en algo cotidiano para que ambos se sientan mucho más cómodos.

No te preocupes, con la primera vez consigues lo más fuerte, que es tocar el tema por primera vez, ya abriste la puerta y lo siguiente será más fácil. Es como echarte un clavado a una alberca fría, lo más difícil es entrar al agua por primera vez. Pero si ya lo hiciste, ya pasaste lo más difícil, en cada brazada se te irá quitando más el frío, cuando menos te des cuenta, tu cuerpo se irá acostumbrando a la temperatura, y en un rato hasta se te va a olvidar.

- **La plática debe ser abierta y sin juicios**

En el momento en que comienzas a enjuiciar a tu hijo o hija, pierdes todo lo que has ganado. Demuestra mucho respeto a lo que te dice. No importa en qué época estemos, ni qué tan conservador o liberal seas, si lo empiezas a regañar, se va a cerrar y perderás la oportunidad de ayudarlo. Coméntale que sólo quieres decirle lo necesario para que tome buenas decisiones (y lo más importante… cumplirlo).

- **Es muy importante estar preparado**

Si fallas, en lugar de que tu hijo o hija se acerque, lograrás que se aleje. Si fallas, pierdes una oportunidad muy importante para poder orientar las decisiones de tu adolescente, y cada vez va a ser más difícil que se abra.

¿Qué significa estar preparado? Primero, saber del tema del que vas a hablar, documentarte para resolver cualquier duda que te pregunte. Muchas veces como adulto sólo sabemos lo básico, y si vas a hablar de un tema, tienes que conocerlo, ya que si te pregunta cosas básicas y no las sabes, sentirá que estás improvisando y tu credibilidad sobre el tema se va a ir no sólo al piso, sino bajo tierra. Leer acerca del tema que queremos tocar nos da más seguridad, ayuda a que se nos quiten los nervios y, de paso, aprendemos muchas cosas que no sabíamos.

Ahora que si ya se dio cuenta de que sabes del tema, pero de repente te hace una pregunta muy específica y no la sabes, no pasa nada si le dices: "No sé, pero ¿qué te parece si lo investigamos?" Este hecho incluso te puede dar un pretexto para que juntos se acerquen más al tema. Al decir "No sé", nos bajamos del pedestal de "Lo sé todo", y tu hijo se sentirá más cercano a ti.

● Busca un buen momento para hablar con él

No intentes hablar cuando tu hijo o hija esté en medio de un videojuego a punto de cambiar de nivel, o treinta minutos antes de que se vaya a una reunión *importantísima* con sus amigas y esté probando un nuevo peinado. El lugar ideal debe ser súper cómodo, tranquilo, sin distracciones e íntimo. Por ejemplo, una salita informal en tu casa, su cuarto (muy buena opción porque estás en su territorio), un jardín o un parque mientras caminan solos, el sillón donde está la tele en la casa (obvio, la tele apagada), la cocina (excelente lugar), etcétera. Lo importante de todo es que estén solos y que los demás no los escuchen.

Hay lugares no tan planeados pero funcionan por la situación propicia, como cuando están viendo un comercial de televisión y de pronto pasan un anuncio de condones o de prueba de embarazo; si se cumplen las condiciones, puede ser un buen pretexto para hablar del tema. O bien, si cachas a tu hijo o hija en la sala de la casa, fajando (ahora los chavos lo llaman dándose un *agarrón*), tienes de dos: decirle que respete la casa y lograr que busque otro lugar donde hacer lo mismo, como el coche donde además corre peligro, o esperar a que se te baje el enojo y sorprenderlo con una plática a propósito de eso, donde sin juzgarlo, ni regañarlo le comentas las cosas con las que debe de tener cuidado en este aspecto:

Ale, respecto a los que pasó ayer con Rodrigo, no te preocupes, no quiero regañarte. Al contrario, me gustaría platicarte un poco de esto. Aunque sabes que soy un poco penosa, pues obviamente yo también pasé por eso cuando estaba joven y sé perfectamente lo que se siente y lo que significa para uno en ese momento. Descubrir la sexualidad es padrísimo, pero tienes que tener cuidado con algunas cosas. Aunque una como mujer a veces no quiere, tu cuerpo reacciona de una manera distinta, por ejemplo los días que ovulas dentro de tu periodo son los días que más apetito sexual vas a tener, o sea más ganas y el problema es que también son los días donde más fácil puedes quedar embarazada. ¿Sabes usar bien un condón? Yo tampoco sabía...

Plática entre el mismo género

Normalmente, la plática entre el mismo género (hombres con hombres y mujeres con mujeres) es mucho más cómoda, y lo ideal sería buscarla así. En caso de que aunque sean del mismo género no se lleven mucho, pueden buscar con quien tengan más química. Ahora que si alguno de los dos padres falta, entonces tienes que hacerlo aunque no seas del mismo género.

Sé que puede ser un poquito complicado, pero tu hijo o hija sólo te tiene a ti y te agradecerá en el alma que quieras hablar, quizá no ahorita, pero ésta será de las cosas que siempre recordará como:

- Mi mamá se tuvo que convertir en papá y estuvo siempre conmigo.
- Mi papá se tuvo que convertir en mamá y nunca me dejó sola.

Felicidades a todos los papás que están en este caso, los admiro mucho. El mejor premio a este esfuerzo tan grande que hacen todos los días será el amor y el agradecimiento con el que siempre los van a recordar sus hijos. ¡Mis respetos!

Según la Encuesta Nacional de Juventud publicada por el INEGI, la SEP y el Instituto Mexicano de la Juventud (IMJ), los jóvenes en México reportan que la información sexual la reciben 34% de la escuela, 24% de sus padres, 19% por sí mismos, 9% por sus amigos y 1% por la Iglesia.

¿Cómo empiezo?

Tuve la oportunidad de platicar con la señora Dulce Vasavilbaso, una de las personas más reconocidas en México por sus talleres de sexualidad y formación para jóvenes. Todos los días, Dulce platica, escucha, orienta y aprende de los comentarios de cientos de adolescentes. En nuestra plática me compartió una serie de puntos importantísimos para que los adultos puedan hablar con sus hijos. Arranquemos:

- Hablar con los hijos sin ningún distractor de por medio (olvídate de tu periódico en la mano, tu celular, la revista de chismes en la mesita de al lado, tu bolsa mientras buscas o palpas lo impensable, tu cartera donde tienes una tarjeta de presentación que te dieron y no te sirve para nada, y menos en ese momento, o tu *smarthphone* con el Facebook abierto para ver de reojo quién te puso un comentario). Lo ideal es hablar con ellos frente a frente, haciendo contacto visual frecuente (tampoco pongas mirada de "confiesa") y, sobre todo, con un tono tranquilo y tolerante, esto último tiene que ser auténtico.

Si sientes que hablar de frente, les está costando trabajo o es muy fuerte para tu adolescente (o para ti), existen unas opciones viables: puedes empezar hablando en el coche, mientras manejas y los dos ven al camino, eso reduce muchísimo la tensión y lo hace más fácil al principio. También pueden platicar mientras caminan en un paseo (al ir caminando de alguna manera ayuda a que fluyan las palabras) y no se están viendo directamente. Hablar en la oscuridad, por ejemplo, en el jardín en la noche o en algún lugar semioscuro, como el garaje de una casa cuando van pasando por ahí. Esto les da seguridad porque en caso de que se sonrojen no los ves. También puede ser haciendo una actividad de la vida diaria, como cocinar, pintar, lavar el coche, algo que haga mientras platica y que le dé una salida para no sentir tanta tensión.

● Si tu hijo o hija se siente muy incómodo hablando contigo o con tu pareja, puedes acudir a un intermediario, un tercero de confianza, un tío, un amigo tuyo o de tu pareja (de preferencia del mismo sexo), un doctor o un psicólogo de la escuela, un consejero matrimonial, etcétera. Debe ser una persona en quien confíes, porque tienes que respetar la confidencialidad que tu hijo o hija tenga con ella. Por supuesto si hay un problema serio este intermediario te comentará; pero si no lo hay, lo ideal sería que no te cuente, para que tu hijo o hija se dé cuenta de que en verdad puede confiar en él. Aunque no se los digas, ellos sienten cuando sabes algo. "Sé que nos está costando trabajo hablar de este tema, por ello le voy a pedir a X que platique contigo, para ver cómo te sientes, y si no te sientes a gusto, cambiamos de persona, pero no te voy a dejar solo."

También puede ser alguien a quien le hayas pedido el favor y que se acerque por casualidad. Algo muy importante es que siempre dejes la puerta abierta con tu adolescente. "Sé que has estado platicando con Jorge, me da gusto, y acuérdate de que siempre cuentas conmigo por si algún día quieres platicar."

La idea es que cuando menos te lo esperes se sienta en confianza y acuda a ti. Pero si esto no pasa, por lo menos vas a tener la tranquilidad de que está hablando con alguien que puede ayudarlo.

La primera frase pone muy nerviosos a los papás, pero puedes utilizar cosas como éstas (recuerda que es muy importante tu tono de voz y que, en serio, los hagas sentir que están en confianza y no a punto de alistarse al ejército):

Mi amor, Charlie, oye tú, chaparro, pishita, mi Robert, champi, princesa, lau, rodri, talibán (como le digas de cariño y, obvio, todavía le guste) has crecido mucho y vas a empezar a enfrentarte a cosas más serias, y me gustaría que estés preparado(a). Así que vamos a tener que platicar de algunas cosas que quizá al principio nos cueste un poquito de trabajo a los dos y nos vamos a sentir un poco raros, pero vas a ver que nos va a funcionar muy bien a mí y a ti.

Sé que en la escuela te han hablado muy bien de sexo, pero hay cosas extras que quiero contarte para que no cometas los mismos errores que he cometido yo (ahí lo vas a enganchar). Sé que al principio nos vamos a sentir un poco incómodos, pero vas a ver que poco a poco nos vamos a sentir mejor, ¿ok?

Mira, yo no sé si hayas pensado aún sobre las relaciones sexuales, ni voy a preguntarte, pero te quiero decir que en caso de que algún día decidas tenerlas, tienes que tener mucho cuidado porque…

Yo sé que hablo muy poco y que soy algo introvertida. Bueno, sé que, de hecho, pocas veces platicamos, pero ahora aunque me cueste un poco de trabajo quiero platicarte sobre cosas importantes porque te quiero mucho y quiero cuidarte. Si en algún momento te sientes muy incómoda, podemos pedirle al ginecólogo o a tu tía Gaby que platique contigo…

Estos son sólo algunos ejemplos que pueden servirte de guía, pero lo más importante es que tu mensaje debe salir de tu corazón. Recuerda cuando tenías esa edad, acuérdate de que te sentías confundida(o), insegura(o) y un poco asustada(o)… Y piensa cómo te hubiera gustado que hablaran contigo.

● Nunca les pongas ejemplos como "tu mamá y yo" o "tu papá y yo", eso es lo peor que les podemos decir, pues sólo hacemos que sientan más rechazo por el tema. Hay que decirles: "los hombres y las mujeres…".

Cuando es muy difícil tocar los temas de ellos, puedes ayudarte con ejemplos y situaciones que le hayan pasado a otros jóvenes para hablar de ellas: "Supiste lo que le pasó a la hija de tu tía Georgina, le echaron a su vaso una droga que se llama ketamina que hace que se te olviden las cosas y que te confundas con el tiempo y con las horas, amaneció en su carro en la parte de atrás sin ropa interior y van a hacerle estudios porque se le borró el cassette y no se acuerda de nada."

Ese tipo de situaciones ayudan a que puedas platicar de los temas importantes.

● Cuando hablas con tus hijos y todavía están muy chicos (lo ideal sería que tuvieran de 8 a 10 años, para que tú fueras de los primeros en hablar con ellos), es importante que toques los temas del cuerpo, que los animes a que se conozcan bien, que se den cuenta de que no está mal que se vean, que usen un espejo, que sepan que así como nacimos con los cinco sentidos que dan placer, también nos da placer la sexualidad, que nacimos con un deseo sexual que está latente desde el primer día de nuestras vidas. Quizá nunca lo hayas dicho, pero es la realidad. Debes hacer que tu hijo o hija vea la sexualidad como lo que es: algo natural. Si quieres ganarte la confianza de ellos y construir un puente de comunicación casi inmediatamente (ojo: sé que decirles lo siguiente no es fácil y que para muchos papás es muy complicado y entiendo que no lo hagan, pero los sexólogos dicen que es una de las mejores formas de conectarse con ellos y no quiero dejar de decírtela) es comentarles cosas como:

● "Es normal que te sientes en la esquinita de la silla y sientas rico, a mí también me pasa."

● "Seguro sientes rico cuando te cae el agua directa de la regadera en tus genitales, sé lo que siente."

Esos comentarios (se los digas o no, tu hijo o hija los siente y los conoce) abren la puerta a la comunicación y los hace sentir que estás hablando con la verdad.

● Una muy buena manera de empezar una plática de sexualidad por primera vez es tocar el tema del abuso sexual, ya que así puedes hablar directo sin tener que invadir su intimidad (a menos que haya sido víctima de abuso, lo cual es urgente identificar):

   ● "Quiero tocar este tema porque te vas a ir de campamento y quiero que te cuides."

   ● "Me enteré de que en la escuela de los hijos de Alejandro hubo un problema de abuso y quiero que platiquemos de esto para que jamás te vaya a pasar."

Ésta es una puerta que abren muy pronto para hablar, ya que por supuesto les preocupa y quieren saber lo más posible.

Importante: cuando hablo con los psicólogos, ellos hacen mucho hincapié en que éste es un tema que debemos de platicar mucho con nuestros hijos desde muy chicos, ya que en México los semilleros de abusos se dan precisamente en los campamentos, donde muchos guías jóvenes se aprovechan de los niños más chicos. Los abusos también pueden ocurrir en escuelas, en las idas a dormir a casas de amigos, donde hay hermanos o primos más grandes, y en las reuniones familiares, en las que hay alcohol y nadie está cuidando a los niños y adolescentes jóvenes, de los tíos, compadres, amigos de los papás, etcétera.

De hecho, según la Dra. Guillermina Mejía, Directora General de Adolescentes A. C., en la encuesta *Cuéntame tu secreto*, el porcentaje más alto de abuso es el de familiares como tíos con 21% y primos con 19%, mientras que el de extraños tiene 16%.

Como no en todos los campamentos o las reuniones ocurren abusos, ni sabemos en qué lugar pueden suceder, no debemos aislar a nuestros hijos. Por ello, lo más importante es blindarlos con información para que estén donde estén sepan defenderse, sepan lo que está pasando y no se queden callados.

Según Irma Saucedo González de El Colegio de México, en su estudio *Violencia doméstica y sexual*, en México, 87% de los casos de agresión sexual son perpetrados por hombres, 90% de las víctimas son mujeres, y ¡¡¡50% tienen entre 12 y 17 años!!! Más grave aún: en 51% de los casos de abuso, el agresor es un familiar (hermano mayor, padrastro, tío, abuelo).

● Otra muy buena opción en caso de que te cueste mucho trabajo hablar de esto es dejarle a tu hijo o hija un libro que hable del tema. Hay muchísimos, inclusive algunos están divididos por edades, lo cual te ayudará. Puedes decirles algo como:

● "Te traje...", "Te compré...", "Me regalaron este libro, chécalo y si tienes dudas lo platicamos con mucho gusto...".

Ésta es muy buena opción para la gente que es muy pudorosa y que le cuesta más trabajo.

Cuando Gaby Vargas y yo escribimos el libro *Quiúbole con...*, muchos papás nos comentaron que gracias al libro habían encontrado un puente para platicar con sus hijos sobre sexualidad y otros temas. Algunos nos decían que era difícil para ellos hablar de esos temas con sus hijos y que después de darles el libro habían podido platicar de cosas que antes difícilmente se hubieran atrevido a tocar. Que los hojeaban juntos y que los papás les preguntaban "¿Qué opinas de esto?", y de pronto la plática arrancaba o los chavos les preguntaban: "Oye, papá, en cuanto a esto, ¿qué pasa si...?" Como tenemos un *Quiúbole* con... para mujeres y uno para hombres, los adolescentes se sintieron mucho más identificados y ubicados en los problemas de su género.

● También le pregunté a Dulce Vasavilbazo si había una llave mágica para que los papás pudieran conectar con sus adolescentes en el tema del sexo, y me dijo que sí, que esa llave es... hablar de ti, no de ellos. Decir cosas reales que te pasaron como:

● "Me decidí por la abstinencia y me costó mucho trabajo, un día me sentí muy mal porque una bolita de niñas lo hicieron público y se burlaron mucho de mí en la escuela, pero yo sabía lo que quería..."

● "Cuando yo tenía más o menos tu edad y descubrí lo que se sentía besar y sentir a un chavo me volví loca, empecé a..."

● "La primera vez que estuve con una mujer me moría de nervios, por que no sabía qué hacer, pensaba que yo tenía que saber por ser el hombre y no sabía ni cómo empezar..."

En fin, siempre intenta hablar de las cosas que en verdad te pasaron y que, posiblemente, les están pasando a ellos. Cuando nos ponemos de ejemplo y les mostramos que también nos sentíamos vulnerables y teníamos dudas en nuestra juventud, ellos olvidan por unos momentos que somos sus papás y nos cuentan cosas que no nos contarían. Ése puede ser el inicio de una gran conexión (y cuidado) de un padre a un hijo.

⚠ Tip de experto

1 Cuando tu hijo no hable nada de sus cosas y necesites saber un poco para protegerlo, puedes invitar a dos de sus mejores amigos y preguntarles cosas como ¿cómo van en la escuela? ¿Cuáles han tronado? ¿Cómo van con las chavas? ¿Quién está muy enamorada? ¿Quién es el más aventado? Como ellos no son tus hijos no tienen una barrera contigo y te contarán más de lo que te imaginas. En algunos casos, tu hijo entrará en la plática; en los casos que no, tendrás un poco más de información para orientar a tu hijo o hija.

2 Es muy importante hablar con tus hijos lo más pronto posible. Si no has hablado con él o ella a los 15 años más o menos, va a ser difícil que puedas hablar directamente (tendrá que ser con vivencias y comentarios de los demás), porque alrededor de esa edad ya tienen novios o novias y te piden más respeto a su intimidad, así que intenta hablar lo más pronto posible.

¿De qué debes hablar?
Definitivamente lo más importante es la prevención: los embarazos no deseados, las infecciones de transmisión sexual y el abuso sexual, desde verbal hasta físico.

Es importantísimo que como padre les podamos transmitir a nuestros adolescentes cómo puede cambiar su vida un embarazo, el riesgo de inmadurez en la pareja en estas épocas adolescentes y todo lo que puede causar la complicación de los gastos cuando a penas se están preparando para ser económicamente activos y, en especial, la responsabilidad de tener un hijo. También hay que hablar con ellos de los anticonceptivos tradicionales, el parche, el chip, las inyecciones, la pastilla del día siguiente, los abortos y sus consecuencias.

Recuerdo la plática que un día tuve con un chavo:

—Tengo mucho sexo con mi novia, somos bien prendidos los dos y me da miedo embarazarla; si pasa, ¿cuál será la mejor decisión, tener al bebé o no tenerlo?

—La mejor decisión es no tener que decidir. Si se cuidan siempre con varias opciones, no vas a tener que decidir entre nada de eso.

Muchos chavos (y también adultos) piensan que la única forma de contraer una ITS es con la penetración; muchas de estas infecciones son mortales y se contagian simplemente con el roce de los genitales, como el caso del virus del papiloma humano, que puede ser causa de cáncer cervicouterino y se puede contagiar en esos fajes desnudos que muchos adolescentes tienen cuando todavía no llegan a las relaciones, pero su actividad sexual ya está en ese nivel. Por lo que se recomienda que las niñas se vacunen contra el papiloma desde los 9 años de edad.

Algunos datos duros sobre el tema son:

- Según la Encuesta Nacional de la Juventud 2010, en México 73.9% de las mujeres y 76.4% de los hombres han tenido un noviazgo serio entre los 15 y los 19 años.
- Treinta por ciento de las ITS son incurables y, aunque parezca que se curaron, quedan latentes y aparecen más adelante en una nueva fase; 80% de ellas no presentan síntomas (son asintomáticas), o sea que se pueden contagiar sin saber. Algunas de éstas pueden causar inflamación pélvica, cáncer, inmunodeficiencia, infertilidad y, por supuesto, la muerte.
- Hoy en día mueren cuatro veces más mujeres de papiloma que de sida.
- Muchas adolescentes en México (todos los ginecólogos que he entrevistado me han pedido que lo comente y que haga mucho hincapié) están teniendo sexo anal para no perder su virginidad. El riesgo está en que con esta práctica existe la posibilidad de que las paredes del recto se desgarren y sangren, y se convierta en un lugar ideal para transmitir o adquirir una enfermedad sexual.

- El herpes y el sida se pueden transmitir aunque únicamente se practique sexo oral, por eso existen los condones de sabores y aún así el condón no es 100% seguro.
- Es cuatro veces más probable contraer una ITS que embarazarse.
- En el mundo, 82% de los embarazos de los adolescentes no son planeados.
- Más de la mitad de los embarazos (57%) terminan en nacimiento, 29% en aborto provocado y 14% en aborto espontáneo.
- Según la Encuesta Nacional de la Juventud 2010, 33.6 % de las jóvenes menores de 18 años se han embarazado por lo menos una vez. ¡¡Imagínate!!

VPH   VIH

Abstinencia, virginidad

"Sólo quiero que no tenga una enfermedad sexual ni que se embarque."

Este es un tema muy delicado en el que cada padre tiene su propia opinión. Los valores y principios con los que cada familia en nuestro país educa son muy subjetivos y muy respetables. Sin embargo, creo que es muy importante conocer lo que en realidad está viviendo nuestro país y nuestros adolescentes en este aspecto.

Aunque muchos padres de familia fueron educados para conservar la virginidad hasta el matrimonio, pocos lo lograron. Si eso lo transportamos a la actualidad, ese porcentaje puede ser mucho más bajo. Según la más reciente encuesta nacional sobre sexo en los adolescentes, sólo 14% de los jóvenes mayores a 18 años son vírgenes (según la Primera Encuesta Nacional sobre Sexualidad 2004, Consulta Mitofsky), lo cual significa que, independientemente de lo que cada padre trata de inculcar a sus adolescentes antes de los 18 años, la mayoría ha tenido sexo.

Cada vez que estoy en un taller con adolescentes en la República Mexicana, cuando estamos en mesas de trabajo pregunto qué opinan sobre la virginidad. La gran mayoría me contesta que lo que quieren más que conservar su virginidad es entregarla a alguien que amen de verdad.

A pesar de que la mayoría tiene muy claro que el único método para prevenir al 100% las ITS y el embarazo no deseado es la abstinencia, pocos son los que la practican.

Repito, la información es poder…

Según la Encuesta de Juventud del INEGI, la SEP y IMJ, de los jóvenes menores de 19 años que han iniciado relaciones sexuales, 38% no tiene escolaridad, 19% acabó la secundaria. Estos porcentajes disminuyen a medida que los estudios continúan.

Por un lado, creo que es mucho más importante informar y preparar a nuestros hijos a que tengan una sexualidad segura cuando sea el momento, que confiar en que no sean sexualmente activos. Por otro lado, los críticos de todo el mundo han desaprobado por completo la educación orientada a la abstinencia sexual hasta el matrimonio, porque es poco realista y porque al sugerir esta opción, en lugar del uso de los métodos anticonceptivos y el condón, se eleva el porcentaje de embarazos no deseados y de ITS al no saber cómo tener sexo seguro (mi referencia es de Lawraence Finer B., "Trends in Premarital Sex in the United States", *Public Health Reports*, vol. 23, núm. 73, p. 200).

Los adolescentes que han sido instruidos en la abstinencia han tenido más problemas que aquellos a quienes se les enseñó a practicar sexo seguro, porque en el momento en que se enganchan con alguien y no pueden seguir con su abstinencia, no saben cómo cuidarse y manejar la situación.

La Dra. Maureen Lyon, licenciada en psicología clínica y profesora e investigadora asociada en pediatría en George Washington University, Medical Center para adolescentes y adultos jóvenes, dice que la mayoría de los estudios sobre la abstinencia arrojan que los adolescentes no sólo NO se abstienen del sexo, sino que estos programas tampoco modifican la edad a la que se tuvo la primera relación sexual, ni la cantidad de parejas sexuales. Otro estudio encontró que los adolescentes que han tenido educación sobre sexo seguro tenían hasta 50% menos de riesgo de caer en un embarazo no deseado que los que recibieron una educación de abstinencia total (la referencia proviene de Pamela Kohler *et al*., "Impacts of Four Title V, Section 510, Abstinence Education Programs Final Report", *Mathematic Policy Research*, Princeton, 2007).

Aunque la abstinencia es la única forma 100% eficiente para los problemas sexuales que puede tener un adolescente, es importante enseñarle las herramientas básicas que va a necesitar para el mundo real que va a enfrentar. O sea que es mejor darle toda la información y tratar de explicarle que entre más retrase su primera relación sexual, más responsabilidad va a tener cuando la enfrente. Finalmente, hay que prepararlos para el mundo al que se van a enfrentar.

⚠ Tip de experto

Cuando como papá o mamá hablamos de los amigos que se embarazaron antes de casarse, o del primo que tiene problemas de alcoholismo, o de que a la abuelita le están embargando la casa, hacemos que nuestros hijos se den cuenta de que es normal tener problemas en la vida y que quizá algún día puedan tener una situación similar. Así será más fácil que te comenten y te pidan ayuda sobre sexo, ya que sentirán que no juzgas a los demás y que es normal tener problemas o dudas y pedir ayuda.

Mi hijo / hija es gay

"Papá, tengo que decirte algo muy importante."

"...Cuando me lo dijo mi hijo, no lo podía creer, me quedé callado, sentí como si me hubieran dado un trancazo en la cara. Me dio mucha vergüenza, sentí que yo no había sido lo suficiente hombre para educar a otro hombre." Pocas cosas pueden ser tan impactantes para un padre o una madre como la noticia de que su hijo o hija es gay.

Esta conmoción, golpe, noticia, *shock* o como le quieras decir es grande por muchísimas razones, pero la primera y más importante, porque su hijo no está cumpliendo con las expectativas que ellos tenían. Para poder entender un poco esto tenemos que arrancar desde el principio para no tener prejuicios y pensar en definiciones que NO tienen nada que ver con la realidad.

¿Qué es ser gay? Existen tres orientaciones o preferencias sexuales básicas.

Heterosexual. Personas que se sienten atraídas afectiva y eróticamente por gente del otro sexo.

heterosexual

Bisexual. Personas que se sienten atraídas afectiva y eróticamente por los dos sexos.

Homosexual o gay. Personas que se sienten atraídas afectiva y eróticamente por personas de su mismo sexo.

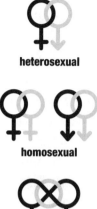
homosexual

Puse en otro color la palabra afectiva porque muchas personas creen que la atracción es sólo sexual y no es así. Una persona gay tiene atracción erótica, sexual, sentimental y romántica por una persona de su mismo sexo.

bisexual

La atracción no es sólo sexual, es algo mucho más profundo y complejo como lo son los sentimientos y el amor. Seguro alguna vez te ha atraído alguien o has estado enamorada o enamorado y sabes perfectamente lo que se siente, que por más que quieras, no lo puedes dejar de sentir, ¿no?

La homosexualidad no es algo de moda, es algo que ha existido toda la vida. Es parte de la diversidad del comportamiento sexual humano, o sea, es parte de nuestra naturaleza.

Rinna Riesenfield, sexóloga y terapeuta fundadora de la librería *El armario abierto*, comenta que según las estadísticas, una de cada diez personas en el mundo es gay o bisexual (y eso que este número corresponde a las personas que aceptaron su homosexualidad, de seguro el porcentaje es más amplio). Esto significa que una de cada cuatro familias tiene algún integrante gay o conoce a alguien de su primer círculo. Si es tu caso, no estás solo, hay muchísima gente que está viviendo lo mismo que tú.

¿Qué causa la homosexualidad?

Así como nos estamos preguntando esto, hay muchos científicos quebrándose la cabeza, preguntándose lo mismo. Algunos han encontrado una diferencia física en el hipotálamo (un área especial del cerebro que maneja la sexualidad entre otras cosas). Otros dicen que tiene que

1/10 ES GAY según la sexóloga y terapeuta RINNA RIESENFIELD

ver con el origen genético, hormonal o que está relacionado con la gestación, o inclusive por el nacimiento.

La realidad es que científicamente no se sabe qué causa la homosexualidad. Lo que sí se sabe, y muy bien, es que es algo natural. Desde 1973, la comunidad científica internacional dejó claro que la homosexualidad NO es una enfermedad y que, obviamente, (por favor, ni se te ocurra pensarlo), no se puede "curar".

Miriam Ángel, vocal y comunicadora de la Asociación de Familias por la Diversidad Sexual, explica otros puntos que están científicamente comprobados (o sea, más clara, ni el agua) y que son importantísimos para que nosotros como padres entendamos un poquito más de esto.

- Tu forma de ser como padre y tu educación no tiene nada que ver con la orientación sexual de tus hijos.

Puedes haber sido una mamá muy delicada y femenina con tus hijos hombres, un padre súper hogareño, una mamá muy varonil, una niña que creció con cuatro hombres, un niño que fue muy consentido y que sólo tenía accesos a muñecas y juguetes de niña, unos papás con muchos problemas de pareja, o lo que sea. No existe forma alguna (lo repito para que si lo piensas, por favor, te lo saques de la cabeza y no creas que tienes la culpa). No existe forma alguna de que los padres puedan ser culpables de la orientación sexual de sus hijos, por favor, no te lastimes.

- No es posible que los niños y adolescentes se vuelvan gays por la falta de uno de los padres.

Si así fuera, imagínate la cantidad de niños y niñas homosexuales que habría en el país. El promedio sería mucho más alto.

- No es verdad que alguien se pueda volver gay porque otra persona o alguna situación lo indujo.

Este es uno de los mitos más GRANDES que hay sobre el tema. Nadie se hace homosexual porque vio algo en internet, porque le dieron información de muy chiquito o porque como dicen muchas tías y muchos de nosotros cuando somos tíos "vio algo". Muchos niños y niñas se dieron cuenta de su gusto por el mismo sexo, sin haber visto jamás a una lesbiana o un homosexual. La identidad sexual de las personas está determinada, no es una elección.

● **Es falso que una relación homosexual en la adolescencia pueda causar que alguien sea gay.**

Ser homosexual o lesbiana es un sentimiento y no una acción. Aunque en la adolescencia se está buscando una identidad, como ya lo platicamos en los primeros capítulos, y los chavos pueden llegar a experimentar su sexualidad con gente de su propio sexo, esto no hace que se conviertan en gays, si no lo son.

La sexóloga Irene Moreno me compartió que el investigador norteamericano Alfred Kinsey describió, según estudios publicados sobre la sexualidad femenina y masculina, que existe una escala de siete grados, que va desde la completa heterosexualidad, hasta la completa homosexualidad, y cinco grados de bisexualidad intermedios, que incluyen fantasías, deseos y prácticas sexuales con personas de ambos sexos.

Rinna Riesenfeld, autora del libro *Papá, mamá soy gay* (muy recomendable, si quieres saber más del tema), dice que no hay una forma específica de reaccionar cuando te dicen una noticia como ésta. Aunque muchos padres ponen todo su esfuerzo en hacerlo de la mejor manera (y algunos lo logran), la mayoría tiene reacciones negativas. Como referencia te mencionaré algunas de las más comunes. Si tú estás viviendo este caso, posiblemente te encuentres entre alguna de ellas y te des cuenta de que lo que sientes como papá lo están sintiendo muchos más.

Conmoción. No saber qué hacer, quedarte congelado. Muchos papás sienten que su hijo o hija con la que han estado viviendo no es lo que pensaba. Tranquilízate, esto no es cierto, tu hijo o hija es el mismo. Sigue siendo la que te admira (aunque en la adolescencia sea "secretamente"), el que te ama, la que te confió sus más grandes secretos, el que lleva la educación que le diste, la que te defiende cada vez que alguien habla mal de ti, el que tiene todo lo bueno que has vertido en él o en ella. Lo único que ha cambiado es que ahora sabe que su atracción física y afectiva es por gente de su mismo sexo. Algo que ella o él no escogió, que ha ido descubriendo poco a poco, y que también le sorprendió tanto (o mucho más) que a ti.

Negación. Muchos padres intentan negar lo que están escuchando, y su cuerpo (y hasta su cabeza) trata de evadirlo, diciendo cosas como:

—Papá, soy gay…

—No digas tonterías.

—Ok, ¿cómo vas en tus clases de tenis?

—Ya sabes que no me gusta oír esas cosas…

—No puede ser, no hay nadie así en la familia, por favor...

—A mí no me gustan los maricones, así que mejor que se te quite…

Aunque el dolor y el miedo que sientes sea muy fuerte, es necesario sacar valor de donde sea y enfrentarlo, porque con respuestas como éstas se puede causar un distanciamiento y un resentimiento fuertísimo con tu hijo o hija, que después lamentarás mucho.

Entre más rápido trabajes esta situación, más rápido lo irás entendiendo y, lo más importante, tu dolor irá disminuyendo.

Culpa. Muchos papás se sienten culpables de que su hijo o hija sea gay. Esto es imposible, no tiene conexión alguna ni con el trato, ni uno de los dos padres ausentes, ni que tenga cuatro hermanas o que hayas sido un papá muy rudo o castrante con tu hija. Hay muchas cosas en los hijos que no dependen de nosotros, la orientación sexual es una de ellas. Está completamente comprobado.

Enojo. Algunos papás lo toman personal y creen que su hijo lo hizo por lastimarlos. Su reacción es sentirse decepcionados y preguntarse mil veces "¿Por qué me hizo esto a mí?" Una persona gay ha pasado por muchos procesos y lo último que quiere es lastimarte.

Miedos y mitos

"Tiene que ser feliz mi hija/o con sus preferencias."

En efecto, tener un hijo gay rompe muchísimos esquemas sociales, familiares y hasta personales, pero no tiene nada que ver con muchos de los miedos y mitos que hemos escuchado siempre como:

- Jamás va a ser feliz.
- Mi hijo se va a estar besando en frente de mí.
- ¿Qué va a decir mi familia y mis cuates?
- Su vida va a ser terrible, va a sufrir todo el tiempo.
- Nadie va a aceptar a una lesbiana.
- Vamos a ir con los mejores doctores para que se lo quiten.

Comprensión. Aunque a la mayoría de los padres les cuesta mucho trabajo (y es completamente normal) aceptar y empezar a convivir con la homosexualidad de sus hijos, hay algunos otros que lo entienden perfecto, se han informado y saben que sus hijos no son "otros" y que, por el contrario, los necesitan más que nunca.

Comprenderlos y apoyarlos sería el mejor regalo y apoyo que podrías darle a tu hijo o hija en uno de los momentos más difíciles de su vida. Sin embargo, si no reaccionaste así o aún con esta información no lo puedes hacer (en caso de que lo supongas y próximamente te lo diga). No te preocupes, ten tranquilidad, esto es algo muy impactante y es normal no controlar la reacción.

Lo más importante es ir trabajando poco a poco para aprender a convivir con esta nueva situación, con la que tu hijo o hija (posiblemente solo) lleva conviviendo muchos más años de los que te imaginas.

Me gustaría compartirte la síntesis de una llamada telefónica que tuve con el amigo de una de mis tías que estaba conmocionado porque su hijo de 21 años acababa de decirle que era gay. Mi tía me lo comunicó para que hablara con él.

—Me da mucha pena hablar de esto contigo, pero mi hijo me dijo que es gay y estoy deshecho, no se qué pensar.

—¿Cómo fue?

—Fue ayer en un Starbucks de Insurgentes, me dijo que tenía que hablar conmigo y así, sin más ni más, me lo dijo. Fue la peor media hora de mi vida. Creí que me iba a decir que necesitaba dinero (lloraba), que tenía una bronca con drogas o que estaba embarazada su novia, pero nunca esto. Me siento terrible.

—Tranquilo, es muy normal que te sientas así, lo primero que te está pasando es que esos no eran tus planes, no eran tus expectativas, pero así es la vida. Ser gay es algo completamente normal, algo que no se elije. Ahorita estás muy sensible porque posiblemente sientes que tuviste la culpa, que no hiciste algo bien o hasta que tu masculinidad está en juego.

—Sí, siento que yo como hombre… no pude educar a otro hombre…

—Pues estás equivocado. Los hombres son hombres y las mujeres son mujeres independientemente de qué preferencia sexual tengan. Y quiero decirte que tu hijo es más hombre de lo que te imaginas. Tú sabes lo que fue que se jugara su casa, la "supuesta" tranquilidad con la que vivía, su imagen, su familia y, lo más importante en este caso, su mamá y… su propio padre, con tal de decirte la verdad. Con tal de compartirte una realidad que él no escogió, pero que existe. Con tal de no decirte más mentiras. Se jugó todo. Se jugó que lo corrieras, que no le volvieras a hablar jamás, bueno, hasta que lo dejaras de reconocer como hijo, sólo por el amor y la confianza que te tiene, ¡¡¡imagínate!!! Eso es ser hombre. Lo que fue para ti media hora, para él fueron, no sé, quizá seis o siete años de tensión por pensar en el momento en el que te lo iba a decir.

—Pero yo lo vi besándose con dos novias cuando estaba más chavo.

—Imagínate nada más el amor que te tiene… La gente que descubre que es gay pasa por muchísimos momentos de confusión. La vida de un gay no es fácil, lamentablemente por tantos prejuicios con los que vivimos. Nadie escoge vivir esas complicaciones por gusto. Tu hijo te tiene tanto amor que hizo lo siguiente por tratar de no ser gay… ¿Tú me podrías dar un beso en la boca ahorita?

—No.

—Pues tu hijo sí lo hizo, con tal de poder cumplir tus expectativas. Cada vez que besó a una mujer, lo hizo por tratar de que esto no fuera realidad y no tener que decirte algo que te fuera a lastimar y a decepcionar. Piensa que por su naturaleza eso es tan difícil para él, como para nosotros besar a un hombre. Pero tienes que sentirte ahora más orgulloso, tu hijo es exactamente el que tú conoces, exitoso, enojón, chistoso, amoroso, terco, no sé, como sea, sólo que tiene una orientación sexual distinta. Y ésta no fue generada por nada ni por nadie, y además él no la puede evitar. Ahora además ha hecho algo tan difícil que muchos hombres y mujeres no lo han podido hacer en toda su vida, y eso es abrirse verdaderamente contigo y aceptar lo que le tocó vivir. Te entiendo, es difícil de asimilar, pero ahorita necesita más apoyo que nunca, éste es el verdadero momento de ser padre. No lo dejes, está asustado, te ama tanto que te lo dijo para poder vivir su vida y para no perderte en un futuro. Ahora no seas tú el que lo pierda a él. Tu hijo sabe que para ti es difícil, y que lo aceptarás poco a poco, pero cuando menos te lo imagines todo será más fácil y aprenderás a vivir con esto, sabrás seguir disfrutando lo más valioso que te ha dado la vida… un hijo.

El señor me habló un año y medio después para contarme que todo estaba mejor, que estaba muy contento con su hijo, porque él estaba más feliz que nunca, que inclusive conocía a la pareja de su hijo y que estaba contento porque le parecía muy buena persona.

Lamentablemente, por falta de información, no todo mundo reacciona así. Para que sepas más de este tema, te recomiendo mucho la película *Plegarias para Bobby (Prayers for Bobby)* con Ryan Kelley. De hecho, si estás viviendo una situación similar, si eres liberal o eres homofóbico, te imploro que la veas (sé que la palabra *imploro*, no es lo mejor visto en un autor, pero no me importan las palabras, me importa lo que estás sintiendo tú y tu hijo o hija). Estoy seguro de que te dará un punto de vista distinto al que tienes.

Si estás viviendo una situación así, infórmate, apóyalo, dale soporte a tu pareja, llora, entiéndelo, vuelve a llorar, velo trabajando poco a poco, pero no pierdas lo más grande que te ha dado la vida… a tu hijo o a tu hija.

› Líneas de ayuda

Abuso sexual
CENTRO DE ATENCION A VICTIMAS DE ABUSO SEXUAL
Agencia 5 Tél. (0155) 5345-5656
Agencia 47 Tél. (0155) 5200-9384
Agencia 48 Tél. (0155) 5345 5830/ 5346 8037
Agencia 49 Tél. (0155) 5346 8093/ 5346 8037
ASOCIACION DE SOBREVIVIENTES DE ABUSO SEXUAL
Tél. (0155) 5578 9197.

LOCATEL (Apoyo a niños /as Víctimas de Abuso Sexual)
Tél. (0155) 5658 1111.

CENTRO DE TERAPIA DE APOYO A VÍCTIMAS DE DELITOS SEXUALES
Tél. (0155) 5200 9632 – 36.

COMISIÓN NACIONAL DE DERECHOS HUMANOS
Tél. (0155) 5681 8125 / 5490 7400.

ASOCIACION PARA LA DEFENSA DE LA MUJER
Tél. (0155) 5574 8547 / 5575 0152.
ASOCIACION PARA EL DESARROLLO INTEGRAL
DE PERSONAS VIOLADAS
Tél. (0155) 5682 7969 / 5543 4700.

Gay
GRUPO DE PADRES Y MADRES POR LA DIVERSIDAD SEXUAL
(GRUPO CONDESA)
www.Familiasporladiversidad.org
Tél. (0155) 52 11 82 50.

TELSIDA
Tél. (0155) 5207 4077 y 01800 712 0886.

NUESTRAS HIJAS Y NUESTROS HIJOS
www.pflag.org

CONSEJO NACIONAL PARA PREVENIR LA DISCRIMINACIÓN
www.conapred.or.mx

COMISIÓN NACIONAL DE LOS DERECHOS HUMANOS
www.cndh.org.mx

COMISIÓN DE DERECHOS HUMANOS DEL DISTRITO FEDERAL
www.cdhdf.org.mx

DEMYSEX.RED DEMOCRACIA Y SEXUALIDAD
www.demysex.org.mx

EL ARMARIO ABIERTO
www.elarmarioabierto.com

FUNDACIÓN TRIÁNGULO POR LA IGUALDAD
SOCIAL DE GAYS Y LESBIANAS
http://www.fundaciontriangulo.es/juventud/e_jovenes.htm

Métodos de protección sexual

GRUPO EDUCATIVO INTERDISCIPLINARIO EN SEXUALIDAD HUMANA
Y ATENCIÓN A LA DISCAPACIDAD (GEISHAD).
Tél. (0155) 1114 0540
sexosinlata@geishad.org.mx
www.geishad.org.mx

PLANIFICATEL
Tél. 01800 624 6464.

DE JOVEN A JOVEN
Tél. (0155) 5658 1111.

ACERCATEL
01 800 110 10 10.

TELSIDA
Tél. (0155) 5207 4077
01800 712 0889.

DIVERSITEL
Tél. 0155 5272 2522.

Un tema delicadísimo

"¿Cómo que te sople? ¡Carajo! ¿No me tienes confianza?"

Si te suenan algunas de estas frases (o más bien te persiguen hasta en tus pesadillas), es prácticamente obligatorio que leas este capítulo. Es más, aunque no las hayas escuchado, te pido que lo hagas, porque en cualquier momento pueden ser parte de tu día… y de tus noches.

- A las siete va a ser el precopeo en casa de Rodríguez.
- ¡Ayyy, papá!, si ayer tú estabas hasta atrás.
- Jorge estaba hasta su madre y manejó hasta su casa, jaja, está muy cagado.
- Si te tomas dos al mismo tiempo te pones más chingón.
- Se me escapó mi hijo y no me di cuenta.
- Está pedísima… no le marques a sus papás, vamos a exprimirla primero.
- Woow, se ve la música y se escuchan las luces.
- ¿Cómo que se cambiaron de fiesta? Te dije que me marcaras.
- Jajaja, le echaron algo raro al narguile (hookah).
- ¿Me puedo ir a dormir a tu casa? Me da hueva que mi mamá me empiece a chingar si chupo.
- Nos vemos después de la clase en las Micheladas.
- ¡No mames! ¿Cuántos shots se tomó? ¿Y si la llevamos al hospital?

Pocos temas nos preocupan tanto a los papás como el alcohol y las drogas. Decidí juntarlos porque en realidad el alcohol es también una droga, y el problema es que al ser legal y socialmente aceptada, su abuso se ha convertido en la puerta principal para que los chavos (y los no tan chavos) descubran las drogas ilegales.

Además los accidentes automovilísticos bajo la influencia del alcohol se han convertido en la primera causa de muerte de jóvenes en nuestro país. ¡¡Qué fuerte!! El coche y el alcohol se han convertido en la pistola más peligrosa.

Estamos hablando de algo muy serio. Así que si estamos informados y manejamos la prevención con nuestros adolescentes, podemos hacer mucho para alejarlos de ese problema, sin separarlos tampoco de su mundo, que no sólo es importante para ellos, sino que prácticamente lo traen tatuado.

Todos queremos saber qué tenemos que hacer para que nuestros hijos no tengan problemas con el alcohol y las drogas. Bueno, pues, al platicar con los expertos de Monte Fénix, una de las clínicas y universidades más importantes sobre adicciones en América Latina, me comentaron los puntos más importantes que debemos cuidar. Para que nos queden muy claros, decidí dividirlos en tres etapas.

- Prevención
- Límites
- Intervención

Lo ideal sería que empezáramos con nuestros hijos desde la prevención, pero si ya están más grandes y ahora sí que se nos fue el tren, hay que ver en qué etapa están y empezar a trabajar lo más pronto posible, para que si ya se fue, evitemos que se vaya a descarrilar.

Prevención

"¡El alcohol es algo serio y a veces trae problemas graves!"

Esta parte es posiblemente la más importante. Si la seguimos bien, hay una gran posibilidad de que no tengamos broncas en las siguientes. Lo primero, la letra A, el número 1, prácticamente la envoltura de todo esto, es que estés informado. No puedes enseñar, ni hablar de algo de lo que no sabes.

Si no, en cualquier momento, te puede pasar algo así:

—No te vayas a pasar de copas, Alex.

—No te preocupes, pá, aguanto mucho más que mis amigos.

—De cualquier manera no tomes mucho… yo sé lo que te digo.

—¿Por qué aguanto más que mis amigos, eeh? ¿Eso es bueno o malo?

—Mmm, no sé.

—¿Cuánto es mucho, papá?

—Mmm, ay, ya no hagas tantas preguntas y mejor cuídate.

Es importantísimo que te documentes y que conozcas el comportamiento y las consecuencias del alcohol, para que puedas hablar de ellas y tu hijo o hija no te dé la vuelta. Porque en el momento en que se da cuenta de que estás hablando al aire y que no tienes idea, tu credibilidad en ese tema (y en muchas otras cosas) se va a ir al piso y ya no te creerá nada.

Hay muy buenos libros y páginas de internet claras y concretas sobre las adicciones (no te preocupes, no tienes que hacer un doctorado, sólo tienes que saber lo básico, para poder cuidar a tus adolescentes, y de paso a ti también).

Una de las preguntas que todos tenemos sobre este tema y los adolescentes es: "¿Cuándo deben empezar a tomar alcohol?" La respuesta del 110% (o sea, de todos y un poco más) de los expertos es: lo más tarde que se pueda.

Recuerda que el cerebro de los niños y adolescentes está en plena formación, que no madura completamente hasta los 24 años (sí, leíste bien, 24), por lo que el mayor tiempo que lo puedas aguantar es lo mejor. El criterio, el juicio y la razón que se generan en la corteza prefrontal del cerebro (como lo vimos en los primeros capítulos) no están todavía desarrollados, por lo que la mezcla de falta de criterio y alcohol es muy mala idea, es prácticamente peor que la de ballet con reggaeton. Para ponerlo en palabras más sencillas, digamos que su cerebro todavía está muy tiernito y cada día extra que le puedas dar sin alcohol es buenísimo.

Por lo mismo, hay que evitar esa serie de experimentos amateurs que realizamos en nuestros laboratorios móviles como:

- Que el bebé tome tantita cerveza a ver qué pasa.
- (A tu hijo de 11 años) Chúpale, pa'que vayas conociendo el alcohol como los machos... y pásame el cd de Vicente Fernández.
- "A ver, te voy a dar un copita de jerez y otra de vino muy suavecito para que vayas aprendiendo, lo sientas y sepas cuándo parar", la técnica de enseñanza de la tía o mamá *open-mind* (de mente abierta).

Aún con la mejor de las intenciones, no funciona. De hecho, ésto es el equivalente a decir algo como: "A ver, te voy a dar un toquecito de mota y un brownie de la hidropónica muy suavecito para que vayas aprendiendo, lo sientas y sepas cuándo parar."

Otra cosa muy importante es que el alcoholismo es una enfermedad hereditaria y que si alguien en la familia la ha tenido, tu hijo o hija puede desarrollarla fácilmente. Por lo que hay que retrasar lo más posible y poner cuidado extra en la presencia del alcohol o cualquier otra droga.

Algunos padres logran que sus hijos empiecen a tomar hasta los 14 años, otros hasta los 15, 16 o inclusive algunos hasta que son adultos. Monte Fénix señala que los 18 años son una buena opción, pero que el ideal sería a los 24 años.

Sé que te estás quedando con cara de ¿queeeé? Para como están los chavos hoy en día, parece más misión imposible que las de las películas, pero existen una serie de consejos y recomendaciones para acercarnos lo más posible a nuestro objetivo... si decides aceptarlos.

De hecho, hoy no sólo los hombres, sino que las niñas están más gruesas que nunca. Según la Encuesta Nacional de Adicciones hace quince años en México, 11% de las niñas y 37% de los hombres ya se habían emborrachado al salir de secundaria. En el 2008,la encuesta señaló que los hombres se quedaron en 37%, mientras que las mujeres se movieron hasta 52%, ¡¡¡del 11 al 52%!!!

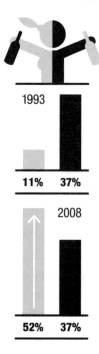

1993

11%　37%

2008

52%　37%

Por lo mismo, hoy más que nunca es esencial (digamos, sin exagerar, que de vida o muerte) poner cuidado en esto. Así que manos a la obra, o en este caso... al adolescente. Esta chamba empieza desde que nuestros hijos están chiquitos.

Le pregunté a la Dra. Gabriela Godínez Hernández, maestra en adicciones, ¿cuál es el mejor argumento que le podemos decir a nuestros hijos para retrasar el consumo de alcohol y que no tengan problemas con él y las demás drogas? A lo que me contestó: "el ejemplo que les des".

Tú le puedes decir muchas veces a tus hijos que tengan cuidado con el alcohol, pero cuando más lo van a entender es cuando te vean teniéndolo a ti. Por ejemplo, estás en una fiesta divertidísimo con tus cuates o familiares y, en frente de tus hijos, alguien te pregunta "¿Otra cuba?", y tú dices: "No gracias, ya se me está subiendo de más, mejor le paro."

O vas saliendo de una fiesta con ellos y les dices: "Se me subió un poco, creo que no está bien que maneje, mejor vamos a pedir un taxi para irnos."

Esas son las mejores lecciones que le puedes dar a tus hijos sobre el tema. Nunca lo olvidarán. Por supuesto se trata ser constante, no sirve de nada si haces un "simulacro contra el alcohol" (no grito, no corro, no me empujo seis caballitos de tequila), y luego te dedicas a vivir la vida loca.

Hay muchos papás que dicen "No tomes", y cuando menos te imaginas ya están trepados en la mesa, enseñando diente, imitando a Luis Miguel y cayéndose encima de mundo. No hagas gala de la frase: "Haz como digo y no como hago."

Para cuidar a tus hijos puedes facilitarles actividades y distracciones que los alejen de todo esto: clases de pintura, música, cocina, robótica, scouts, futbol americano, soccer, natación, zumba, ballet, tenis, jazz, karate, box, judo, kung fu, tai chi, kick boxing y (como contrato leonino)... todo lo existente y por inventarse.

Todas las clases, especialmente de deporte, hacen que tus hijos se alejen de esto, porque sacan parte de la adrenalina que la adolescencia les está generando, ocupan su tiempo y les exige preparación y un esfuerzo que no combinan con el alcohol.

Pepe Rodríguez Alonso, consultor en adicciones que trabaja todos los días con adolescentes desde hace más de diez años, sostiene que la mejor forma de lograr un avance importante es hacerlo 100% integral.

- Estar informado como padre (me platica que muchas veces da platicas de adicciones en las escuelas, para adolescentes y para padres por separado, que han llegado hasta 500 chavos y 200 papás).
- Retrasar el consumo del alcohol.
- Dar el ejemplo a nuestros hijos.
- Recordarles constantemente los riesgos de las adicciones (aunque parezca que le vale, sí pone atención y sí le funciona).
- Dar material interesante a los chavos que hable del tema (libros, películas, videos, etcétera).
- Estar pendientes de sus actividades y de su círculo de amigos.
- Y principalmente, más que imponerles, darles opciones a los chavos para lograrlo...

También afirma que uno de los programas que más resultados ha arrojado es el modelo de Colombia, donde Efrén Martínez, doctor en psicología, ha logrado resultados impresionantes a nivel mundial (una prevención con sentido). La idea de darles opciones para lograrlo es "literalmente" hacerlo.

- En este programa han manejado alternativas diferentes para que desde que están muy chicos aprendan a divertirse sin necesidad de ninguna sustancia.
- Organizan grupos de padres en las escuelas para que hagan listas de fiestas libres de alcohol, y sus hijos sólo puedan asistir a las casas que están en la lista. Obviamente entre más padres estén de acuerdo, más adolescentes quieren formar parte de la lista.
- Cuando hay una fiesta con un Dj muy conocido donde posiblemente habrá drogas, juntan dinero y boicotean la fiesta trayendo a un Dj mucho más famoso y hacen otra fiesta al mismo tiempo, pero sin drogas. Los chavos tienen que decidir si ir a ver al primer Dj con drogas o al más famoso a un lugar donde no habrá nada de eso (sorprendentemente, lo chavos van al festejo sin drogas, no sólo porque está el Dj y todos sus amigos, sino porque aprendieron a divertirse sin drogas y quieren divertirse).

En fin, ha logrado bajar los consumos de los adolescentes de su comunidad de una manera impresionante. Eso es una gran alternativa que podemos ir haciendo en nuestro país, poco a poco. ¿Qué pasaría si todos los papás de una escuela, o para empezar de un salón, nos pusiéramos de acuerdo en el horario que deben llegar nuestros hijos a la casa? ¿O en dejarlos salir el mismo día del fin de semana? O también una serie de fiestas sin alcohol hasta cierta edad...

En México, hay muchos papás que se están organizando. Conozco varias generaciones en diferentes escuelas que se están poniendo de acuerdo en las características de las fiestas de cada generación. La comunidad judía de México está dándole alcoholímetros a los valet parkings que trabajan en sus fiestas y les piden que no les entreguen las llaves del coche a los chavos que no pasen la prueba. Algunos antros en México tienen también alcoholímetros y si no lo pasas cuando vas saliendo, piden un taxi de sitio para que te lleve a tu casa.

Ideas hay muchas, el asunto es tener las ganas y la disposición de ponerlas en práctica. No hay que hacer que los chavos se diviertan menos, sino más bien cuidarlos para que no les pase nada y se puedan divertir MÁS.

Límites

"¡Ya estoy grande y puedo tomar lo que quiera!"

Esta palabra ya nos la tenemos que saber de pe a pa (bueno, más bien de lí a es), porque es la llave para poder ayudar y ayudarnos en una relación con adolescentes. Una vez que se terminó el camino amarillo y empezó el camino color dorado whiskey, morado-negruzco de las perlas negras o verde del Jägermeister, hay que poner mucha más atención para que las cosas salgan bien.

María Dolores Locken, coordinadora terapéutica de Monte Fénix y especialista en adicciones, cree que la adolescencia es el verdadero momento en el que las mamás deben sacar su sexto sentido y los papás todos los métodos de espionaje industrial que hayan conocido, porque tienen que estar más pendientes que nunca de sus hijos. Es momento de cuidarlos, de checarlos, de saber y conocer a sus amigos y amigas (con la precisión de un cirujano para que no se sientan invadidos) y de generar la mayor comunicación y confianza mutua a la que puedan llegar.

¿Así o más difícil?

La verdad es que suena mucho más difícil de lo que es. Así como hay chavos muy complicados, también hay otros muy cooperativos y accesibles (en cada uno de los temas de este libro podemos ver que hay adolescentes que no sólo NO dan problemas, sino que ayudan hasta a pastorear a otros chavos).

Ojalá que hayas tenido la oportunidad de hablar con tus hijos desde chicos, porque cuando jamás has tocado el tema y, de repente, de un viernes (que fueron a la fábrica de Marinela a ver cómo se hacen los gansitos), al siguiente donde van a ir a una fiesta con alcohol y con amigos que manejan, es más difícil.

Lo ideal es comenzar a platicar desde que tus hijos son niños y no cuando están dejando de serlo. Pero recuerda que nunca es tarde para empezar. Si no lo habías hecho, hay que redoblar esfuerzos ahora… pero, ¡¡claro que se puede!!

Constantemente (no todo el día, porque logras el efecto contrario y te dejan de escuchar) hay que recordarles los cuidados que debemos tener con el alcohol y con las drogas. Un buen momento es cada vez que van a ir a una fiesta o a un antro, en las oportunidades que salga el tema o cuando comenten el caso de alguien que tuvo problemas con esto.

Lamentablemente hay padres de familia o encargados de adolescentes (madrastras, padrastros, tíos y gente que por azares del destino tienen a cargo un adolescente) que no sólo no están pendientes, ni hablan con ellos, si no que hasta los orillan a que caigan en problemas.

Un adolescente de 17 años me platicaba que su papá era un empresario que trabajaba mucho y que su mamá lo dejaba hacer cualquier cosa.

No importa lo que le pregunte a mi mamá, siempre me deja hacer todo, con tal de que no la moleste. Lo único que quiere es hacer su vida, ir a su gimnasio, verse guapa. Se la pasa chateando por su teléfono con sus amigas o no sé con quién. A veces me doy cuenta de que ni me está escuchando, sólo hace como que está poniendo atención y me da permiso de algo, que al rato ni se acuerda.

Una adolescente de 14 años me contaba:

Mi papá abandonó a mi mamá cuando yo estaba chiquita. Ella trabaja todo el día de gente de limpieza en Wallmart y en la noche tiene un puesto. Nunca me habla por teléfono, ni le importa lo que haga. Sé que tiene que trabajar, pero ahora me está abandonando ella a mí.

Los adolescentes necesitan contención, límites, amor y mucho cuidado. También necesitan un guía porque no sólo se enfrentan al mundo en el que hoy vivimos, sino al crecimiento y a la confusión que les está generando su cerebro, y si no estás ahí (aunque aparentes estarlo)… los estás dejando solos.

Algunos de los puntos más importantes que tienes que cuidar son:
- Límites y aplicación de consecuencias.
- Conocer a sus amistades, ¿quiénes son?, ¿qué hacen?, ¿cómo los influyen?
- ¿Adónde van? ¿A qué hora llegan? ¿Con quién se van?
- Comportamiento personal (síntomas que causan las drogas.
- Permisos, horas de llegada, días de salidas.

- Escuela, rendimiento, asistencia.
- Fiestas, ¿cómo se comportan ante el consumo? ¿Cumplen los horarios?

Una vez que los chavos han empezado a tomar (esperando que lo hayas retrasado lo más posible), es importante comentarlo y prevenirlos. Y en realidad estar pendientes, los chavos son muy inteligentes, mucho más de lo que te imaginas. Hace poco un papá me platicó que su hija estaba teniendo problemas serios con el alcohol, que él no se daba cuenta porque siempre llegaba a la hora que habían quedado.

El papá sólo le pedía a la niña que le echara un grito en la escalera cuando se metiera a su cuarto, para poder despertarse y checar la hora en su reloj despertador que era digital. De lo que nunca se enteró el papá fue de que su hija, cuando llegaba muy tarde, bajaba los breakers de la luz de la casa (que estaban afuera) y luego los volvía a subir. Cuando despertaba al papá, el reloj estaba desprogramado y él creía que se había ido la luz, pero que su hija había llegado, sobria y puntual.

Por eso hay que estar pendiente, no se puede educar a un adolescente a control remoto. También funciona mucho recordarles (no martillarles hasta el tuétano) cosas importantes del alcohol, que aunque no lo creas, cuando están frente a él, las recuerdan.

Precauciones para el alcohol y otras drogas

¡Así me divierto, no me controles!"

- Tomarse un vaso de agua antes de empezar a tomar alcohol, porque muchos chavos llegan con sed a la fiesta o empiezan a tomar después de bailar y el primer chupe se lo echan casi casi de hidalgo (o sea, de golpe).
- Comer antes de tomar (ese detalle hace toda la diferencia).
- Las personas de poca masa muscular, mujeres (y todavía peor, mujeres en su periodo de menstruación), les pega más fuerte y más rápido el alcohol porque su cuerpo se tarda más en metabolizarlo (absorberlo).

- Cuando están estresados, muy contentos o muy tristes, el efecto del alcohol es mayor (cuando tienen exámenes, problemas en casa, es el último día de clases, están ligando con alguien, tronaron con la novia o novio).
- En condiciones normales, el cuerpo se tarda de una hora a hora treinta minutos en metabolizar cada copa de alcohol.
- Aunque las bebidas tienen diferente grados de alcohol, causan el mismo efecto por el tamaño de los vasos y la cantidad que se toma en cada uno (el caballito de tequila contra el tarro de cerveza).
- El límite normal en una persona es de dos a tres copas en tres horas para no empezar a tener problemas con los efectos del alcohol. El parámetro de los chavos debería estar un poco por debajo de eso.
- Si ya conoce el grado de alcohol que su cuerpo aguanta sin problema, hacer una regla de oro y no pasar de ahí.
- No mezclar bebidas, porque esto hace que su límite baje.
- Hoy en día uno de los problema más fuertes de los jóvenes son los *shots* (caballitos o vasos pequeños o no tan pequeños) con la bebida directa con muy pocos mezcladores, o de plano sin ellos. Los *shots* se toman de un solo golpe, tipo los muppets de nuestra época, pero ultrarrevolucionados. Usan mucho los *shots* porque, más que tomar, quieren llegar rápido al efecto, pero en esa búsqueda se toman en promedio entre tres y seis por fiesta, ¡¡imagínate!! Lo ideal de una bebida normal es que se la tomen en una hora y cada *shot* se lo toman en tres segundos.

  Es importantísimo que les recuerdes constantemente el efecto de los *shots*, para que piensen antes de tomarse uno.
- No dejar que los presionen sus amigos (ése es el problema en el que más caemos todos). Tener un pretexto como "Es que mañana tengo partido" o "Es que mi mamá me revisa y no me va a dejar venir la próxima semana", funcionan frente a los amigos. Platícaselos a tus hijos para que los usen.
- Es importante decirles que siete de cada diez chavos que prueban las drogas siguen consumiéndolas.
- Muchos adolescentes usan drogas para evadir sus problemas, y lo único que logran es tener un problema más: la adicción.
- Las adicciones son mortales y así como hay adolescentes que las aguantan ocho o diez años, hay otros que en dos o tres años mueren.

- Las drogas bajan la libido, el placer sexual, la erección la eyaculación y el orgasmo (eso les pega durísimo a los hombres).
- Las drogas dan un servicio, pero sólo por un tiempo. Efectivamente en un principio se puede sentir una sensación agradable (si sólo le dices que son malas, en el momento en que la pruebe, va a dejar de creerte todo lo demás, que sí es real). Pero que una vez que las empiezas a consumir, cada uso te dan menos sensación de alivio y cada vez que no las usas te dan más ansiedad. Es por eso que se enganchan de las drogas.

Puedes obtener más información sobre este tema en el libro *Quiúbole con...*

Después de haber tocado varias veces el tema de las precauciones frente al consumo del alcohol, puedes tener una plática con ellos antes de que se vayan a la fiesta. Un ejemplo de esa plática sería: "Ana, vas a ir a la fiesta y va a haber alcohol. Te pido que si tomas, tomes con responsabilidad. Ya sabes lo que el alcohol hace. Ten cuidado con los *shots* y come antes de tomar (aquí puedes ir alternando la información que han platicado sobre el alcohol para recordarla). A las dos nos vemos aquí, y a esa hora **te espero**, para ver cómo te fue. Diviértete."

Ese mensaje es claro y contundente. Pero lo más importante es que sea constante y que de verdad estés pendiente, para saber qué pasó. Es esencial que esperes a tu hijo o hija y sepas qué pasó. Una vez que tienes adolescentes y empiezan a ir a fiestas con alcohol, olvídate de dormir hasta que lleguen (y eso... a ver).

Un psicólogo de adolescentes me decía que en esta época los papás se tienen que hacer los mejores amigos del Sanborns, Vips, Wings, Toks y toda cafetería que termine con "s", porque para que las cosas funcionen tienen que ir por ellos o esperarlos.

Uno de los problemas que más está haciendo que los chavos caigan en broncas muy serias de alcohol y drogas es que los papás no saben lo que está pasando con sus hijos. En las entrevistas que hice a diferentes grupos de mamás sobre el tema me decían:

- Mi esposo se pone hasta atrás y no se da cuenta de los permisos que les da.
- Cuando hay fiesta, muchos papás los dejan irse a dormir a casa de sus amigos y no saben lo que pasa.

- Mi hija y sus amigas llegan a las 7 pm a la casa ya con aliento alcohólico.
- Van dos chavos que tengo que rescatar, porque de plano están tirados en el piso. Cuando le llamo a sus papás, me da más pena el papá que el propio chavo.
- Como no tenemos coche, se queda en la casa de alguien o en algún lado, y nos hablamos hasta el otro día.
- Los llevo al precopeo y cuando llego ya están hasta atrás.
- Del fin de semana, sale algunos jueves, los viernes, los sábados y cuando hay eventos especiales.
- Como andamos mal de dinero en la casa, le dejamos de pagar el celular y él llama de vez en cuando.
- Mi hijo no sale sin su chofer, para que si se echa unos drinks no pase nada.

El especialista en adicciones Pepe Rodríguez dice que lo peor que podemos hacer es **NO ESTAR PENDIENTE DE LOS ADOLESCENTES**. Sin embargo, muchos padres prefieren permitirles todo, que estar peleando todo el día con ellos. Cuando hacemos eso, la culpa de un abuso de alcohol, de una adicción a otra droga, o un accidente, es en gran parte responsabilidad nuestra.

Si tus hijos van a ir a una fiesta, tienes que recogerlos tú o tu pareja la mayoría de las veces, sólo así sabes lo que está pasando: ¿cómo salen los chavos de la fiesta? ¿Cómo se comportó con el alcohol? ¿Se está portando como si se hubiera metido otra droga? ¿A qué hora salió? Sólo estando ahí lo sabes. Si siempre los dejas ir a dormir a la casa de un amigo, ¿cómo sabrás lo que pasó? Es más, muchas veces ni siquiera se van a la casa del amigo y nosotros no tenemos ni la más mínima idea.

Por eso hay muchas mamás y papás que son "rescatadores", son como la liga de la justicia nocturna porque ayudan a los amigos de sus hijos, se preocupan por los chavos, intentan comunicarse con los papás y algunos los terminan llevando hasta los hospitales y poniéndose de responsables en lo que logran comunicarse con alguien. La pregunta es... ¿dónde están esos papás? Esa respuesta no la sabemos. La pregunta que sí es obvia es la de... ¿por qué esos chavos y chavas están así?

Las personas que tienen la posibilidad de mandar a un chofer deben tratar de evitarlo, porque no se enteran de lo que está pasando con sus hijos. Es como dejar que otra persona eduque y evalúe lo que está haciendo tu hijo (y eso, en el mejor de los casos). Así como hay muchos choferes que "lamentablemente" cuidan más a los chavos que sus propios padres (imagínate lo solos que se sienten los chavos), hay otros que con tal de cuidar su trabajo y no meterse en problemas, les solapan todo a los adolescentes, les facilitan las cosas y no les dicen nada a los papás.

Hay mucha gente que no tiene coche y que no encuentra la forma de ir por ellos. Existen muchas formas de hacerlo. Puedes ir por ellos en taxi, irte con otro papá o mamá que viva por tu casa y ajustarse a sus horarios, organizar una ronda con los papás que tienen coche. En fin, de que se puede, se puede.

Te acuerdas cuando nacieron tus hijos y todo el mundo te decía que no ibas a dormir porque comen cada tres horas, y te levantabas pasara lo que pasara porque tenían que comer. Pues ahora es lo mismo, tampoco vas a dormir los días de sus fiestas… pero es igual de importante que cuando eran bebés.

Hoy más que nunca hay que estar con ellos porque las cosas cada vez están más difíciles. **Ahora bien, los puntos que voy a tocar no tienen el objetivo de echar de cabeza a los chavos, sino únicamente de compartir información para ayudarlos, porque me he topado con muchos que piden ayuda cuando las cosas ya están muy avanzadas y es más difícil salvarlos.**

La mezcla de las bebidas energéticas con el alcohol en exceso es muy peligrosa. Muchos adolescentes las usan para darse un levantón y alcoholizarse al mismo tiempo. El problema es que como están combinando un depresor y un energizante al mismo tiempo, sienten que pueden tomar más y su cuerpo está recibiendo dos sustancias que son adictivas, crean tolerancia y alteran la mente. Muchos chavos relacionan el efecto de tales bebidas como una cocaína *light*.

Las dos bebidas que más usan y que tienen estos efectos son las perlas negras (Boost con Jägermeister) y los redoxones (Red Bull, refresco de naranja y vodka). Por ejemplo, está de moda entre los chavos llevar al antro la botella completa de Jägermeister (un licor con base en hierbas con 35% de contenido alcohólico) y ya con el popote la comparten con medio mundo hasta que se acaba. En algunos antros (por temporadas) hacen barra libre de botellas, lo que significa que te surten de las botellas que quieras, siempre y cuando te hayas terminado la anterior.

En internet hay páginas (a las que tienen acceso todos los chavos) en las que se explica las diferentes maneras de "meterte" una droga e inclusive hay páginas para aprender a ser dealers de drogas (http://www.pointsincase.com/columns/nathan/6-28-06.htm), te explican cómo conseguirla, qué porcentaje debes ganar y, lo más peligroso, cómo saber qué chavos pueden ser propensos a convertirse en clientes.

Los *raves* o fiestas de música electrónica fueron tan relacionados con las drogas que parece que ya casi no hay. Eso no es real, se siguen haciendo en Avándaro, Oaxaca, Teotihuacán, Tepoztlán, y en cualquier lugar que se les ocurra. Obviamente sólo los chavos saben la información y piden permiso para irse de fin de semana con alguien.

También existe una técnica llamada hipoxifilia (asfixia erótica); es una parafilia que algunos adolescentes (y personas, en general) utilizan para aumentar la satisfacción sexual, impidiendo la respiración de la pareja o de uno mismo. El neuropsiquiatra, Edilberto Peña de León, cuenta que algunos adolescentes han llevado esto al límite y lamentablemente lo toman como un juego, poniendo sus manos en el cuello (como cuando se ahorcan), o haciendo el abrazo del oso, en el que se aprietan el tórax y por la falta de oxígeno se desmayan (como reacción de defensa de su cuerpo). Ellos toman la hipoxifilia como una forma de droga o de desconectarse de la realidad. Dicen que la sensación que les da es cercana a la muerte.

El ginecólogo Marco Antonio Pérez Cisneros asegura que cada vez son más los casos de adolescentes mujeres en México que remojan los tampones higiénicos en Vodka, para que, al introducírselos, la mucosa lo absorba y tengan el efecto de la bebida sin tener aliento alcohólico y sus papás no se den cuenta.

No se trata de asustarte, ni mucho menos de que ahora desconfíes de tus hijos a cada segundo. La gran mayoría de los adolescentes están lejos de estas prácticas. Sin embargo, considero importante que las conozcas, para que estés al pendiente y puedas ayudar a tus adolescentes en caso de que veas que están metidos en algún problema.

⚠️ Tip de experto

Algo que funciona mucho es venir bien atenta, cuando pasas por ellos a la fiesta y vienen platicando, el alcohol hace que se desinhiban, y puedes darte una idea de cómo están las cosas verdaderamente entre sus amigos, para poderlos cuidar mejor.

Cerrar un poco la llave

Es cierto que cada vez son más amplios los horarios que los jóvenes tienen para tomar, y más días los que los dejamos salir:

- Jueves (viernes chiquito), viernes, sábado.
- Horarios hasta las 3 o 4 am, precopeo, poscopeo, *after-hours* (fiestas o lugares que empiezan cuando todos los demás cierran y acaban hasta las 2 o 3 pm).

No podemos pretender que nuestros hijos no van a tomar, tampoco vamos a protegerlos del mundo por completo. Debemos entender que los antros y las fiestas son su principal medio de diversión, pero hay que saber cómo administrar esto.

María Dolores Locken, coordinadora terapéutica de adicciones, explica que hay que intentar cerrar un poco la llave y reducir los tiempos en que tienen acceso al alcohol. Que salgan menos días, que bajes un poco los horarios, que los dejes menos tiempo en los precopeos.

Lo ideal sería empezar así, pero si ya están muy avanzados y quieren hacerlo de repente, hay que hacerlo muy sutil y gradualmente, porque si no, los chavos lo resienten mucho y piensan: "Si sólo me das una hora, pues en esa hora me emparejo con seis shots."

No se trata de quitarle las fiestas a tus hijos y de separarlos de sus amigos y diversiones. Sus horarios deben tener coherencia con los de sus amigos (siempre y cuando sean algo normal). Se trata de que puedas llegar a un consenso, donde tú y ellos estén de acuerdo.

El propietario y operador de centros de entretenimiento y bares, Javier Díaz, dice que la mayoría de los antros buscan que los chavos se diviertan, pero dentro del marco de la normalidad. "En ningún lugar queremos que le pase algo a un chavo y que esto le pueda costar hasta la vida. Esto sólo conlleva el gran dolor de perder a un joven y que posteriormente pierdas tu negocio. Buscamos poner alcoholímetros dentro de los lugares para no permitirles manejar en estado de ebriedad, o pedirles taxis. Revisar identificaciones y tratar de ubicar las que son falsas para no permitir la entrada a menores de edad." Insiste en que en estos lugares se evitan peleas, les dejan de servir cuando los ven mal, pero "la principal ayuda que necesitamos es la de los papás, porque muchos no están ni enterados de dónde están sus hijos".

¿Cómo aplicar los límites?

Como lo platicamos en los capítulos iniciales, a la hora de la planeación, de los permisos y de la organización con tus adolescentes, es muy importante ceder, ser flexibles y llegar a acuerdos. Y a la hora de los límites… cumplirlos, cumplirlos, cumplirlos, cumplirlos, (amorosamente), pero cumplirlos.

Amorosamente no significa que le eches su celular a la tina llena de agua, pero eso sí, tú vestido de angelito de San Valentín en rojo satín. Más bien se trata de que si le quitaste el celular, por algo que ya habían platicado y no cumplió, seas firme sin regresárselo. Esto no significa que no le hables, que no le des una palmada en la espalda (por decirlo de alguna manera), o que no seas cariñoso con él o ella.

No tienes idea cómo genera respeto y amor hacia ti que cumplas y apliques las reglas. Es necesario poner límites desde el principio para que sepa a qué atenerse, por ejemplo:

—Mamá, mañana es la fiesta de graduación de mi amigo Dany, ahora sí vamos a reventarnos durísimo. Sé que siempre me das chance a la 1 am, pero ¿ahora puedo llegar a las 3 am? Es especial.

—Ni tú, ni yo, a las 2, ¿ok? ¿Dónde va a ser? ¿Quién va a manejar? Si se van a salir más tarde, yo paso por ti. Márcame, por favor, cuando ya vengas para acá... y aquí te espero. ¡Pásenla padre!

—Papá, el viernes en la tarde nos vamos a juntar los de mi salón en el billar de la esquina de la escuela. El sábado es el baile en el auditorio y va estar El Recodo. Y el domingo va a haber una lunada, porque el lunes no hay clases. ¿Me das permiso?

—Claro, pero escoge sólo dos, y solamente porque es un fin especial, porque ya sabes que puedes salir sólo un día en la noche el fin de semana.

Cuando aceptas todo lo que te pide, le mandas el mensaje de que lo que sea lo vas a aceptar (aunque sea ya una vez dentro de la fiesta). Cuando pones límites firmes y claros, sabe que lo estás cuidando y en el fondo se siente más seguro. Cuando pasan sobre tus límites, en el aspecto del alcohol y las otras drogas, el primer error que se comete es que eres muy radical o no les dices nada. Incluso hay mamás que hasta van al mercado por su pancita bien picosa y le preparan su suero con tehuacán en el vaso de su graduación, y papás que les gritan de tal manera que parece que la casa se convirtió en la santa Inquisición.

Los psicólogos sugieren que no es bueno ser radicales en estas situaciones, que es importante no dejarlas pasar, aplicar los límites, ser firmes y ser graduales con las siguientes faltas. Por ejemplo, si tu hijo o hija por primera vez llega borracho y tarde, lo primero que hay que hacer es tranquilizarte, no gritar y preguntarle: "¿Qué pasó? Cuéntame", siempre tratando de no atacar y generando *rapport* (estar en sintonía). Al hacer esto, tu adolescente se sentirá más comprometido contigo, porque lo estás tratando como adulto, aunque no se esté portando a la altura.

Después de escuchar, es muy importante aplicar la consecuencia de la situación (límite con amor), quizá reducir la hora de llegada la próxima vez. La siguiente ocasión que haga lo mismo, se sentirá mucho peor contigo y tendrás que subir el nivel de la consecuencia, quizá cancelar el permiso de la siguiente salida o las siguientes salidas (en plural). Y así sucesivamente.

¿Ves por qué es tan importante que estemos pendiente de nuestros hijos?, si no ni cuenta nos damos de todo esto.

Muchas veces, cuando te estás desesperando porque no te hace caso, le baja tantito, y como tú ya no quieres más peleas, aceptas esa "condición media" donde se porta "medio bien" y tú haces como que "medio lo castigas". La bronca es que en esta condición te puedes aventar ocho años así y nada más le estás patrocinando un viaje al alcoholismo o las adicciones, todo pagado y sin escalas (algunos chavos necesitan ocho años, otros sólo uno o dos, cada cuerpo es diferente).

La Dra. Nora Frías, Subsecretaria de Participación Ciudadana y Prevención del Delito del D. F., Benjamín Leyva, Coordinador de información del programa *Conduce sin alcohol* (implementado en México por el Dr. Manuel Mondragón y Kalb, Secretario de Seguridad Pública de la capital), cuentan que este programa (que por fortuna se ha replicado en muchos estados de la República Mexicana) ha logrado disminuir los accidentes entre 25 y 30%, resultado bastante bueno, pero que el enemigo más grande de este programa son los propios padres de los adolescentes, porque en lugar de dejar que sus hijos queden arrestados y entiendan que no deben manejar bajo los efectos del alcohol, muchos hacen hasta lo imposible para que sus hijos no duerman en el Torito y sus similares en el resto de la República. Aunque el amparo no los libre de regresar a terminar sus horas de arresto faltante.

Hasta en ese nivel los papás nos metemos para que nuestros hijos se salten los límites. Tenemos una oportunidad de oro para que ellos aprendan y no se vuelvan a poner en riesgo… y la desperdiciamos. La gente de la Secretaría de Seguridad Pública del D. F. me pide que le diga a los papás: "Por favor, ayúdenos, sólo queremos salvarle la vida a sus hijos."

Eso sí, los adolescentes le dan la vuelta a lo que sea. Desde el 2009, se dio de alta una cuenta en Twitter que se llama @AA_DF, en la cual los chavos se comparten las ubicaciones de los retenes del alcoholímetro para evitarlos.

Además, no te olvides que el cigarro también es una droga… Según la Dirección Ejecutiva de la ONUDD, hay 18 millones de fumadores activos, 3 millones de personas que abusan del alcohol y cerca de un millón adicto a otro tipo de sustancia.

Intervención

"Tengo que hacer algo para que mi hijo/a no se enganche."

Esta etapa es muy seria, porque es donde posiblemente nuestros hijos ya tienen problemas con el alcohol y con las drogas ilegales. Primero hay que estar seguros en qué etapa están.

Según el Times, en México, 27 millones de personas beben en grandes cantidades, de hecho, 4 millones de mexicanos son considerados clínicamente alcohólicos. En el consumo de sustancias existe el uso, el abuso y la dependencia. No es lo mismo tomar unas cubas de vez en cuando, a que una vez por semana a tu hijo o hija se le borre el cassette y no se acuerde de nada al otro día.

Si le encuentras un cigarro de marihuana, puede ser sólo uso y no dependencia a la marihuana. Sea lo que sea, es algo serio. La recomendación en este caso sería llevarlo a que le hagan una **evaluación preventiva,** donde te podrán decir en qué nivel está y le darán una plática o una terapia ambulatoria, donde (por más que lo niegue) le servirá para tener una idea de los riesgos de lo que está haciendo.

Estas evaluaciones se realizan en instituciones privadas y gubernamentales. Una vez que identificas que hay abuso o dependencia, no debes ponerte a pensar por qué sucedió, ni a lamentarte si lo hiciste bien o mal (no te lastimes, son muchos factores los que determinan las adicciones), y mucho menos a esperar que se resuelva solo, debes acudir de inmediato con un experto para recibir apoyo.

En este nivel, tu papel es ubicar la situación de tu hijo, no perder ni un segundo y pedir ayuda. Para poder tener una idea básica de los grados en los que puede estar tu hijo o hija, sigamos este semáforo.

Uso. Semáforo verde

Características: consumo responsable de alcohol y actitudes normales de la adolescencia.

Abuso. Semáforo amarillo

Características: abuso del alcohol y uso de cualquier droga no legal. Marihuana (mota, yerba, mostaza, toque). Cocaína (perico, pase, papel, crack, piedra, coca base). Anfetaminas (anfetas). Metanfetaminas (ice, cristal).

Tachas (mdma, éxtasis). LSD (ácidos, aceite). Hongos, peyote. Inhalantes (thinner, pinturas, algunos tipos de resistol, gasolina, cemento). Opio y heroína.

Según la ONUDD, somos el cuarto país a nivel mundial con mayor consumo de cocaína en estudiantes, sólo estamos superados por Guatemala, Estados Unidos y Chile.

Algunas características :

- Intolerancia ante la mención de un supuesto problema con la sustancia (siempre le sacan la vuelta cuando hablas de eso).
- Notas que sube considerablemente la cantidad y la frecuencia del consumo especialmente en el alcohol, que es el que más fácil puedes tener monitoreado. Un ejemplo podría ser que antes se emborrachaba de vez en cuando y ahora es una vez a la semana.
- Pérdida de control, se prende y enoja más por TODO, se pelea con su novia o novio, con sus amigos, con la mayoría de las personas.
- Baja importante en las calificaciones (este punto es muy confuso, porque también ocurre en la adolescencia sin adicciones).
- En común que estas evasiones de los chavos con las sustancias tengan que ver con problemáticas familiares, como desintegraciones y ambiente familiar malo. Buscan fugarse del ambiente que están viviendo en la casa.
- Utilizan la sustancia para socializar, desinhibirse porque les causa seguridad y pertenencia.

Dependencia. Semáforo rojo

No puede vivir sin la sustancia, en este nivel es completamente adicto.

Características: todas las características del semáforo amarillo, pero más agudas y constantes.

- Roban y piden prestado dinero a quien sea (incluyendo a sus padres) para poder seguir pagando la sustancia, porque ningún dinero les alcanza.
- Venden sus cosas ("vendo este reloj, al cabo que luego consigo o mi papá me compra otro") para poder tener dinero para su consumo.
- Problemas graves de estado de ánimo (desmotivados, apáticos, deprimidos).
- En el caso del alcohol, no quieren dejar de tomar, pueden quedarse hasta que cierren el antro con tal de no parar.
- En el caso de muchas drogas, quieren aislarse para poder darse sus pases

sin que nadie los moleste (a menos que estén con un grupo de amigos que hagan lo mismo).

- Sólo va a fiestas donde hay alcohol, sino qué flojera.
- Le urge que llegue el fin de semana o se arma su propio fin durante la semana.
- Debe muchas materias, abandona la escuela y busca opciones como la escuela abierta.
- Deja los deportes o actividades físicas.
- Se aísla de todos y de todo (especialmente con la marihuana), no sale de su cuarto.
- Se levanta muy tarde.

Como comentábamos, cuando llegan a este nivel, es inminente llevarlos con expertos en adicciones. Si se niegan a ir por su propio pie, por más intentos y estrategias que hayas hecho, es necesario hacer una intervención. Sé que este es un momento muy doloroso, pero debemos armarnos de valor y por el amor que le tenemos a nuestras hijas e hijos, hay que juntar fuerza de donde sea y hacerlo antes de que el dolor se convierta en algo mucho mayor.

La **intervención** es un proceso hecho por expertos en el tema, donde buscan que a través del amor, el chavo (o quien necesite la ayuda) rescate sus virtudes y obtenga la fortaleza necesaria para aceptar la ayuda. Cuando el chavo entra y escucha la información, generalmente niega todo, actúa a la defensiva y se pone muy agresivo. Con una serie de preguntas, enfrentamientos y compartimentos de los otros miembros de la familia, buscarán tocar su corazón y que ceda un poco. Este tipo de procesos son muy eficaces y funcionan para que la persona empiece un tratamiento, el cual puede aceptar o desechar.

En uno de mis programas de radio entrevisté a unos *dealers*
de drogas (nos tardamos más de un año en conseguirlos y para contactarlos fue un proceso de terceras personas para que nosotros no conociéramos su identidad, ni sus datos). Te comparto algunas partes que me parecen muy interesantes de la entrevista:

—¿Cuántos años tienen?

—Yo 18, y yo 19.

—¿No son muy chavos para dedicarse a esto?

—Para nada, uno de los más cabrones acaba de cumplir 17.

—¿Por qué se dedican a esto?

—Porque hay muy buena lana.

—¿Han tenido problemas de dinero en sus casas?

—Jajaja, para nada. El papá de ella es dueño de medio México, pero pues está chingón tener tu negocio.

—¿Qué venden?

—Lo que me pidas.

—¿Dónde?

—En donde sea, sobre todo donde haya chavos, pero también llevamos a domicilio, las 24 horas, bueno, más o menos, somos como el Oxxo, pero de la droga, jajaja.

—¿Venden mucho en los antros?

—Sí, pero se vende mucho más en las escuelas. Es más fácil ahí porque hay menos vigilancia. Sólo algunas escuelas son más cabronas, algunas les hacen antidoping a cada rato y en otras es más difícil vender; pero si tus clientes son tus amigos, pues no hay tanto pedo, tampoco pueden revisar cada cosa que le das a otra persona.

—Yo se que no me van a decir al 100%, pero ¿cómo consiguen clientes?

—Hay dos formas, los que ya están metidos llegan solitos, le preguntan a otro chavo que se nota que consume "¿quién vende?", y les dan nuestro teléfono. Y la otra son los clientes que tú vas haciendo.

—¿Las piden por teléfono?

—La mayoría de las veces sí, pero hay claves, nunca se dicen los nombres. Nos dicen, mándame dos playeras verdes o una blanca.

—¿Cómo hacen los clientes?

—Nos fijamos en las escuelas, en los antros, o donde haya chavos. Buscamos quienes son los más tímidos o callados, que no se vean muy seguros. Esos son los más fáciles, te haces su amigo o amiga y poco a poco le vas diciendo. Le dices que con eso estudias bien chingón y te aprendes todo, o le empiezas a presumir que te sientes padrísimo, que estás contentísima y cuando te preguntan ¿por qué?, les das a probar. Hay otros clientes que son más relajientos, y con esos la idea es meterte con el líder del grupo, si te metes con él, solito mete a los demás, luego lo invitas al negocio y ya estás.

—¿Todos caen?

—No. No todos, algunos desde que los vemos, sabemos que mejor no nos acercamos porque se nota que no les late, que no es su onda o que son muy sanos y pueden rajar. Pero también cuando te enteras que están bajoneados (tristes) por algo cabrón, o con muchas broncas en su casa, es buen momento.

Como ves, la situación está muy seria, porque muchas veces los *dealers* no son la gente rara que nos imaginamos, pueden ser sus propios amigos y ahí es donde se pone muy serio el asunto. Por eso insisto que es muy, pero muy importante, que toques este tema con tus hijos a menudo y que conozcas a sus amigos y los invites constantemente y estés cerca de ellos (sin exagerar), para prevenir a tus hijos de alguien que, con la mejor máscara puede llevar a tus hijos al peor problema.

Según la SEP, en México la venta y el consumo de drogas es más frecuente justo afuera de los planteles escolares. 12.8% de los profesores reporta la venta y consumo esporádico dentro del colegio. Existen algunos cuestionarios genéricos para identificar el alcoholismo y el problema con las drogas. En el caso del alcohol, es necesario que lo conteste directamente tu hija o tu hijo (difícilmente lo harán a conciencia en un principio), pero la Dra. Susana Mondragón, psicoterapeuta con especialidad en adicciones, afirma que esto funciona para despertar conciencia en ellos y que, aunque no contesten con la verdad, ellos se dan cuenta de que tienen un problema, lo cual abre la puerta para que más adelante pidan ayuda.

Si tu hijo está muy agresivo contigo con respecto a esto, es mejor no dárselo y actuar directamente con lo que te recomiendan los expertos.

Cuestionario para considerar si
tu adolescente es alcohólico

	Sí / No

1 ¿Has tratado alguna vez de dejar de tomar por una semana o más sin poder cumplir el plazo?

2 ¿Te fastidian los consejos de otras personas en cuanto a tu forma de tomar?

3 ¿Has cambiado un chupe por otro con el objeto de evitar emborracharte?

4 ¿Has tenido que tomarte algún trago al despertar en el último año?

5 ¿Te dan envidia los chavos o las chavas que toman sin meterse en broncas?

6 ¿Has tenido algún problema relacionado con el alcohol en el último año?

7 ¿Tu forma de tomar ha causado problemas en tu casa?

8 ¿Tratas de conseguir tragos extras en las fiestas o buscas las sobras de los vasos de los demás?

9 ¿Insistes en que puedes dejar de tomar cuando quieres, a pesar de que sigues emborrachándote cuando NO quieres?

10 ¿Has faltado a la escuela o a tu trabajo (en caso de tener) por el alcohol?

11 ¿Has tenido lagunas mentales? ¿Se te ha borrado el cassette?

12 ¿Has pensado que llevarías una mejor vida si no bebieras?

Mensaje para los adolescentes

Si respondiste que SÍ a cuatro o más preguntas, tienes una bronca muy fuerte con el alcohol. No te dé pena, algunos adolescentes lo tienen, lo importante es que aproveches este momento con la persona que te lo puso a leer (porque si se aventó un rollo así, es porque verdaderamente te ama), y pidas ayuda para salir de esto antes de que sea demasiado tarde (sé que esa frase te dolió horrible), pero es la verdad y tienes que actuar lo más rápido que puedas.

Cuestionario para considerar si tu hijo es adicto a las drogas

Este cuestionario genérico de drogas lo puedes contestar tú como padre. Es muy importante que estés muy alerta con las actitudes de tu hija o de tu hijo, para que tus respuestas sean objetivas y no las manipules. También es necesario que sepas que a veces es difícil ubicar la diferencia entre el comportamiento normal de los adolescentes y el comportamiento que causan las drogas.

Para que el cuestionario funcione tienes que considerar estos puntos y dar respuestas objetivas y reales, no sospechas o respuestas que no puedas comprobar. Contesta sólo SÍ o NO.

		Sí / No
1	¿Tu hijo parece ausente, deprimido, cansado y descuidado en su aspecto personal? ¿Ha dejado de frecuentar a sus amigos de siempre?	
2	¿Lo notas hostil y casi no quiere cooperar? ¿Se han deteriorado las relaciones de tu hijo con otros miembros de la familia? ¿Tiene actitudes agresivas cuando le reclamas algo?	
3	¿Ha bajado en la escuela? ¿Ha empeorado las calificaciones, o tiene problemas de asistencia? ¿Ha perdido interés por los pasatiempos, los deportes u otras actividades? ¿Han cambiado sus hábitos para comer o dormir?	
4	¿Últimamente usa desodorantes o perfumes para tapar algún olor ambiental? ¿Tiene las pupilas dilatadas? ¿Tiene los ojos rojos? ¿Tiene conversaciones telefónicas o encuentros con desconocidos? ¿En tu casa te has dado cuenta de que faltan objetos de valor? ¿Necesita dinero más que nunca? ¿Está más pálido de lo habitual?	
5	¿Has encontrado cajitas de cerillos agujereadas en el centro o el lomo del envase, o algún otro artefacto que pudiera servir para fumar la colilla de un cigarrillo sin filtro hasta el final sin quemarse?	
6	¿Has encontrado papel para hacer cigarrillos (en cajita o sueltos)?	
7	¿De un tiempo para acá tu hijo usa gotas para los ojos?	
8	¿Huele feo, incluyendo su ropa o sus sábanas?	
9	Tiene elementos que permitan cortar la droga, como hojas de afeitar, tarjetas duras o cuchillos?	
10	¿Tiene artefactos con los que pueda aspirar droga como plumas sin tapa ni tinta, tubitos, pajitas o billetes enrollados?	
11	Si tu hijo o hija se está inyectando, puede ser que encuentres cigarros de tabaco desarmados porque usan el filtro, jeringas y algún recipiente pequeño, como cucharas o tapitas de refresco que usan para preparar la droga.	
12	¿La nariz le sangra o gotea últimamente?	
13	¿Le cuesta trabajo hablar?	
14	¿Tiene marcas de piquetes de agujas en los brazos o en las piernas?	

Si contestaste que SÍ a cinco o más preguntas, hay una gran posibilidad de que tu hijo tenga un problema de drogas. En caso de que sea así, sé que es un dolor muy fuerte el que estás sintiendo en este momento. Personalmente también he tenido a alguien cercano y muy querido en una situación así y el dolor es tan grande que muchas veces no sabes cómo explicarlo, porque jamás habías sentido algo así. Te lastima cada vez que encuentras una señal que lo confirma, no puedes dejar de pensar en eso, te enojas con la vida, y literalmente quisieras despertar y que nada fuera real.

Prácticamente dejas de vivir, para vivir el problema de la otra persona. Tranquilízate, el problema es muy serio, pero tiene solución. El camino es duro y vas a tener que ser muy fuerte, pero lo importante es que estás a tiempo de ayudarlo.

Así que ¡¡adelante!! Conozco a muchísimos padres que han enfrentado esto y a muchos adolescentes que lo han logrado superar. De hecho, te quedarías impresionado de las pesadillas que han superado muchos jóvenes, cuando parecía que ya no había nada que hacer.

Puede ser que tu adolescente apenas esté empezando o que ya esté en un nivel muy avanzado. Sea el caso que sea, es importante que no pierdas ni un segundo más y busques ayuda de un profesional en adicciones. En este caso, el tiempo no sólo es oro… es vida.

No te culpes, nadie nos enseñó a ser papás y estoy seguro de que cada uno hemos tratado de hacer lo mejor. Dicen que los hijos escogen a sus padres antes de nacer y que buscan a alguien que les enseñe lo que vienen a aprender, y que tenga la fuerza para ayudarlos en sus problemas. Esa madre o ese padre eres tú. ¡Ánimo y mucha suerte!

Busca en la siguiente página o en internet centros de atención a adicciones y no pierdas ni un segundo más en pedir ayuda.

>Líneas de ayuda

Adicciones

MONTE FÉNIX
Av. Las flores 439 Col. San Ángel Inn, México. D.F.
Tél. (0155) 5681 3011 / 01800 007 7200.

CENTROS DE APOYO, OFICINA GENERAL DE SERVICIOS
DE GRUPO 24 HRS. AA
Tél. 0155 5761 5926 / 0155 5761 5628.

CLÍNICAS CLAIDER
Tél. (0155) 5682 4500.

GRUPO JOVENES 24 HORAS AA.
Calle Protasio Tagle 107, Col. San Miguel Chapultepec,
México. D.F.
Tél. (0155) 5761 5926 / (0155) 5761 5628
jovenesaa@jovenesaa.org.mx
www.jovenesaa.org.mx

CENTRO DE ATENCIÓN ESPECIALIZADO EN DROGODEPENDENCIA
Víctor Hugo 46 Int. 3 Col. Portales Ote. México, D.F.
TÉL. (0155) 5674 9112.

LA QUINTA SANTA MARÍA
Tél. 01779 7960 506.

CONSEJO NACIONAL CONTRA LAS ADICCIONES (CONADIC)
TÉL. 01800 911 2000.

CENTROS DE INTEGRACIÓN JUVENIL
Tél. (0155) 5212 1212
www.cij.gob.mx

OCEÁNICA
Porfirio Díaz 102 PH01 Col. Noche buena. México D.F. 03720
TÉL. (0155) 5615 3333 al 3002/ (0155) 5598 4115.

CLÍNICA LA ESPERANZA
Tél. 01477 77 26100 02.

HACIENDA DEL LAGO
Tél. 01800 713 7144.

FUNDACIÓN SAN JUAN
Tél. (0155) 5530 4615.

FISAC
Av. Ejército Nacional 579 6°PISO, COL. GRANADA, MÉX. D.F.
TÉL. (0155) 5545 6388/ (0155) 5545 7027
www.fisac.org.mx

CONSEJO NACIONAL CONTRA LAS ADICCIONES.
VIVE SIN DROGRAS.
TÉL. 01800 911 2000.
DROGADICTOS ANÓNIMOS
Av. Andrés Molina Enríquez 4356bis.
Col. Viaducto Piedad,
Méx. D.F. C .P.08200
TÉL. (0155) 5519 8037/(0155) 5530 4615
www.drogadictosanonimos.org
oficinacentral@drogadictosanonimos.org

7

En plena era de las comunicaciones, ¿o incomunicaciones con los padres?

> "Mamá, me tagearon en Face, me dieron más de 100 likes y obviamente también posteé la pic en mi Twitter para mis followers..."

¿¿¿¿¿Perdón????? Si no entendiste nada, no te preocupes (... por lo pronto), no es fácil ir a la misma velocidad que los chavos con la tecnología. Pero para poder relacionarte con ellos, tener temas en común, y sobre todo cuidarlos de los peligros de internet, es muy importante (me atrevería a decir obligatorio) conocer y manejar este tema.

Aunque muchos papás están metidísimos y entienden todo perfecto, otros están peor que estudiante de medicina en un despacho de contabilidad (o viceversa). Si es tu caso, tranquilo; todas estas tendencias son "amigables" (otra palabrita de este medio que significa "fáciles"), y con que te metas un ratito en esto, le vas a entender rapidísimo. Espero que no te claves tanto para que al rato no sean tus hijos los que te tengan que sacar a ti.

Los números:

- De acuerdo al reporte Social Media Statistics 2012, en promedio cada usuario de Facebook tiene 180 amigos y 80 páginas a las que les da LIKE. Esto representa un aproximado de 3.5 billones de piezas de contenido compartidas cada semana en esta red social.
- De los seis billones de personas que hay en el planeta, 4.8 billones tienen un celular, mientras que sólo 4.2 billones un cepillo de dientes.

- De acuerdo a un artículo de la publicación *Animal Político*, reportando el contenido de "Una radiografía del *social media* en México", 85% de los usuarios de internet se comunican por *social media*, lo cual representa 12 millones de personas en el país —la mayoría jóvenes—

y es tanta la credibilidad que tiene este medio en los chavos que sólo 14% cree en los anuncios publicitarios, mientras 78% en las recomendaciones de un contacto de Facebook.

Como ves, los números son impresionantes y cada vez lo serán más. Ante este avance de la tecnología que cada día tiene algo nuevo, los padres tenemos dos preocupaciones principales (hasta ahora):

¿Cómo controlar el internet y el texteo para que tus hijos no se claven, se aíslen y pierdan la convivencia familiar? (bueno, hasta la respiración).

¿Cómo protegerlos en este medio tan benéfico por un lado y tan peligroso por otro?

¿Cómo controlar el internet, Las redes sociales y los teléfonos?

Todos los padres de familia estamos preocupados por la cantidad de tiempo que nuestros hijos pasan en los dispositivos y porque cada vez que prenden su computadora, *tablet*, *laptop*, MP3 con internet o teléfono (*smart* o no tan *smart*)… los perdemos.

El problema de la mala comunicación con los adolescentes gracias a la tecnología y la queja de sus padres, es algo histórico y constante. Primero fue el radio, después la televisión (que, literal, no nos dejaba movernos de ahí), arrancaron los videojuegos (Nesa-pong, Atari, Intellevision y hasta las "chispas" de la esquina, etcétera), los walkman y los chavos nos hundíamos en la música y en nuestros audífonos, años después el internet, y con él, las redes sociales, los videochats, las Apps (aplicaciones), los teléfonos inteligentes y todo lo inventado y por inventar.

O sea, gracias a la tecnología, los adultos siempre han tenido una razón para discutir con sus hijos por falta de convivencia. Pero ahora nosotros adultos tampoco ayudamos nada, llegamos más tarde del trabajo, nuestros horarios son extendidos, tenemos dos (o más) chambas, la mayoría de las mamás trabajan, buscamos escuelas con horarios extendidos para que los cuiden más tiempo, y a eso súmale la tecnología en la que muchos papás también están bien clavados.

Pero eso sí, llegamos a las 9:30 pm, y queremos que nuestros hijos estén esperándonos para platicar… cosa que por supuesto no pasa. La falta de convivencia con los hijos es culpa de las dos partes, somos totalmente corresponsables. Pocas veces buscas llegar a chutar un balón con tu hijo, a sentarte a pintarte las uñas con tu hija y platicar, a jugar un juego de mesa y convivir en familia, o hasta a sentarte con ellos en Facebook y ver las fotos de sus amigos.

El Dr. Soto comenta que es momento de preguntarnos en realidad qué estamos haciendo nosotros por esa convivencia. Hace poco me fui con mis hijos de vacaciones, ellos juegan bastantes videojuegos y se meten a Internet. Me di cuenta de que en dos semanas que estuvimos juntos, no vi los famosos jueguitos, ni rastros de internet. ¡Se les olvidaron! Gracias a que tenían qué hacer y estábamos juntos. Cuando regresamos, llegué en la noche de trabajar y cuando vi a Santiago (mi hijo mayor) con el videojuego, me tomó por sorpresa y le pregunté: "¿Por qué estás con eso?" En ese momento pensé, lleva casi ocho horas desde que salió de la escuela, no ha salido, y yo estoy llegando a las diez de la noche.

Es lógico que tenemos que trabajar, generar ingresos y cargamos con muchas responsabilidades, pero también es obvio que si queremos convivencia familiar tenemos que generarla y ser parte de ella. Tenemos que optimizar nuestros momentos en la chamba y en nuestras actividades diarias para estar con ellos.

Límites tecnológicos

"¡Vivir sin mi iPhone, nunca!"

No podemos estar en contra de la tecnología, primero, porque a pesar de tener sus riesgos, tiene muchísimos beneficios. Hoy todo esto no sólo son herramientas útiles, sino indispensables. Ni tu hijo ni tú pueden dejar de estar conectados al mundo. Y segundo, porque es la realidad que viven tus hijos, es su entorno, su medio, su mundo.

Hace poco vi una caricatura que me gustó mucho, en la que aparecía un adolescente abrazado (prácticamente aferrado) a su computadora diciendo: "Yo amo mi *laptop*, porque aquí adentro están todos mis amigos." Y es cierto, si tú segregas a tu hijo de todo esto, lo metes en un problema con su sentido de pertenencia y le complicas la adaptación a su medio.

Ojo, no estoy diciendo que tengas que salir corriendo a comprarle el teléfono más nuevo a tu hijo porque se va a traumar y le va a dar smartphonítis. Sólo digo que es muy importante que sean parte de su medio… en la medida de tus posibilidades y manejando también las restricciones.

Expertos en límites, como el Dr. John Townsend y Bernabé Tierno, así como los autores del libro *Adolescents in The Internet Age*, Robert D. Strom y Paris Strom, señalan que el internet es una gran herramienta que deben utilizar los chavos a su favor, pero que al mismo tiempo, como padres, debemos de controlar.

Es muy importante no prohibirlo, sino más bien negociarlo, para poder optimizar los momentos de convivencia y no ver cómo tu hijo camina hacia un túnel de luz blanca con el logotipo de Facebook al final. Ponles a tus hijos límites que incluyan los siguientes puntos sobre el internet:

Aunque parezca imposible, no lo es. Si desde que les das una computadora, un celular o cualquier dispositivo con internet, le pones las condiciones antes y firmas un contrato más que de sangre (digital), ellos lo aceptarán, porque necesitan tu dispositivo (que lleva pila de larga duración y tus reglas incluidas).

¿Dónde?   **¿Para qué?**   **¿Cuándo?**   **¿Cuánto tiempo?**

El experto en tecnología, Javier Matuk, dice que las reglas en internet para los nuevos adolescentes son como los modales de la mesa; primero hay que repetir y repetir y poco a poco los irán haciendo ellos solos. Tenemos que irnos adaptando al mundo que están viviendo, pero al mismo tiempo tenemos que adaptarlos al mundo que queremos vivir como familia.

Es necesario, importante, conveniente, significativo… bueno, prácticamente **obligatorio**, que pongas límites de horarios y lugares donde se pueden usar los aparatos, si quieres convivencia familiar. Porque toda la tecnología es tan adictiva, que si no la limitas, es difícil controlarla.

Aunque cada familia es distinta y cada quien tiene diferentes reglas, la psicóloga Natalia Villanueva y el Dr. Federico Soto señalan algunos puntos importantes:

❶ **Lugares.** Es muy importante salvar la mayoría de los momentos de convivencia y regularlos. Por ejemplo, la hora de la comida o la cena (según sea el caso de cada casa). En esos momentos es necesario prohibir los celulares (esto nos incluye a nosotros también, ya que sino, no hay congruencia y la regla va a durar de 15 a 20…. minutos). Con la vida tan atareada que llevamos todos, hoy en día es muy difícil tener estos momentos, pero sí puedes poner por lo menos algunos días a la semana y cumplirlos.

Otro momento es cuando recoges a los niños de la escuela, o los llevas a algún lugar cercano, como clases o recorridos en la ciudad. Son de los pocos momentos de convivencia que realmente tienen, ya que es donde pueden platicar.

Al principio cuesta trabajo, porque estamos tan acostumbrados a los celulares (ese "estamos" nos incluye a nosotros también), que muchas veces al no tenerlos, no sabemos de qué platicar, pero poco a poco se va dando la conversación y hasta te vas a sorprender. En los recorridos largos como carreteras, viajes, etcétera, la historia cambia y los podemos utilizar para que se distraigan (si pensaste un "Gracias a Dios"… es válido).

2 **Tiempo.** Lo ideal es que determinen de qué hora a qué hora pueden usar su computadora. Por ejemplo, una hora para la escuela y otra para diversión (esto puede tener muchas variables, de acuerdo a la cantidad de trabajo que les pida su escuela), pero de cualquier manera los ayudas a que la terminen más rápido y a que convivan más.

Si no tienes computadora en la casa, el tiempo será en un café internet, o donde se la presten. Si tienes una sola computadora en casa, es más sencillo controlarlo. Pero esto cada vez se complica más al tener *laptops* y celulares o dispositivos que se conectan a internet, porque en ese momento se convierten en conexiones al mundo y desconexiones a su familia.

En estos casos se recomienda pedirles que saquen sus laptops de los cuartos cuando terminen sus tiempos (sé que suena imposible, pero funciona) y, sobre todo, que tengan otras actividades, porque controlar los celulares es prácticamente imposible.

Aunque al principio tus hijos se quejen, terminarán acostumbrándose y si encuentran alguna actividad que les interese, aprenderán a vivir con ese tiempo de internet o por lo menos con menos del que lo hacen. La forma de controlar los celulares es con los planes de internet que les hayas contratado (los estados de cuenta deben llegarte directo a ti). No les contrates planes ilimitados (ahí no perdiste la batalla, perdiste la guerra). Busca un plan adecuado para ellos y adquiere ese.

Aunque pueden tener acceso a internet en los Hotspots, lugares con Wi-Fi (conexión inalámbrica gratuita), cuando no estén en estos lugares, tienen que cuidar y administrar el tiempo que se meten a internet. Si tu hijo o hija decide subir este mes su plan con el dinero que les das semanal (domingo / mesada / raya / o con el dinero que le trajo el ratón hace siete años), dale chance de hacerlo. En algún momento, ese dinero le hará falta para sus salidas, entretenimiento o "detallitos" con los novios y tendrán que dejar de pagar el internet (por este tipo de situaciones es importante no darles más dinero del necesario, ya que sólo logras perder el control).

Si en algún momento castigas a tu hijo restringiéndole el celular por el uso de internet, pero al mismo tiempo no puedes dejar de rastrearlo (todo padre debe ser un GPS con patas). Puedes tener un celular muy sencillo y sin internet (de tarjetas) como comodín y darle ese mientras se cumple la condena.

Finalmente, la tecnología nos está rebasando todo el tiempo y en cualquier momento podrán tener acceso a internet gratis en todos lados y muchas cosas más que nos harán los límites más difíciles. Mientras tanto, la herramienta más poderosa que tienes para el internet es la educación que le des a tus hijos con respecto a esto.

❸ Actividades. En nuestra adolescencia, podíamos salir de nuestras casas. Ahora, con la inseguridad que se vive en México, esto es casi imposible. Por lo tanto, es muy importante ayudarlos con esto, ya que en realidad se quedan muchísimo tiempo en las casas y el primer distractor que tienen es internet.

Por eso es esencial procurarles actividades como clases de deportes, bicicleta, patineta, dibujo, lectura, coleccionar o armar algo, partidos, arte, clases extracurriculares (hay muchas gratuitas), en fin, todo lo que puedas, porque es mucho el tiempo que pasan en la casa y se aburren.

Poner horarios al uso de la computadora no es cosa fácil, por eso es esencial hacer tu red con los papás de sus amigos y ponerse de acuerdo, ya que si varios están en el mismo canal, es mucho más fácil que lo entiendan tus hijos. Además no te perseguirá esa culpa con la que viven muchos papás de adolescentes, por la frase favorita de los chavos: "A todos los demás sí los dejan."

En fin, en el asunto de los adolescentes y, especialmente, en internet, es vital negociar, ser flexible y estar actualizados. Puedes poner bases, pero debes también, ceder y hacer concesiones especiales de vez en cuando. De esta manera lograrás convivir con tus hijos y no tendrás el internet como un problema, sino como un premio y un arma de negociación.

¿Cómo proteger a tus hijos de internet y el texteo en los celulares?

"¿Qué tanto escribirá en su celular? ¡No quiere ni comer!"

- Cerca de la mitad de los usuarios adolescentes de internet han tenido algún tipo de acoso en la red (Cyberbullying Research Center).
- 37% de los adolescentes admiten que han usado las redes sociales para insultar y acosar (TheExaminer.com).
- 50% de los delitos cibernéticos que se cometen en México están relacionados con pornografía infantil (CNDH).
- 43% de los chavos usan su celular para insultar a otros (LG Mobile Phones).
- 71% de los adolescentes reciben mensajes de extraños en la red (American National Center for Missing and Exploited Children).
- En México, dos de cada diez estudiantes graban videos en situaciones comprometedoras (Administración Federal de Servicio Educativos).
- Sexting es el fenómeno popular entre adolescentes de 12 a 16 años, y casi es completamente protagonizado por las mujeres. El 90% de las personas que se autograban desnudas o en poses eróticas son mujeres (ASI/Organización Civil Mexicana).

- Al 51% de los adolescentes les han pedido su información personal en la red. (McAfee Inc.).

Alarmante, ¿no?

¿Cómo se pueden traducir estos números en casos reales con respecto a tus hijos?

- A tu hijo lo molestan en la escuela, le pegan y lo degradan cuatro de sus compañeros. Los mismos chavos que lo molestan lo graban en un celular y lo suben inmediatamente a YouTube. Para las cinco de la tarde, ya lo vio toda la escuela y muchas otras también. Las personas que lo ven hacen comentarios como: "Ese tipo es un imbécil", "Parece nena", etcétera, y tu hijo cae en una depresión seria. Difícilmente te platicará qué le pasa.

- Tu hija de 17 años se tomó unas fotos desnuda con su novio (se quedó tranquila porque fue con su teléfono). Cuando tronaron, el novio se quedó tan ardido que pasó la foto del celular a su computadora y la subió a Facebook. Ahora todos en su grupo de amigos la vieron.
- Tu hijo se enamoró de una chava que en realidad es un señor de 55 años, el cual tiene los datos de tu hijo y la información necesaria para extorsionarlo.
- Alguno de tus adolescentes tiene la autoestima baja. Un sitio de internet lo engancha enrolándolo en una red de bulimia y anorexia, pederastia (abuso sexual infantil), apuestas o venta de drogas (y lamentablemente muchos etcéteras).
- Tu hijo empieza a hacer uso de aplicaciones como **I-Doser** donde se reproducen sonidos con pulsos binaurales que hacen que alcance sensaciones semejantes a las que producen las drogas y decide probarlas para comparar la sensación (esta aplicación ha sido una de las más descargadas, a pesar de que está comprobado científicamente que NO produce un estado alterado de la conciencia como las drogas, pero trabaja con autosugestión y algunos otros elementos).
- A tu hija se le ocurre hacer comentarios racistas o degradantes a alguien en Twitter sin darse cuenta de lo que está haciendo y se mete en un problema gigantesco.

- Una amiga de tu hija de 12 años le pide que le mande una foto desnuda, mientras están jugando y "alguien" la intercepta en la red y la sube a un sitio de pornografía infantil. Tu hija es ahora parte de esa página.

No se trata de asustarte, ni que creas que todos los chavos que entran en la red caen en estos problemas. En cambio, sí es fundamental que tus hijos sepan las reglas esenciales para cuidarse, y que tú estés al pendiente, porque al final son adolescentes y no tan fácil identifican cuándo hay algo peligroso.

La especialista Shawn Marie Edgington, autora de uno de los libros más actualizados en estos temas titulado *Texting, Facebook and Social Media*, comenta que hay muchos problemas en la red y en los celulares como el *cyberbullying* (*bullying* mediante internet), los depredadores sexuales, el acoso, las ofensas sexuales vía mensajes de texto, y la falta de moral.

Aunque este tipo de personas nocivas siempre han existido, nunca habían tenido un acceso tan directo a los jóvenes como lo tienen ahora. Sin embargo, es muy importante que ubiquemos que la tecnología para los chavos es su "todo" y que aunque cuidarlos en la red no es fácil, si te involucras en esto, eres proactivo y entiendes la vida y el mundo de tu hijo en internet, no será tan difícil como crees cuidarlo.

¿Qué hacemos? A los niños chicos es más fácil cuidarlos, porque puedes buscar el *control parental* en sus dispositivos (computadoras, *laptops*, *tablets*, etcétera) y regularles cosas como: qué tipo de sitios pueden visitar, de quién pueden recibir mensajes, cancelar cualquier imagen relacionada con sexo, limitar las clasificaciones de películas que pueden ver en línea y la mayoría de las cosas que te puedan preocupar.

Muchos celulares ya tienen controles parentales que puedes activar, o bien, puedes pedirles en la compañía telefónica que te lo den con ciertos candados que sean inamovibles. El asunto es que cuando los niños crecen, todo esto se hace más difícil, por dos razones principales.

La primera es que un adolescente tiene las herramientas para inhabilitar cualquiera de estos controles o programas. Y la segunda, porque cada celular es una conexión a la red y por más que el suyo tenga candados, tiene el de sus amigos o amigas, para usarlo.

El experto en tecnología, Javier Matuk, de Matuk.com me dice: "Los chavos ya nos dieron la vuelta, son unos genios, no hay una herramienta que no puedan eliminar, por más complicada que sea."

Entonces ¿qué podemos hacer para cuidarlos?

Todos los expertos de este tema coinciden con una sola forma de hacerlo. Los chavos tienen que darnos su *password* (la clave) de todas sus cuentas, y tienes que entrar a revisarlas periódicamente... Hasta miedo te dio, ¿no?

Aunque suena dificilísimo, no lo es. Además es la única forma que tenemos de saber en qué están metidos. Ahora, no es lo mismo espiar sus cuentas que pedírselas. Kathryn Rose, autora del libro *The Parent's Guide to Facebook*, dice que si tu hijo o hija te sorprende husmeando (digitalmente, pero al fin y al cabo husmeando) en su cuenta, pierdes su confianza al cien por ciento. Por eso es esencial hablar con ellos antes y pedirles las claves.

Con muchos chavos es fácil, porque les pones las reglas en el primer momento que quieren abrir una cuenta o tener un *smartphone*.

—Mamá, papá, ¿puedo tener Twitter, me puedes comprar un celular con Internet?

—Con mucho gusto, pero necesito explicarte los riesgos para que tengas cuidado y tus claves para poder estar pendiente, esas son las reglas.

(No, pues así... sí.)

Cuando un adolescente ya tiene historial digital (como tipo historial crediticio, pero sin buró de crédito), y no sabes cómo hablar de esto, es importantísimo que les expliques todos los riesgos y las cosas a las que está expuesto en la red, razón por la que necesitas estar monitoreando sus cuentas de Facebook, Twitter, YouTube, su celular y lo próximo que se invente. Pero lo más importante de todo es: cumplirlo.

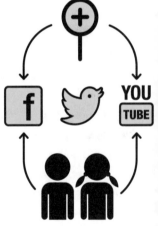

Se trata de monitorearlo, no de chismear su vida. Sabemos perfectamente lo que estamos buscando, así que no hace falta detenernos a leer más de lo necesario. Porque en ese caso será incomodo para tu hija o hijo y también para ti.

Para poder hacer esto tienes que estar relacionado con las páginas y con la redes sociales (por eso te decía que tienes que ser totalmente proactivo en esto), así que en caso de que no la tengas, abre tu cuenta de Facebook, Twitter, etcétera, y aprende a usarlo.

El mejor maestro será tu propio hijo, y eso los acercará y te dará un punto de convivencia y de partida. Claro que tu hijo puede hacerse otras cuentas de correo que tú no sepas, pero de entrada en Facebook es difícil, porque todo tiene que ver con las fotos y no le interesará tener otras cuentas. Aunque en otras plataformas sí lo pueda hacer, sabrá que en una gran parte de su mundo digital, estás pendiente y si le explicas bien por qué lo haces, ellos son MUY inteligentes y si saben que hay riesgos lo entenderán.

Otra arma que tienes para esto es que muchos papás que se están informando lo están haciendo; así que tu angelito pintado de adolescente no será el único chavo o chava que esté viviendo esto (insisto mucho en la red de padres de sus amigos).

Cuando tu hija o hijo saben que revisas constantemente sus cuentas, cuidan más todo lo que hacen en la red, lo que dicen y lo que buscan, y aunque lo puedan hacer con la computadora de algún amigo, se limitan y se concientizan mucho.

⚠️ Tip de experto

Como medida extra de protección, puedes habilitar alarmas con el nombre de tu adolescente en Google (opciones/alerta). Esto significa que cuando cualquier persona mencione el nombre de tu hijo o hija, o suba un video o foto de él o ella (a excepción de Facebook), Google te envía una alerta para que puedas ver lo que están comentando de ella. También es muy importante que le expliques a tus hijos las medidas básicas de seguridad.

Medidas básicas de seguridad en internet para tus hijos

- Jamás activar su GPS de localización en sus dispositivos, ni decir dónde están, ni dónde estarán (por obvias razones).
- Nunca llenen cuestionarios o ningún tipo de formas de inscripción en donde den sus datos personales como dirección, teléfono, escuela, ciudad, horarios. Con sólo dar tu teléfono es muy fácil encontrar su dirección y llegar a tu casa.
- Siempre usen un Nick (apodo) neutro en la red.
- Que cuiden todo lo que pongan en las redes sociales especialmente en las que son públicas como Twitter, porque todo será usado en su contra y quedará siempre en la red.
- Nunca encontrarse con alguien que conocieron en la red y mucho menos solos.
- Recuérdales que algunos de los "amigos" de Facebook, chats, social cam, y el resto de las redes sociales, tal vez no sean chavos, sino más bien adultos con muy malas intenciones. En el anonimato, cualquiera puede poner una foto de una chava inocente o sexy y ser un adulto inmundo y pederasta de 50.
- Muchos *hackers* mandan *requests* o invitaciones de supuestas redes sociales, solicitando que te metas a cierto link para cambiar sus datos y su clave, que tengan cuidado.
- Cuidado con los mensajes como: "Nos vamos de vacaciones con mis papás de tal a tal día." (Recuérdale que nunca sabe quién lo sigue en su red o quién está pendiente de lo que hace, escribe, envía o ¡hasta de si su casa está sola!
- Que no acepte "Amigos" de Facebook que no conoce y que ponga todas las restricciones posibles.
- Que tenga mucho cuidado con las fotos que sube o que se toma, porque en cualquier momento lo taggean (le ponen su nombre y lo suben en la cuenta de otra persona) y ésto le puede causar problemas con su reputación, su imagen en la red o hasta con su novia o novio.
- Que no manden fotos en donde se pueda averiguar dónde viven o su nivel socioeconómico. Es muy importante que sepan que muchos secuestradores buscan a sus víctimas en la red.
- Que nunca le den a nadie (a excepción tuya) su password, la que es su amiga o novio, puede ser su ex amiga o ex novio mañana.
- Que nunca dejen abiertas sus sesiones en la escuela o con sus amigas, cuando menos se imaginan se meten y publican algo que no quieren y que no dijeron.

- Que cuando ya no usen cuentas, no las dejen volando en el ciberespacio, es necesario darlas de baja. Hay quien las busca y hace mal uso de ellas. (Aunque las redes sociales tienen medio escondida esa función porque no quieren tener menos personas, todas tienen la opción).
- Que nunca manden fotos suyas en ropa interior o semidesnudo como para jugar con sus amigas, hay sitios que interceptan estas fotos y las suben a páginas pornográficas.

La escuela y las malas (o pésimas) calificaciones

"Reprobó todo el salón, además el maestro 'me odia'."

A veces te acuerdas cuando tus hijos eran chiquitos, cuando te acuerdas los querías comer de la ternura, y ahora cuando son adolescentes piensas… ¿por qué no me los comí?

La realidad es que son tantos los cambios que están viviendo los adolescentes que sería imposible pensar que estos no repercuten también en la escuela, donde más que su segunda casa, para muchos es la primera.

Lo primero que debemos saber es que es normal que los adolescentes tengan una baja importante de calificaciones en los últimos años de primaria y en la secundaria. Si tu hija o hijo está en prepa, y le sigue yendo mal, no entres en pánico, hay que averiguar si esto es una consecuencia del mismo cambio, así que como dicen las maestras: "Tranquilos… no grito, no corro y no empujo." Mejor vamos a poner manos a la obra (o más bien, al estudiante) para mejorar esta situación.

¿Por qué pasa esto?
Hay muchos factores que se unen para que esto suceda.

1. Las exigencias académicas que tienen nuestros hijos son muchos más grandes que las que teníamos nosotros. Las escuelas y los sistemas de estudio cada vez son más especializados y preparan a los adolescentes

de una manera más integral, para una competencia mucho más fuerte. Al mismo tiempo, los chavos están pasando de la primaria, donde tienen un solo maestro y un trato más personalizado (y a veces hasta consentido) a la secundaria, donde son diferentes maestros, materias y el grado de dificultad aumenta. Aquí viene la cereza del pastel: todo esto pasa al mismo tiempo que el mundo interior de tu hijo está en remodelación y esto complica mucho más lo ya de por sí complicado.

2 Muchos adolescentes no quieren ser el estudioso (nerd, teto, cerebrito) del salón, ya que ser "el matado" no es la mejor tarjeta de presentación, para la famosa y lamentable "popularidad" que todos buscan (si un adolescente dice que no le interesa la popularidad, en realidad se quiere hacer "popular" como el supuesto único desinteresado).

3 Cuando tus hijos te dicen que están muy cansados, es real. Así como cuando los bebés se están desarrollando, el adolescente también está en una etapa de crecimiento y su cuerpo busca comer y dormir (aquí la naturaleza debería aumentar y mensajear en su celular). Esta situación de cansancio físico no nos ayuda con las tareas y los exámenes.

Además de esto, el Dr. Juan Pablo Arredondo comenta que la mayoría no duerme bien por estar con la música, los videojuegos, o en las redes sociales, por lo que al otro día, les cuesta mucho trabajo entender las clases.

¿Has visto a tus hijos escondidos debajo de las sábanas con todo un kit de comunicación (celular y laptop) una hora y media después de que "supuestamente" ya están dormidos?

4 Como padres tenemos muchas expectativas de lo que queremos que nuestros hijos sean (inclusive de lo que nos hubiera gustado ser a nosotros y que nunca lo logramos). Esto hace que algunas veces los presionemos de más.

5 Normalmente comparamos mucho a los hermanos y se nos olvida que cada hijo es distinto y que no tienen las mismas características ni cualidades. Por más que quisiéramos que los demás fueran tan aplicados como el hijo estrella (y no estrellados), cada uno tiene aptitudes para diferentes cosas y es muy importante evitar la creencia de que "pueden" hacer lo mismo. Cada uno tiene cosas que hacen muy bien y otras que se les complican.

6 Existen también muchos distractores emocionales. En esta etapa es muy importante para ellos ser aceptados por los demás. Su peor pesadilla es pertenecer a los "recha" (léase "los rechazados", en idioma adolescente). Por lo tanto, utilizan una gran parte de su tiempo en estar pendientes de todo lo que pasa con sus amigas y amigos, novias o novios, *frees* (amigos con derechos, pero sin obligaciones) y con todos aquellos que les gustan, les gustaban o les gustarán. Esto por supuesto juega en nuestra contra porque les quita mucho tiempo y concentración de la escuela.

—Deja ya el teléfono y ponte a estudiar que mañana tienes examen.

—Ya voy, mamá, sólo déjame ponerme de acuerdo con Marisa y con Tania, es súper importante.

—También el examen, ¡ya cuelga!

—(Al teléfono) Entonces, ¿qué te vas a poner?... Es el último día que los vamos a ver, porque mañana se regresan, ehhhh, nos tenemos que ver guapísimas… ¿Ubicas mi falda rosa?

7 Algo que es muy importante es que la mayoría de los adolescentes no tienen, ni han aprendido, una estructura para poder vivir con la cantidad de trabajo y estudio que van a tener en esta etapa. Es aquí donde (por más que nos duela) tenemos que llegar cual superhéroe a punto de destrucción del mundo… al rescate.

¿Qué hacer?

"¡Parece que ya no le importa la escuela!"

El Dr. John Townsend, quien ha tratado mucho el tema de los límites y las complicaciones de los adolescentes en la escuela sostiene que hay varios puntos que son muy importantes:

- Si tus hijos no sólo han bajado las calificaciones o reprobado algunas materias, sino que han reprobado prácticamente todas y su boleta más que tener algunas manchas rojas, parece tarjeta navideña, es muy importante identificar que no haya algún problema físico o emocional.

  Los problemas emocionales tienen que ver con la depresión, los trastornos alimentarios, conductas autodestructivas, etc. Ver capítulo "Necesito ayuda" y es necesario buscar un especialista y empezar a trabajar inmediatamente.

Los físicos pueden ser situaciones como el Trastorno por Déficit de Atención (TDA) o Trastorno por Déficit de Atención con Hiperactividad (TDA-H), los cuales complican la situación de la escuela. Lo ideal sería identificar estos trastornos cuando los niños son más chicos (preescolar o primaria), pero muchas veces los chavos encuentran la forma de ir pasando "por abajito del agua" esta etapa y, como padres, no nos damos cuenta de esta situación, hasta que el asunto de la "estudiada" se pone más difícil.

En este caso, es importante hacerles un estudio psicopedagógico completo para saber si tienen alguno de estos problemas, y en el caso de que así sea, saber cómo trabajar con ellos.

Después de descartar que los problemas de tu hijo modelo son por problemas emocionales o físicos, es importante involucrarse con el problema dejando claro lo que esperas de ellos y las consecuencias que aplicarías.

Motivación

Es importantísimo saber lo que motiva a tu adolescente a la hora del estudio. Algunos no tienen mucho (o nada) de problema con la escuela, porque simplemente se interesan por el estudio, y por lo mismo se concentran y trabajan más. Otros chavos en esta etapa piensan en el éxito porque así es su personalidad (si tu hijo no lo hace ahora, no significa que no lo haga después), otros pueden ver la importancia de estos años para la universidad y su vida laboral, en fin… Este tipo de adolescentes pueden unir el presente y el futuro y, difícilmente, tendrán problemas en esta etapa.

La mayoría de los chavos no pueden hacer esto a esta edad, y su preocupación principal es… ¿qué va a hacer este fin de semana?, por lo tanto estos chavos necesitan mucha más ayuda. Aquí es donde entras tú, ya que puedes aplicar tu ayuda, recompensas y consecuencias.

Los adolescentes difícilmente están pensando en cómo van a estar sus boletas al final del mes, mucho menos en los exámenes semestrales y mucho, mucho menos en si van a pasar el año o no. Otros no sólo no piensan en el futuro, sino que piensan en el pasado, y si tú no terminaste tus estudios o algún día le platicaste que tampoco te iba muy bien en la escuela, te dirán cosas como: "¡Ayyy, ya bájale mamá / papá, si tú no terminaste ni la prepa! ¡¡¡Eras flojísima (o)!!!"

En ese momento, se te nubla la vista, empiezas a sudar frío y no sabes qué hacer, y mucho menos qué contestar.

La realidad es que te dicen esto como defensa y no van a entender lo que les contestes porque, como decíamos, no pueden conectar el futuro, por lo tanto lo único que puedes hacer para ayudarlos es lo siguiente:

Primero, encontrar tiempo (aunque sea lo último que te sobre) y echarte un clavado con ellos para ayudarlos. Sé que suena difícil y cansado, y que, de seguro, estás pensando, "Pero yo ya hice la secundaria, ni de broma quiero repetirla", pero es la forma para poderlos sacar adelante. Además no te asustes, se trata de ayudarlos y supervisarlos, no de hacerles el trabajo.

Es importantísimo ayudarles a tener estructuras diarias para echarles la mano a concentrarse en las tareas, así como monitorear el tiempo que estudian y por supuesto las calificaciones.

Entre menos capaz sea tu hijo, más estructura y ayuda necesita para poder sacar adelante esta etapa. Una vez que la haya entendido y adoptado, la podrá hacer él mismo. Para ayudarle con este punto, puedes hacer lo siguiente:

- Monitorea cada materia y entérate de cómo va en los exámenes y calificaciones.
- De vez en cuando busca que estudie en grupo, aunque por momentos echan relajo, llega un momento en el que se ayudan mucho y aprenden las técnicas de estudio de los otros.
- Aprovecha los exámenes reprobados, para saber en qué anda mal y qué tiene que estudiar. Recuerda que todo eso va a venir en las pruebas finales.
- Busca un maestro privado o clases de regularización (esto ayuda mucho especialmente si trabajas todo el día; sin embargo, debes estar al tanto en todo momento de cómo va todo).
- Habla con sus maestros y pídeles ayuda y orientación sobre cómo va tu hijo (aunque en esta época a tu hijo le reviente que vayas a hablar con el maestro (a), ayuda muchísimo y en las escuelas les urgen y agradecen a los padres involucrados).
- Checa regularmente sus cuadernos para saber si está tomando notas o no y cómo lo está haciendo. El inicio de las reprobadas arranca muchas veces en los cuadernos.

- Busca un sistema para saber qué tareas y trabajos hay diariamente, como por ejemplo pedirle al maestro que mande un correo diario sobre las tareas, que el maestro firme las tareas, etcétera.
- Pregúntale a tu hijo o hija qué método de estudio le funciona (estudiar con o sin música, que tú le preguntes, hacer un resumen escrito, etcétera), y ayúdalo a ponerlo en práctica.

> ### ⚠ Tip de experto
>
> Uno de los peores errores que cometemos los adultos es decirles a los adolescentes: "Quiero que te vaya mucho mejor en la escuela", y luego dejarlos a la deriva y desentendernos. El chavo no tiene la estructura, ni el hábito, y si no lo ayudas a tenerla y a monitorearla, no lo va lograr solo.

Expectativas, consecuencias... y recompensas

"¡Tienes que echarle muchas ganas a tus estudios!"

Algo de lo más importante es establecer las expectativas de logros y calificaciones, para que el chavo sepa qué es lo que se espera de él, porque si no, te arriesgas a que te pase lo siguiente:

—Necesito que mejores tus calificaciones.

—Ok, papá.

(Un mes después)

—¿Qué pasó? Sacaste 4, ¿no te dije que tenías que mejorar?

—Sí, papá, sí mejoré, la vez pasada saqué 2... yo mejoré.

Por ejemplo, puedes hacérselo ver como un semáforo (o como a ti se te ocurra):

Rojo (inaceptable): reprobadas, y ocasiona consecuencias.

Amarillo (aceptable): calificaciones aprobadas y no hay ni premios, ni consecuencias.

Verde (excelente): calificaciones muy buenas que requieren de un esfuerzo extra de tus hijos y dan como resultado un premio para motivarlos.

Después es muy importante determinar cuáles van a ser las recompensas y las consecuencias.

Las recompensas pueden ser privilegios, como más tiempo con los amigos, permisos para las salidas a las fiestas, viajes de fin de semana, el tratamiento de belleza que tanto quería, o hasta la compra de alguna cosa material que lleva mucho tiempo deseando. Recuerda que cada adolescente es distinto y debes identificar muy bien lo que le interesa a cada uno.

Las consecuencias son la pérdida de privilegios, como las salidas y los permisos, uso de la computadora, el celular, las salidas con la novia o novio, el permiso para ensayar con la nueva banda que está formando, lo que más le interesa a tu hija o hijo.

Después de decidir sobre esto, es muy importante dejarlo todo por escrito y poner esta lista en algún lugar que esté a la vista, como la sala de tele, el refrigerador, etcétera. Esto te ayudará a que la vea todos los días, la recuerde y a que cuando lleguen las calificaciones (que a veces nos dan más miedo que el estado de cuenta de la tarjeta de crédito), no haya tanta discusión por la consecuencia, ya que todo está por escrito (ahora sí que papelito habla, porque yo paso).

El Dr. Juan Pablo Arredondo dice que es muy importante que verifiques todo el tiempo a tu adolescente. Por mejores intenciones que los chavos tengan, tienen todos los factores que platicábamos en su contra, y es muy fácil que aflojen. Por eso hay que estar supervisándolos todo el tiempo. La supervisión y tu seguimiento de lo que está pasando serán la llave más importante para que las cosas mejoren.

Establecer una rutina diaria

Con base en los horarios que tiene tu hijo o hija, organízale un plan de trabajo diario. Por ejemplo, si normalmente llega de la escuela y se pone a hacer todo, menos la tarea y estudiar (y cuando decide hacerlo ya está más dormido que las momias de Guanajuato), tienes que intercambiarle los horarios para que llegue, descanse un rato y después se ponga a estudiar.

Puedes no permitirle usar redes sociales, computadora, videojuegos o teléfono hasta que acabe de hacer la tarea. Esto funciona muy bien (pero tienes que ser firme), una vez que vea que en verdad le cumples, intentará concentrarse para acabar más rápido.

En caso de que el fin de semana haya tarea o tenga un examen el lunes, también es necesario tener una rutina de fin de semana, para sacar esto adelante. Si tiene clases extraescolares en la tarde, tendrás que evaluar cuáles puedes dejar y qué horarios pueden tomar para que no afecte el estudio.

En fin, el asunto es hacer un programa diario que tus hijos ya conozcan y que tú supervises.

⚠ Tip de experto

Entre más estructura necesite tu adolescente, más tiempo tendrás que invertir en él. En caso de que para ti sea verdaderamente imposible por tu trabajo, puedes acudir a grupos de estudio, o hasta a algún adulto o familiar de tu confianza para que te ayude con esta tarea (tienes que saber que le estás pidiendo un "favorzote").

Conseguir que tu adolescente mejore en la escuela es un trabajo constante, que requiere esfuerzo de su parte, supervisión diaria y trabajo en equipo. Es como los resultados de una empresa: tienes que trabajar y vender todos los días para conseguir las metas, juntar las metas diarias para checar los balances semanales y reunir todos los semanales para lograr al final del mes llegar a los presupuestos establecidos.

Tu trabajo principal es crear una rutina, supervisar, darles los elementos necesarios para que la cumplan, verificar los resultados, recompensar o aplicar consecuencias firmes y seguir haciendo todo esto hasta que ellos se acostumbren y aprendan a hacerlo por sí solos. (¿Ahora entiendes por qué la mayoría de los padres lloran de emoción cuando sus hijos se gradúan?)

Así que ¡a echarle todas las ganas para sacar esto adelante!, los chavos son muy inteligentes y si los ayudas y les das los elementos necesarios, te vas a sorprender de lo que pueden lograr.

En caso de que hayas hecho todo esto a consciencia por un tiempo importante y no hayas logrado mejorar, es importante que consultes a un especialista, para que te pueda ayudar.

8

La dura realidad de la separación (y sus derivados)

"Es tu culpa… tú fuiste la que corrió a mi papá….. ¡¡¡¡te odio!!!!"

Si estás divorciada, separado, con firma, sin firma, con o sin pensión alimenticia, con convenio, sin el menor rastro de adónde se fue (y sin recibir, ya olvídate de dinero… ni un *mail*). Si estás viviendo en tu casa que se quedó muy sola, vendiéndola, en un hotel, en un departamento a dos cuadras de tu trabajo, en un cuartito, en unas *suites*, en la casa de un amigo, en la de tus papás (sentiste un *shock* cuando dormiste otra vez en tu cuarto), o hasta en otro estado o país… es definitivo que estás sufriendo y que las cosas no están bien.

Por si el dolor personal que se puede sentir no fuera poco, ahora hay que sumarle (y hasta multiplicarle) la situación de tus hijos adolescentes. Dos cosas muy importantes:

Primero, no estás sola o solo. Lamentablemente, hoy en día, en México 50% de los matrimonios están separados o divorciados (sí, oíste, o más bien leíste bien… la mitad). Y segundo, si pensabas que educar adolescentes en una situación de separación era lo más difícil del mundo… estás en lo cierto.

El Dr. Jim Hancock especialista en adolescentes en crisis y en problemas de padres y madres solteras comenta que pocas cosas hay más difíciles en la adolescencia que enfrentarla en esta situación. El adolescente, como hemos visto, reacciona ante todo, es rebelde, desafía la autoridad hoy sí y mañana también, lleva todas las situaciones al límite, y busca su libertad de todas las maneras habidas y por haber. Y el que estés separado o separada no va a hacer la diferencia. En lo que sí la va a hacer es que ahora eres sólo uno (espero que sea sólo físicamente y que puedas tener el apoyo del otro padre).

Eso significa el doble de trabajo, que sabe al cuádruple: mayor responsabilidad, no tener en el día a día (y noche a noche) el apoyo directo de la pareja, un cansancio implacable y las ganas de ponerle pausa a la vida, para gritar: "Necesito diez minutos para vivir YO."

Aunque suene muy duro, ésta es una realidad que, afortunadamente, tiene solución. Los expertos en este tema dicen que una vez que ubicamos que la situación no es sencilla, lo más importante es pedir ayuda, porque si la adolescencia es difícil para dos, cuando se trata de uno, lo ideal es pedir refuerzos.

¿Cómo?

Ayudándote con un experto en adolescentes, un terapeuta, un psicólogo, un líder espiritual, un maestro o un adulto en el que confías, a quien seguro tu hijo o hija escucharán más que a ti, sólo mientras dure la adolescencia.

Dándote tiempos fuera para pensar, descansar, cobrar fuerza y regresar al ruedo te puede dar un respiro. Luego educamos como manda en semana santa y si no nos damos un espacio, no tenemos fuerzas y lo hacemos mal. Si te ha costado trabajo el asunto de las reglas y las consecuencias, intenta que tu adolescente pase tiempo con algún adulto (obvio, de tu enterísima confianza) como tío, abuelo, hermana, que ya ha manejado los límites exitosamente. "Fíjate que platiqué con tu tío y los días que trabajo en la tarde vas a quedarte en su casa, y tendrás que obedecer las reglas que ya platiqué con él."

Intentar tomar seminarios, cursos, talleres y buscar toda la información sobre padres solteros que te pueda ayudar.

⚠ Tip de experto

Uno de los problemas típicos que tienen los papás cuando están solteros es que no dejan que sus hijos fracasen. Se sienten tan culpables de su situación que muchas veces no les aplican los límites y las consecuencias, lo que genera otros problemas.

Una buena opción es tener una persona de confianza que conozca de límites y que pueda dar un comentario cuando nosotros ya estamos cegados y ya no estamos aplicando límites. Muchas veces pensamos: "Hay, pobrecita de mi hija, ella ya tiene algo muy fuerte con que cargar, no le puedo exigir tanto."

¿Qué siente el adolescente en el momento de la separación?

"Nunca pensé que el divorcio de mis papás me pegara tanto."

Para los hijos, independientemente de la edad que tengan, éste es uno de los golpes más fuertes que pueden enfrentar en la vida. Aunque también hay chavos que viven problemas tan fuertes en su casa que más que dolerles el divorcio… lo piden a gritos (lo de gritos es literal), la mayoría sienten que una ruptura les cambia la vida en todos los sentidos. Se sienten inseguros, abandonados, tristes, defraudados y con un gran sentimiento de pérdida.

Al mismo tiempo se rompe la estructura de su hogar, de su vida, sus rutinas, sus costumbres y su familia como la tienen hoy concebida. Suena terrible, ¿no? Pero tranquilízate, vamos paso a paso…

Si manejamos bien las cosas, ese dolor pasará poco a poco, los adolescentes se irán acostumbrando a su nueva vida y se darán cuenta de que no están solos, que sus papás no los abandonaron, que mucho menos los dejaron de querer, que ellos siguen teniendo a su familia (en otro contexto) y que muy posiblemente ahora hay menos problemas en sus casas, sus papás están tranquilos y mucho más contentos que antes.

Cuando uno ha luchado por su matrimonio o ha habido muchos errores y problemas (de los dos, porque aunque creamos que uno hizo todo… el otro no supo poner límites y lo aguantó hasta el final), es mucho mejor terminar las cosas. Nunca se me va a olvidar una frase que me dijo un terapeuta familiar pues, además de impactarme, me parece de las opiniones más ciertas que he escuchado sobre el tema: "Más vale un buen divorcio, que un mal matrimonio."

Los hijos de una pareja bien divorciada son mucho más sanos que los de una pareja que todos los días tiene problemas serios y presenta mucha incertidumbre (lamentablemente hay muchísimas parejas así, donde por fuerita no pasa nada, y por dentrito… pasa todo). Aunque también es cierto que los hijos de divorciados tienen dos veces más probabilidades de divorciarse, ya que casi no aprenden a negociar problemas y ubican el divorcio como una solución inmediata, hay otras tendencias que indican que por el "miedo" de que sus hijos no vivan lo mismo, nunca se

"Más vale un buen DIVORCIO, que un mal matrimonio."

separan y aceptan abusos físicos y psicológicos. De cualquier forma, es una realidad que los hijos de un divorcio llevado con madurez pueden ser tan felices y normales como cualquier otro (de hecho, a veces, hasta más).

La familia no se terminó

Una de las cosas que más ansiedad e inseguridad le dan a los hijos de papás separados es sentir que ya no tienen familia. La familia (aunque se agarren a sombrerazos todos los días con ella) es su centro, su base, su contención, es donde se sienten seguros.

> Según Jorge Sánchez Mejorada, de la Federación Mexicana de Comunidades Terapéuticas, en México, 25% de los jóvenes vive con una figura masculina sustituta (abuelo, tío, padre, nueva pareja de la madre), 33.3% con su padre biológico y 41.7% sin ninguna figura paterna.

La Dra. Julia Borbolla, psicóloga clínica y una de las personas más respetadas en el tema de niños y adolescentes en nuestro país, explica que cuando hablamos con los hijos sobre la noticia de la separación, es importantísimo decirlo padre y madre, no darle razones, ni explicaciones de sus problemas, y hacer mucho hincapié en que la familia no se ha acabado (cosa que es real), porque como mamá o como papá eres familia con tus hijos. "Los que nos separamos somos nosotros como esposos o pareja, pero mamá y papá no nos separamos de los hijos. Seguimos siendo familia." La familia ahora es mamá con sus hijos y papá con sus hijos.

La Dra. Borbolla comenta que este momento es algo muy fuerte, pero no hay que hacer una ceremonia que aterrorice y recuerden tus hijos toda la vida; sin embargo, hay que darle la importancia que merece. Puede ser algo así:

—Chavos, su papá y yo tenemos que hablar con ustedes. Nosotros hemos tenido problemas muy serios y hemos buscado muchas maneras de solucionarlos, durante mucho tiempo, pero lamentablemente no hemos podido.

—¿Qué problemas?

—Son problemas de adultos, muy serios (es elemental decir que son muy serios para que no crean que por cualquier cosa se divorcia uno) y son cosas que sólo nos incumben a nosotros.

—¿Entonces se van a divorciar papá?

—Sí, mi amor (es importante ser claro, porque si no se confunden más y sólo les das falsas esperanzas), es algo fuerte y que nos va a doler a todos, pero a la larga vamos a estar bien y mucho más tranquilos.

—Le dije a mi hermana que mejorara en la escuela y que ya no tomara tanto.

—Eso no tiene nada que ver, ustedes no son culpables de nada de esto y no queremos que jamás se sientan mal por eso. Tampoco entre su mamá y yo hay culpables, simplemente hemos tenido problemas muy serios y los dos, como todas las personas, hemos cometido errores, y no queremos que lo que estamos viviendo los afecte. Nosotros estuvimos muy enamorados, pero ahora ya no somos pareja, y aunque nos duele mucho aceptarlo, ahora necesitamos vivir nuestra vida y ver por la suya. Aunque algunas cosas van a cambiar, su mamá y yo los amamos igual, y ustedes son mi familia y la de su mami. Si quieren llorar, estar solos, o ir a platicar con alguien, es normal, los respetamos, al principio es muy fuerte para todos, pero poco a poco nos acostumbraremos a la nueva vida y verán que estaremos bien.

Este será uno de los momentos más fuertes de la separación y te dolerá hasta lo más profundo de tu corazón (también se vale que tú llores todo lo que necesites), pero entre más claro y más rápido inicie el proceso, más rápido empezará a sanar. Recuerda que no hay que negar que la dinámica de vida va a cambiar y que es un momento difícil para todos pero, sobre todas las cosas, dejarles muy claro que los papás no se están separando de los hijos.

A los hijos (no importa la edad que tengan), les da mucho miedo pensar que sus padres "los dejarán" igual que "dejaron" a su pareja, así que es básico explicarles que esto no pasará (y **cumplirlo**, porque luego, no lo hacemos de golpe, pero lo vamos haciendo poco a poco). Una muy buena forma de hacerlo es decirles que los lazos de sangre no se pueden romper. Entre ustedes pueden dejar de ser familia, porque no son de la misma sangre, pero de sus hijos jamás se podrán separar y siempre serán familia (aunque no quieran) porque comparten la misma sangre.

Los errores que cometemos los padres solteros con los hijos

"¡Dile a tu mamá que luego le mando el dinero y que no me llame a la oficina!"

Tuve la oportunidad de entrevistar al Dr. Francisco Schnass, psiquiatra y psicoanalista, director del centro neurológico del centro médico ABC, experto en este tema, y platicamos de los principales errores que cometen los padres solteros, te comparto los siguientes :

- **Divorcio igual a guerra.**

  Nada puede lastimar más a los adolescentes (y a los hijos, en general) que un divorcio donde casi casi hay sangre de por medio. Cuando el divorcio se convierte en una batalla campal, los ex esposos creen que se están dañando entre ellos, cuando en realidad lo único que están logrando es dañar la seguridad emocional de sus hijos. Si pudiéramos ver en una imagen (tipo radiografía) lo que les estamos haciendo a nuestros hijos cada vez que atacamos a nuestro ex, no lo volveríamos a hacer jamás. El ideal es tratar de no pelear a ese nivel y, en caso de que las cosas estén muy tensas, tratar de bajarle poco a poco. Por más que creamos que los hijos no lo ven, se dan más cuenta de lo que creemos.

- **¿Con tu mamá o con tu papá?**

  Lo único que logramos con esta pregunta es crearle una inseguridad grandísima a nuestros hijos y poner en ellos una responsabilidad que no deben tener. Imagínate nada más, bastante tienen con lo que están sufriendo, como para que además los hagamos decidir y se queden con la idea de que le "fallaron" a alguno de sus papás y se sientan culpables por el resto de su vida (otra vez… literal).

  Además, los hijos necesitan de los dos. Hay muchas cosas que cada uno de los padres aporta a los hijos y que son importantísimas para su vida. Muchas veces creemos que nuestro hijo no debe estar con nuestro ex. La mayoría de las ocasiones es por nuestro coraje, enojo, tristeza, resentimiento o (aunque nos duela aceptarlo) por venganza, y lo único que pasa es que al pensar exclusivamente en nuestro dolor y en nuestras broncas, le hacemos una daño irreparable a nuestros hijos.

¿Cuánto vale el resentimiento que le tienes a tu pareja? ¿Vale la seguridad, la autoestima y el futuro de tus hijos? Además, esto tiene muchísimas repercusiones en tus hijos, como puede ser la falta de una figura paterna o materna, complejos, inseguridades, codependencia o una huella de abandono que le puede afectar por el resto de su vida (por sólo mencionar algunas).

En otras ocasiones, en efecto, nuestra pareja puede ser nociva para nuestros hijos; en ese caso, debemos buscar la opinión de algún experto (porque nosotros traemos la cabeza muy caliente), y si es el caso, podemos pedirle a un abogado, restricción de domicilio, de visitas, convivencias supervisadas, y un sinnúmero de etcéteras que deseo de todo corazón, no tengas que conocer.

Pero aquí lo más importante es que de verdad seas sincero contigo mismo y lo decidas sin llevarte al traste (y a quince años de terapia) a tu hijo o hija, por tu dolor y situación personal con tu ex pareja.

- **Hacerlo sentir el papá o la mamá ausente**
Cuando estamos separados, nos sentimos muy solos e inconsciente o a veces muy conscientemente le damos a nuestro hijo o hija el rol del padre que falta. Lo convertimos en nuestra oreja, confidente, paño de lágrimas, bueno, hasta en nuestro consejero. Aunque parezca que tu hijo lo está haciendo bien, lo único que logramos es que su cabecita (que tiene muchas cosas que resolver) se llene de cosas de adultos.

Su cabeza, además de tener toda la adolescencia encima, tiene que enfrentar y salir adelante de todo lo que hemos platicado, así que, si no los dejamos, vamos contra su maduración y le estamos comprando muchos problemas por adelantado. Lo mejor es que busques a un amigo o amiga adulto (seguro ya lo tienes) que se convierta en tu confidente y puedas, sutilmente, soltarle esa "súper responsabilidad" a tu hijo o hija.

- **Compartir el cuidado y la responsabilidad**
Muchas veces cometemos el error de dejar en uno de los lados los permisos, los límites, los desvelos. Bueno, hay papás que sus hijos llevan diez días de vacaciones en otra ciudad y no se han dado cuenta. Independientemente de quién tiene la custodia, es muy importante para los hijos que ambos estén involucrados en su vida.

Esto es de gran ayuda para tu ex, pero si eso no es suficiente, es esencial para el crecimiento, el cuidado y la seguridad de tu hijo.

Al final, tu ex y tú siguen siendo equipo y, lo más importante, lo van a ser toda la vida, así que es mucho más práctico ayudarse, porque, seguro, uno va a necesitar del otro y viceversa en muchos momentos de su vida (piensa nada más en cuando tengas pareja y necesites que tu ex te cuide a tus hijos).

Además, dicen que dos cabezas piensan mejor que una, pero en el caso de los adolescentes tres no sobrarían. Así que no te ausentes, sea la razón que sea, porque que tus hijos te necesitan más que nunca.

No trates a tus hijos igual, todos son distintos y reaccionan a la separación diferente. Aprende a leer a cada uno y a darle lo que necesita.

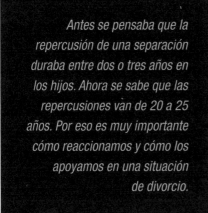

Antes se pensaba que la repercusión de una separación duraba entre dos o tres años en los hijos. Ahora se sabe que las repercusiones van de 20 a 25 años. Por eso es muy importante cómo reaccionamos y cómo los apoyamos en una situación de divorcio.

En fin, a todos nos queda claro que el divorcio no es algo sencillo, y lo ideal sería que tampoco fuera de nuestras primeras opciones. Antes hay muchas cosas que se pueden hacer, como terapias de pareja, consejeros matrimoniales, asesores de todas las religiones, terapias sexuales, retiros (hay muchísimos en toda la República, muy recomendable el del padre Canché), cursos, separaciones previas, etcétera, pero cuando definitivamente el divorcio es la mejor opción, no olvidemos que aunque hay padres y madres que se alejan y abandonan a sus hijos, hay muchísimos otros que no sólo no los abandonan, sino que son mucho mejores padres de lo que fueron cuando estaban casados. Ánimo.

Mamá soltera / papá soltero

Si no hubo o no está, ni estará, el papá o la mamá de tus hijos, la dinámica ya la conoces bien desde que tus hijos son pequeños. Sabes la presión social, emocional y hasta económica que esto conlleva. Tienes el doble de trabajo, de responsabilidad y hasta funciones de hombre o mujer, que jamás te imaginaste que tendrías que "aplicar".

Antes que nada... ¡¡¡felicidades!!! Se necesita ser alguien muy fuerte, muy maduro y muy grande para sacar adelante a sus hijos solo o sola. Yo creo que no hay coincidencias, así que si eres tú la mamá, el papá, la tía, el tío, el abuelo, la abuela o el amigo o amiga que "le tocó" educar a ese niño, no es casualidad, la vida te eligió a ti porque puedes con el paquete y porque (a pesar de que a veces lo dudes) no hay nadie que pueda ser mejor para esa personita porque, en el fondo, eres su TODO.

> A pesar de eso, tengo una noticia buena y una mala. La mala es que va a ser muy duro. La buena es que tu hijo o hija (porque tengas el parentesco que tengas, siempre te considerará su madre o su padre) lo sabe y estará consciente y agradecido del esfuerzo que hiciste, durante toda, toda, tu vida. Es una gran inversión... con una utilidad de amor millonaria.

El Dr. Francisco Schnass dice que lo más importante que tienes que hacer en estos casos es pedir ayuda, como lo comentamos al principio de este capítulo. No importa si eres madre soltera o papá-mamá, (como Pedro Infante con la Tusita), tus hijos son adolescentes y se comportarán como tal.

A su adolescencia no le importa si los cuida un ejército o la viejecita que cuida a Piolín, ellos tienen que buscar su individualidad y te retarán en todo para completar su proceso de maduración. Tienes que estar "a las vivas" porque, posiblemente, sientas a tus hijos abandonados de alguna manera e intentes ser un poco más condescendiente con ellos, lo cual es muy mala idea, porque su adolescencia saca las antenitas e inconscientemente (que quede claro, por favor) identifican tu debilidad en esa parte y aplican el chantaje, mucho más fuerte de lo normal (y vaya que lo normal en la adolescencia ya es mucho).

Su naturaleza está diseñada para encontrar áreas de oportunidad y aprovecharlas. Así que sé consciente y regrésate a leer y releer el apartado sobre "Límites", porque los límites y las consecuencias son la mejor arma que tienes para esta situación. En tu caso (y en tu casa) el arma secreta para que todo salga mejor se llama... firmeza.

Ya tengo novio o novia...
Se lo voy a presentar a mis hijos

Todos, tanto hombres como mujeres, después de haber pasado un rato tan amargo y duro como el divorcio, tenemos la esperanza de volvernos a enamorar y ser felices. Es natural, lógico y, para algunos, hasta urgente.

Muchas veces, tanto hombres como mujeres nos morimos de ganas de presentar a nuestros hijos con las nuevas parejas (a los hombres se nos da eso un poco más), por el deseo de unión y unidad. Los papás tienen un mundo que incluye a su novia o novio, y otro mundo que son sus hijos, por lo que lo más práctico es tratar de juntarlos.

El problema es que cuando lo hacemos antes de tiempo, el chavo se encariña con la nueva pareja, hace un vínculo afectivo, empieza a transferir sus necesidades a esa persona, y si truenas, tu hijo o hija vuelve a sufrir una separación más y la historia de dolor vuelve a empezar.

Tengo una conocida divorciada que ha andado con muchos novios por poco tiempo y siempre se los presenta a su hija. Le pregunté a la Dra. Tari Tron, psicoterapeuta de parejas, cómo repercutía esto en la niña. Ella me explicó que le genera una gran inseguridad, tristeza, enojo, casi como si la hija estuviera subida a una montaña rusa de emociones. Además, la enseñanza para la hija es que las relaciones son desechables, que no hay una seriedad ni compromiso en ella, y que existe la posibilidad que su hija lo repita en su adultez y le cueste mucho trabajo tener una relación estable. Según la Dra. Tron, todos sabemos que no es fácil encontrar una pareja, por lo que debemos tener mucho cuidado con nuestros hijos.

Una forma en la que podríamos resolver esto sería hablar con ellos poco a poco y explicarles algo como: "Estoy saliendo con alguien que es importante para mí, pero recuerda que nadie es más importante que tú." "Tu cariño y el mío son de mamá/papá a hijo/hija, pero hay otro tipo de cariños, como tú sabes, que son de pareja, y que también me hacen falta como persona." "Por eso me he tomado el tiempo necesario para conocer a esta persona y en algún momento te la quisiera presentar."

En caso de que salgas con varias personas y todavía no tengas una pareja estable, una buena idea sería decir: "Estoy saliendo con varias personas, porque estoy buscando a la adecuada. Cuando la encuentre, la conoceré más a fondo y te la presentaré." Por supuesto no está mal tener pareja y tampoco se le debe ocultar a tus hijos cuando salgas con alguien, pero es muy importante que se los presentes cuando, en verdad sea algo serio, porque si no, sólo lastimarás a tus hijos.

Ahora que, cuando la pareja que le quieres presentar fue la causante de su divorcio, y tu adolescente lo sabe, las cosas son mucho más serias y el ideal sería llevar este asunto de la mano de un experto, para analizar la situación.

Hay muchos adolescentes que rechazan terriblemente a la nueva pareja. Hay varias razones: lo ven como el obstáculo para re-hacer su familia, intentan boicotear la relación, no quieren tener otra persona extra que los eduque y en muchos casos es porque descubren a sus padres "sexuados", o sea que, recuerdan que son sexualmente activos (antes cuando sus papás eran pareja lo sabían, pero no lo pensaban), y ven a la nueva pareja con esas intenciones. Les duele mucho y les causa mucha aberración. Poco a poco lo van aceptando.

Muchas mujeres tachan a sus ex parejas hombres como fáciles, lanzados y hasta golfos, por que normalmente buscan una nueva pareja rápido. El Dr. Schass platica que generalmente no es así. La mujer es la que normalmente se queda con la infraestructura que creó: la unión, la casa, los hijos, la rutina, los muebles, etcétera. Y el hombre, de un día al otro, se queda sin nada de eso. Independientemente de quién haya salido más lastimado, vive solo, siente el vacío, siente la ausencia de sus hijos (en caso de que los haya tenido) y de las primeras cosas que empieza a buscar es compañía.

La adolescencia de mis hijos: la peor época de mi matrimonio

"¡No me hacen caso, nadie me respeta ni me comprenden!"

Nunca se me va a olvidar ese momento. Estaba en una boda con unas parejas de amigos, los esposos se pararon a fumar y me quedé cinco minutos con sus esposas, que son mamás de adolescentes. Les pregunté, "¿Cómo va la vida con sus hijos?" Bastaron cinco minutos (y la ausencia de su esposo) para que una de ellas dijera lo más profundo de sus preocupaciones; hagan de cuenta que estuviera esperando la mínima provocación y dos tequilas para escupirlo. "Es la peor época de mi matrimonio, ya no soporto a mi esposo, de hecho, nunca me había sentido tan cerca de divorciarme, como ahorita. No me imaginé que la adolescencia de mis hijos se iba a convertir en la peor amenaza para mi matrimonio..." Otra de las mamás dijo: "Me pasa lo mismo."

Después de escuchar esta misma opinión en muchísimas otras mamás y darme cuenta de que los papás opinaban igual (o peor), me senté a platicar con una de las expertas más preparadas y respetadas del país en este tema, la Dra. Susana Mondragón Kalb, psicoterapeuta de pareja con especialidad en adicciones. Para ella, efectivamente la adolescencia es una etapa de choque muy fuerte para el matrimonio, y aunque hay parejas que han sabido llevar bien la vida de sus adolescentes, la mayoría tiene problemas muy grandes por algunas de las siguientes causas que hacen que ésto se vuelva una bola de nieve:

1 / Muchas veces no hablamos antes con nuestra pareja sobre algunos temas respecto a nuestros hijos, como alcohol, escuela, dinero, sexualidad, etcétera, y esto hace que cuando llega la adolescencia, y estas situaciones alzan la mano para decir "presente", los puntos de vista distintos se enfrentan durísimo y hay más problemas que nunca.

2 / Cuando los papás no se han puesto de acuerdo y no tienen un parámetro para cada situación, los hijos (inconscientemente) lo aprovechan y, buscando su beneficio, los meten en muchos más problemas. Si los papás trabajaran como una asociación y estuvieran de acuerdo, esto no pasaría.

3 / Como no tenemos las reglas claras, les damos a los hijos mucho poder, y empiezan las cosas como: "Dile a tu mamá", "dile a tu papá", donde el mensaje oculto es, "no sé", "yo no quiero esa responsabilidad", "yo no quiero ser el malo y que me dejes de querer". Y cuando el otro da el permiso, y aunque tú no lo dijiste pero no estabas de acuerdo, le reclamas al otro como si no hubiera un mañana y empieza una vez más la pelea.

4 / Cada vez que tus hijos te ven discutir, ven quién es el débil e identifican a quién manipular.

5 / Cuando se contradicen en frente de ellos se restan autoridad, y los adolescentes vuelven a ver que no están organizados y deciden a cuál de los dos atacar (cosa que después generará más broncas entre ustedes). "No seas mala onda, dale chance…"

6 / Como las discusiones son tan grandes y muy constantes, ya no hay espacio para la comunicación de pareja, ya no hay tiempo para: "¿Cómo estás? ¿Cómo te fue? ¿Cómo te sientes?" Todo es resolver problemas.

- Me contestó horrible.
- No sabes lo que hizo tu hijo… a ver si haces algo.
- ¿Ya sabías que está fumando? bonito ejemplo le has dado.
- Pues que no lo estás cuidando.
- No sabes llevar una casa.
- Claro que pasa eso, pues tú das los permisos que se te antojan.

Toda la autoridad que le has restado a tu pareja sólo hace que haya más problemas para los dos.

7 / Sin comunicación en pareja y con tantas peleas, difícilmente hay un vínculo íntimo, y la vida sexual (que sostiene parte muy importante de la relación de pareja) baja mucho.

8 / Muchas veces cuando nacen los hijos, las mamás se convierten más en madres que en parejas y los padres más en proveedores que en parejas.

9 / A esto súmale que muchas mamás de adolescentes están en la menopausia y muchos papás (en caso de que ellos se encarguen) en la época de presión y gastos económicos más fuertes de una familia.

¿Cómo mejoramos las cosas? Si apenas va a empezar la adolescencia de tus hijos, la prevención y la planeación es la clave para que no enfrentes todos estos problemas. Ahora que si ya estás metido hasta lo más profundo y te has convertido en esas personas que tocan fondo… y siguen rascando, no te preocupes; cual cirujano de adolescencia debes extirpar el problema de raíz, y tu relación de pareja (y con tus hijos) puede mejorar mucho más de lo que te imaginas.

La Dra. Mondragón afirma que la única forma de hacerlo es empezar desde cero, organizarte con tu pareja y, de plano, restablecer el sistema. Lo más importante es hablar y establecer sus prioridades, reglas y límites con sus hijos. Puede ser que se tarden un poco en llegar a un acuerdo, pero una vez que lo tengan, tendrán la base necesaria para hacer equipo, darse su lugar en todo momento, respetarse y saber qué hacer y cómo reaccionar en cada situación (o lo que es lo mismo, que tus hijos no te den la vuelta).

En el momento que hagan esto, tu pareja y tú se convertirán en los directores de la empresa (papás), y no le estarán dando la decisión de todo lo que pasa en ella a los gerentes (hijos). Ahora, por más que hayas platicado con tu pareja, siempre habrá cosas nuevas o detalles pequeños que no hayan previsto donde se enganchen. Aquí la pregunta es ¿quién cede?

Lo ideal es que los dos tengan consciente que, ante una situación así, es importantísimo revisar tus prioridades y preguntarte: "¿Voy a perder tanto, por una cosa tan sencilla y sin trascendencia?" Porque por más grande que sientas la bronca en ese momento, ¿es más grande que perder tu matrimonio o tu relación de pareja? (a la larga estos detalles logran eso). Sin buscarle tres pies al gato... Es mejor ceder.

Ahora que si en estos detalles sencillos o cuando estén planeando las reglas te cuesta mucho trabajo ceder, es muy importante que te analices. No analices al otro, analízate TÚ.

¿Por qué estoy sintiendo esto?

¿Por qué siento esto hacia mi pareja? (rebeldía, tristeza, coraje)

Sé sincero contigo y piensa: ¿por qué siento esto?

Ejemplo:

—Yo quiero que... no se peine así. Se ve sucio, se ve como delincuente.

—No pasa nada, son chavos.

—De ninguna manera, ¡¡¡¡no puede ir así peinado a la boda!!!!

—¿Por qué te lastima? ¿Qué te recuerda?

—Me recuerda que siempre me dijeron que si no iba bien peinada, nadie me iba a respetar, que iban a hablar de mí, que las niñas mal peinadas no son bonitas.

Ahora, a la distancia, ¿es real eso? ¿Cambió tu vida? No, sólo te lastimó y te dejó marcada. Hoy ese recuerdo impide que no cedas en este tema y que te generes nuevos problemas. Piensa bien cada vez que algo no te deja ceder, ¿por qué es?

Los expertos dicen que en la pareja lo que más necesitamos es humildad, y si no la tenemos, los matrimonios y las relaciones de pareja se complican mucho más. Lo ideal es que le dieras a tu pareja a leer y conocer un poco más de esto para que estén en el mismo canal y les funcione a los dos; pero si se niega a informarse, a asesorarse con alguien, o a pedir ayuda... Cambia tú.

Hay una frase muy real y que no falla: "Yo quería que todo cambiara y que todos cambiaran. Un día cambié yo y todo cambió."

Lejos de perder el control cuando cedes, lo vas a obtener, porque tu objetivo es que la familia tenga armonía. Si de plano los problemas están durísimos y no han podido mejorar las cosas, es muy importante buscar ayuda, acercarse a guías de tu religión, a caminos espirituales como meditación, yoga, kabbalah (muy recomendable, no sólo para el problema de pareja, sino como forma de vida), técnicas de relajamiento o una terapia psicológica de pareja.

Las terapias han ayudado a millones de parejas con problemas muy serios. Es una gran opción tener a alguien imparcial que escuche tus problemas y que ha estudiado esas situaciones en específico y el comportamiento humano, para ayudarte. Yo siempre he pensado que si tienes problemas con el estómago, vas con un gastroenterólogo. Si tienes problemas de vista, vas con un oftalmólogo. Y si tienes problemas de relaciones humanas y sentimientos, vas con un terapeuta de parejas.

Las estadísticas de las terapias indican que cuando una pareja llega con amor (aunque ellos sientan que ya no existe), ocho de cada diez parejas salvan su relación. El amor se transforma. Tu contrato de pareja con el que empezaron necesita cláusulas nuevas constantemente, el matrimonio necesita ajustes, las personas vamos cambiando y no somos las mismas, pero si nos adaptamos y todavía hay amor, todo es posible.

"Yo quería que todo CAMBIARA y que todos cambiaran. Un día cambié yo y todo cambió."

8 de 10 parejas EN TERAPIA salvan su relación

Si sientes que las cosas están mal con tu pareja, ya sea por los adolescentes o por la razón que sea, no esperes más. Dejar pasar tiempo sólo hace que se dañen más y que sea más difícil recuperarse... si existe todavía algo. Busca refuerzos para conservar eso por lo que has luchado toda la vida.

Madrastras y padrastros

O lo que es lo mismo: "Los míos, los tuyos y los nuestros..."

Suena como de la Cenicienta y, de hecho, en algunos momentos te vas a sentir como si estuvieras dentro del cuento antes de la media noche. Pero si tienes paciencia y entiendes lo que los hijos de tu nueva pareja están sintiendo, puedes lograr una muy buena relación con ellos, con tu cónyuge y con el o la ex de tu pareja.

Hablando de cuentos, lo ideal sería que llegáramos y nos encontráramos con un *...y vivieron felices para siempre*, pero para lograrlo tenemos que trabajar mucho. El Dr. John Townsend y Vicki Lansky, autora del libro *Divorce book for parents*, comentan que algunas de las partes más difíciles de esta posición son:

- Responsabilidad, pero sin autoridad. Es muy desesperante que aún viviendo con los adolescentes, tengas que estar pendiente de lo que pasa, seas responsable de ellos, pero al mismo tiempo no puedas llamarles la atención, ni poner límites. Al principio (y a veces por mucho tiempo) es completamente normal, no te enganches. Los chavos en esta situación necesitan tiempo para formar vínculos, para confiar en ti y para respetarte. Para ellos, el hecho de que vivas a su lado no hace que te respeten (en un principio).
- Aunque nosotros quisiéramos hacer una nueva familia y juntarlos a todos, no es posible borrar la historia que vienen arrastrando (tampoco es sano).
- "¡¡Tú no eres mi mamá/papá!!" Es terrible que te digan esto y lo vas a sentir hasta lo más profundo de tus huesos de madrastra o padrastro...

pero es verdad. Después de un divorcio, los adolescentes están muy lastimados y una forma de tranquilizarnos y no sentirnos tan mal después de escuchar algo así es (como adultos que somos) echarnos un clavado a lo que están sintiendo.

Los hijos de padres divorciados están muy tristes, sienten que su mundo se dividió en dos (por mas linda o lindo que seas) perdieron a su familia, lo que les da una gran sensación de pérdida, tienen la ilusión de volver a ver a sus padres juntos (nunca la pierden), sienten enojo, se sienten indefensos, inseguros, les da mucha pena frente a todos esta situación, siguen teniendo todos los síntomas de la adolescencia. Y si a todo esto le sumamos la corta edad que tienen, ¡imagínate!

Ellos quisieran que todo fuera como antes, y el principal obstáculo para esto eres tú. Esa es la razón por la que atacan al principio.

- Es muy importante ser tolerante, tener paciencia y ser muy persistente para lograr una conexión con ellos. No importa qué tan fuerte sea la resistencia, la llave mágica es estar ahí, aguantar y esforzarse por ellos. Buscar qué les gusta, compartir con ellos, acercarte, conocer su mundo. No te preocupes por su desprecio, por lo menos en esta primera etapa. Tienes que aguantar, para conseguir conectar con ellos.

- La peor estrategia es tratar de reemplazar al ex. No hay nada peor que hacer esto, porque le caerás en la punta de su hígado adolescente y además jamás lo lograrás. A menos que el adolescente te pida que seas su mamá o su papá, hazlo. Si no, sólo considérate la pareja o esposo de la persona con la que estás. Cuando te diga "tú no eres mi mamá", dile, "es cierto, no lo soy". El chavo lo dice con mucho dolor, pero el hecho de que lo aceptes y de que se dé cuenta de que no estás buscando eso, hará que poco a poco se vaya acercando a ti. Dale tiempo.

- Es mejor que al principio el padre o la madre biológica se hagan cargo de la disciplina. Si intentas hacer esto al principio, te meterás en muchos problemas, no sólo con el adolescente, también con tu pareja y hasta con el ex. En este momento, tu papel es conectar con él, trabaja duro en eso y pon bien los cimientos. Más adelante, cuando sea momento de ser partícipe de su disciplina, pídele a tu pareja que se lo diga, para que sepa que es una decisión de él o ella y no tuya, y hazlo poco a poco.

El camino no es fácil, pero si lo haces bien, no sólo te van a respetar, serás tomado en cuenta y serás feliz con tus nuevos adolescentes... puedes llegar a ser mucho más querida o querido de lo que tú (y ellos) imaginaron.

> ⚠ **Tip de experto**

Ayuda y entiende a tu pareja. Tiene una posición muy difícil, ahora quiere quedar bien con sus hijos, contigo y con su ex. Apóyalo en su forma de educar, hazle la vida fácil, demuéstrale tu interés en sus hijos y muéstrale la disposición y las capacidades que tienes para educar a sus hijos, cuando así lo decidan (si no la tienes, demuéstrale tus ganas y tu trabajo para obtenerlas)

⟩Líneas de ayuda

Divorcio y separación
Grupo Julia Borbolla (Julia Borbolla)
Tel. 56 60 87 63 y 56 51 69 88 | Fax: 56 51 06 17
mail: julia@juliaborbolla.com

Suma (Superación Matrimonial) padre Luis Canché
www.sumamexico.com.mx/fundador.aspx
www.sumamexico.com.mx/contacto.aspx

Desarrollo Integral de la Familia
www.dif.gob.mx
Tel. 30 03 22 00

Depresión

> "No quiero hacer nada, no quiero ver a nadie, no quiero hablar con nadie."

Aunque la palabra depresión inmediatamente nos hace pensar en una enfermedad de adultos o en Prozac y toda su familia farmacéutica (genéricos, similares y toda su descendencia), la realidad es que es una enfermedad que también se presenta muy fuerte en adolescentes y preadolescentes.

Las depresiones de los chavos pueden ir desde algo sencillo y pasajero como cuando no ganó su equipo, cuando reprueban algún examen o si no los invitaron a la fiesta "del año" (todas las semanas hay una), hasta situaciones mucho más serias que pueden convertirse en una depresión clínica severa.

La Biblioteca Nacional de Medicina de Estados Unidos la define como un trastorno que afecta a los adolescentes y que genera tristeza, desánimo, pérdida de autoestima y del interés en las cosas que disfruta el adolescente. De hecho, según los expertos, cuando la depresión es severa, el adolescente sufre muchísimo y por más que le eche ganas, o le echen porras sus papás o amigos, es necesaria la ayuda de un especialista para que lo saque adelante.

La depresión puede ser causada por muchos elementos como:

1. La maduración de la niñez a la adolescencia y todo el estrés que esto le puede causar.
2. La locura de hormonas que ocupan el cuerpo de tu hijo como carretera libre.
3. Los conflictos de independencia con los padres.
4. La muerte de un amigo o pariente.
5. El truene con la novia o con el novio.
6. Problemas muy serios en la escuela, etcétera.

Es mucho más fácil que se depriman los chavos que:

- Tienen baja autoestima.
- Son muy autocríticos.
- Sienten poco control sobre las cosas negativas que pasan a su alrededor.

¿Cómo saber cuando una depresión pasó de algo normal a algo serio?

El psicólogo Juan Pablo Arredondo, experto en adolescentes, explica que el cambio de una depresión de leve a severa es una línea muy delgada, pero la principal diferencia se identifica cuando la depresión de los chavos no es pasajera y empieza a cambiar completamente su estilo de vida. Cuando el adolescente ya no se integra a nada, no convive y no interactúa en ninguna área de su vida (o sea, de plano, en nada).

Cuando es algo normal puede no interactuar con la familia, o con sus conocidos de la escuela un cierto tiempo, pero sigue yendo con sus cuates al antro, con sus amigas al centro comercial o a sus partidos de futbol. Pero cuando ya no sólo no pela a la familia, sino que tampoco a sus amigos, ni sus gustos, entonces la cosa ya es seria. Estas son algunas características que presentan los adolescentes con depresión:

- Se ponen muy irritables y muchas veces esconden su depresión en una agresión muy fuerte hacia todos y hacia todo.
- Agresión pasiva: su forma de agredirte es NO hacer nada de lo que les pides y que saben que es importante para ti. "No recojo mi cuarto (nunca)", "no me baño", "no como con la familia", "me visto lo peor posible para fregarte", "no, no, no, no", etcétera (recuerda que hay una parte de esto en la naturaleza de la adolescencia y es común).
- Pierden por completo su interés en sus amigos y amigas y en sus *hobbies*.
- Duermen mucho o les da insomnio.
- No les da hambre, ni quieren comer.
- No les importa su apariencia.
- Les deja de interesar la escuela, prácticamente no mueven un dedo en este aspecto.
- Se sienten muy estresados.
- Se caen gordos o se odian.
- Lloran constantemente (a veces tú no te das cuenta).
- No tienen ganas de hacer nada.
- Se sienten decaídos o derrotados.
- A veces, amenazan con quererse matar o no querer vivir (es importantísimo no pasar por alto estas amenazas, (revisa el apartado "Suicidio").

En caso de que tu adolescente presente estas características, es muy importante que no lo enfrentes, pero si las cosas todavía no están tan serias intenta que hable, hable y hable de lo que siente (como difícilmente lo va a hacer contigo), puedes pedir la ayuda de un tío o un amigo adulto tuyo que se lleve muy bien con tu hijo o hija y que pueda acercarse a él.

Si su estado no cambia es muy importante (primo hermano de obligatorio) que pidas ayuda a un profesional. Los psicólogos, psiquiatras y terapeutas saben qué hacer exactamente en estos casos. Así que, si identificas una depresión seria, no pierdas tiempo y no arriesgues la seguridad de un hijo, el tesoro de un padre.

⚠ Tip de experto

Las mujeres tienen el doble de posibilidades de tener depresión que los hombres, y cuando hay antecedentes de depresión en la familia, la posibilidad sube en su descendencia.

Según Amalia Guadalupe Cotero, profesora investigadora del Centro Interdisciplinario de Ciencias de la Salud, en un estudio recientísimo se muestra que la depresión en jóvenes ha aumentado muchísimo en México. De acuerdo con la investigadora, esto se debe a la delincuencia, la inseguridad, los problemas económicos y la violencia intrafamiliar. Todo esto provoca más ansiedad, depresión y estrés en los jóvenes mexicanos.

Bulimia, anorexia y algo más

"Ya te dije que ya comí mamá."

Aunque tus hijos no tengan este PROBLEMA, lee este capítulo, por favor. Es importante conocerlo para impedir que suceda.

Hace poco tiempo hice un programa de televisión con cuatro adolescentes hablando de bulimia y anorexia. Hubo un momento en el que prácticamente no podíamos hablar. Las lágrimas de ellas se debían a todo lo que sufrieron, las causas de la enfermedad de cada una, la soledad que sentían, haber llegado al punto donde no sabían cómo salir, etcétera. Y las mías tenían que ver con que me di cuenta de que, en algunas ocasiones, la enfermedad la generamos los propios padres con los comentarios y las actitudes que tenemos con ellos desde chiquitos.

No podía creer que parte de lo que las había llevado a esta terrible enfermedad eran frases y situaciones como:

- Mi tía me decía: "Si no estás flaca, nunca vas a tener novio."
- Mis hermanos me molestaban todo el tiempo, diciéndome que estaba gordita, me acuerdo que decían: "Síguele tragando, Porky", y mis papás nunca les dijeron nada.
- "Aquí en la casa no quiero a nadie gorda. Las gordas son fodongas y flojas. La que está gorda es porque quiere. Tú eres mi princesa y no puedes ser una princesa gorda."
- Mi mamá me decía que en la familia no había nadie gorda y que yo no podía ser la excepción. Me metí al gimnasio y llegué a ir hasta ocho horas continuas.
- Quería ser como modelo, veía en la tele a todas guapas y quería ser como ellas.
- Hice mi primera dieta a los 7 años.

La Dra. Araceli Aizpuru, fundadora de la clínica *Ellen West*, experta en estos casos, ha explicado que los Trastornos de la Conducta Alimentaria (TCA) son enfermedades bio-psico-sociales que se caracterizan por alteraciones muy fuertes en la alimentación, el peso y la imagen corporal (bio, ¿¿¿¿qué????, vamos poco a poco).

Son enfermedades biológicas, psicológicas y sociales, y para que se generen en una persona, tienen que estar los tres elementos juntos, o sea, o vienen en *combo* o no hay forma de que se presenten.

Biológicamente, se refiere a las personas que tienen trastornos obsesivos compulsivos, problemas con adicciones (drogas) o depresión (Ver el apartado "Depresión").

Psicológicamente, a las personas que son perfeccionistas y muy vulnerables con su autoestima.

Socialmente tiene que ver con los mensajes que mandan los medios de comunicación (modelos, cuerpos, moda, tv, cine, etcétera), la industria de la dieta (que es gigantesca y hace todo lo posible por promocionar una imagen para que les siga generando las cantidades m-b-illonarias que les deja) y la idea frecuentísima (ya es difícil imaginar el mundo actual sin internet y sin ella) de la extrema delgadez.

Por lo tanto, al reunirse los tres elementos para que se genere la enfermedad, los comentarios aislados de los padres, amigos, hermanos, sin la presencia de los otros elementos no generan la enfermedad. Esos comentarios, salidos de la familia, no se le deben hacer a tus hijos de ninguna manera pues los lastiman (acuérdate de algún comentario, por pequeño que sea, que te hayan dicho tus papás y que te haya lastimado mucho).

Algo muy importante es reconocer que son enfermedades y no un capricho, y que si tu hija o hijo la tiene, necesita ayuda… NO LO PODRÁ RESOLVER SOLO. Los trastornos más conocidos son:
- **Trastorno por atracón** (comedores compulsivos): te lleva a engordar rápidamente y a la obesidad.
- **Anorexia nerviosa:** comer lo menos posible.
- **Bulimia:** comer mucho por momentos (atracones), y luego vomitar.

Para estar en problemas, los adolescentes pueden tener una, dos, incluso las tres. Aunque muchos conocemos el nombre de estas enfermedades, pocos les conocemos el apellido, así que aquí pongo algunos datos para que conozcamos más sobre la seriedad de este asunto.

- La anorexia es la tercera enfermedad más frecuente entre las adolescentes, después del asma y la obesidad.
- No es una enfermedad exclusiva de mujeres, también hay muchos hombres que la pueden tener.
- Más de 4 millones de mexicanos tienen bulimia y/o anorexia.
- La edad promedio en la que inician los trastornos es a los 17 años (pero las influencias de los padres y la sociedad empiezan desde la niñez).
- Los casos de anorexia y bulimia se han quintuplicado en los últimos años, ¡¡¡imagínate nada más el riesgo!!
- Estas enfermedades pueden ser mortales. Entre 10 y 20% de quienes las padecen mueren.
- Las niñas se empiezan a preocupar por hacer dieta desde los 6 años de edad (si tienes niños de esa edad o amigos que los tengan, coméntaselos, por favor).
- La anorexia y la bulimia no son enfermedades exclusivas de un nivel socioeconómico alto, ni de niñas que les preocupa la imagen y la moda. Están presentes en todos los gustos y en todas las clases sociales, incluyendo el ámbito rural.
- No son sólo enfermedades de adolescentes, se pueden dar en niños y en personas adultas.

Hay más de 4 MILLONES de mexicanos con bulimia y/o anorexia.

Trastorno por atracón (Comedores compulsivos)

Los comedores compulsivos son chavos que pierden el control a la hora de comer, no importa cómo se los digas (o se los implores), ya que no es un asunto físico, sino emocional. Normalmente son gorditos u obesos, y comen todo lo que se les ponga enfrente. Un día me dijeron una frase que me llamó mucho la atención: "No comen comida, se comen sus problemas."

Puedes notar que tienen mucha ansiedad cuando comen. En realidad no comen por hambre, comen por ansiedad. 70% de las personas obesas tienen este problema. Intentan hacer dietas, pero generalmente no las pueden cumplir por la misma situación, no es falta de voluntad.

Tienen muy baja la autoestima porque todos los ubican por ser gordos y esto les causa mucho estrés y rechazo. El comentario siempre es:

—¿Ubicas a Montse?

—Ah, sí, la gordita.

Y eso les duele en el alma.

Si con tus hijos (o contigo) has probado con nutriólogos y dietas, y las cosas no mejoran, es muy importante que lo lleves a una clínica especializada o a un grupo de ayuda. En estos grupos y clínicas encontrará a otros adolescentes con el mismo problema, dejará de sentirse solo y tendrá comprensión y ayuda profesional.

De esta manera va a encontrar el apoyo psicológico y emocional que necesita, bajará de peso y, lo más importante, tu hijo vivirá más tranquilo, feliz y sin ansiedad.

Cómo identificarlos

- Normalmente tienen sobrepeso.
- Están como adormilados.
- Actitud negativa.
- Ansiedad al comer.
- Se sienten menos que los demás.
- Tienen poco orgullo por sí mismos.
- Culpan a los demás.
- Sienten mucha culpa, enojo y hasta depresión después de comer.

Anorexia nerviosa

La mayoría hemos escuchado algo sobre la anorexia, muchos papás creen que el inicio de esta enfermedad es algo muy complejo, y para nada. La anorexia puede empezar desde el simple deseo de bajar de peso y hacer dietas, si no ponemos atención.

Cuando están enfermas, las personas sienten y creen que tienen más valor como persona entre más delgadas estén, así que cada vez que lo logran se sienten mejor. Esta enfermedad es un rechazo a mantener el peso corporal mínimo normal (considerando la edad y la altura), hay un miedo grandísimo a subir de peso y, en realidad, quienes tienen este problema checan su peso de gramo en gramo (hay chavas que se pesan más de quince veces al día).

No importa cuánto baje, siempre se siente gorda y quiere bajar más. Incluso se proponen metas por periodos específicos, y su vida gira en torno a cumplirlos… sí o sí.

Hay una alteración muy fuerte en lo que ven de ellos mismos. Cuando las adolescentes se ven en el espejo, siempre se ven gordas sin importar lo delgadas que estén. A esa falsa percepción se le llama distorsión.

Las dietas se vuelven extremísimas, prácticamente intentan comer lo mínimo posible que no las suba de peso (una comida diaria en una dieta así puede ser unas lechugas, un racimo de uvas, fruta, dos chayotes, etcétera).

Como casi no comen (comen algo y por eso los papás se van con la finta), el cuerpo no recibe los nutrientes necesarios y empieza a comerse a sí mismo para mantenerse vivo, por decirlo de alguna manera. Los músculos se deterioran muchísimo y la proteína de las uñas y del pelo se les seca y hace que los dos se les caigan. Les da muchísimo frío porque no tienen carbohidratos, y el cuerpo no puede controlar la temperatura. La piel se reseca y se opaca. Los minerales no llegan a los huesos, por lo que se hacen súper frágiles y la persona se vuelve anémica por falta de hierro.

Psicológicamente, la chava o el chavo que tiene anorexia siente que al controlar lo que come, de alguna manera controla su vida. Una chava llamada Laura me decía: "Es como vivir en un infierno, pero no quieres salir de él, porque no sabes qué hacer afuera."

Es difícil que pidan ayuda de inmediato, pues no reconocen que tienen un problema, y a veces cuando lo hacen, ya es demasiado tarde, porque sus órganos se deterioraron tanto, que ya no pueden cumplir bien sus funciones.

En promedio, los adolescentes con anorexia ¡se tardan en pedir ayuda siete años! Y cada día que pasa es muy valioso. Por eso abre muy bien los ojos (sé que he dicho eso quince veces en el libro, pero es el karma de tener un adolescente). Cuando creas que alguno de tus hijos tiene estos síntomas, pide ayuda inmediatamente con un experto (al final de este capítulo te enlisto algunas clínicas y líneas de ayuda gratuitas).

El libro *Quiúbole con…* para mujeres y para hombres que escribimos Gaby Vargas y yo, tiene un capítulo sobre esto, especialmente escrito para adolescentes. Varios papás nos han dicho que al leerlo sus hijas e hijos se dieron cuenta de que estaban enfermas y pidieron ayuda. Ojalá que si es el caso de alguno de tus hijos, ese libro te pueda funcionar.

> **Por cada diez niñas que tienen ANOREXIA, hay dos hombres que la sufren.**

Bulimia

Quienes tienen bulimia comen mucho y en poco tiempo (atracones de comida), y luego lo vomitan, se purgan o hacen muchísimo ejercicio para eliminar las calorías que se comieron. A veces hasta cuentan las calorías exactas, para ponerlas en la caminadora y saber cuánto eliminar en el gimnasio.

Tratan de comer solos, porque comen tanto que les da pena que los vean. De hecho, todo su día lo planean alrededor de la comida. "Mientras las personas me estaban hablando, yo sólo estaba pensando cómo escapármeles o cómo le iba a hacer en la comida para comer sola. Me molestaba cuando mi mejor amiga me quería acompañar al baño."

A las personas bulímicas no es tan fácil descubrirlas, porque tienen un peso promedio y muchas veces actúan normal, siempre y cuando no se trate de comida. Es tanto lo que tienen que esconder diario, que se convierten en unas profesionales de la mentira y del engaño.

Una chava bulímica puede ser tan astuta como para vomitar durante un año en tu propio baño y tú ni te enteras. Ponen música alta para que no se escuche, limpian todo perfecto, etcétera. De hecho, existen páginas y blogs en internet donde se juntan muchas niñas (princesas) para pasarse recetas y estrategias de cómo seguir teniendo este tipo de vida con Ana y Mía (como les llaman en clave a estas enfermedades Ana = anorexia, Mía = bulimia). Te comparto esta página, con el objetivo de que te des cuenta de qué tan serio es este asunto: http://amigasanaymia.blogspot.mx/

Pierden el esmalte de sus dientes por el ácido que se genera cuando vomitan y pueden tener marcas en los nudillos de sus dedos (o cerca) porque los dientes las lastiman cuando se meten el dedo en la boca para vomitar. Sienten que cuando vomitan, sacan los sentimientos y la culpa de su cuerpo.

Al principio piensan que solo se trata de bajar de peso, pero a la larga se dan cuenta de que tienen un problema serio. La bulimia daña psicológica y físicamente, y también puede causar la muerte. Si tu hija o hijo la tienen, es muy importante pedir ayuda a un especialista y llevarla con él inmediatamente.

Cómo identificar la anorexia y la bulimia

- El adolescente se aísla.
- Se saltan comidas.
- Evitan los restaurantes.
- Toman mucha agua (más de dos litros diarios).
- Buscan toda la comida baja en calorías.
- Se sienten muy cansados.
- Se esconden en determinados momentos, buscan estar solos o se van al baño después de comer para vomitar (bulimia).
- Usan laxantes (bulimia).
- Sienten obsesión por las básculas (¿tiene una cercana o en su cuarto?).
- De repente son muy hiperactivos.
- Tienen una preocupación obsesiva por los estudios o por el trabajo.
- Siempre tienen frío (usan suéteres o sudaderotas hasta en lugares cerrados y con calefacción).
- Muchas veces se encierran todo el día en sus cuartos.
- Tienen mucho sueño.
- Se ponen irritables por todo.
- Son agresivos (sobre todo con personas conocidas y con la familia).
- Desparece mucha comida de la alacena (bulimia).

Finalmente, quiero decirte que la familia es básica en estos aspectos y puede ser la protección número uno de tu hijo. El vínculo familiar es importantísimo para el apoyo de estos problemas (independientemente de cómo esté conformada tu familia). La familia es la base para sacarlos cuando están dentro o para evitar que se metan, por eso es esencial cuidar su autoestima, tener muy claros los valores y analizar juntos todos los medios y la publicidad para ayudarlos a que no se hagan una idea errónea de las cosas.

Tu familia y los especialistas son el arma más grande que tienes para ayudar a tus hijos en este tipo de problemas.

Suicidio

"Estoy hasta la madre de todo, ¡¡me voy a matar!!"

4 de 5
SUICIDIOS
¡¡se pudieron evitar!!

Cuatro de cada cinco adolescentes que se suicidan se lo dijeron a alguien antes de hacerlo, lo que significa que cuatro de cada cinco suicidios ¡¡se pudieron evitar!! Pero lamentablemente, a veces no los escuchamos, no les creemos o nos parece que los chavos (o los adultos) sólo nos están amenazando, o sólo quieren llamar la atención; es más, si los escuchamos, en acasiones no sabemos qué hacer.

El suicidio en los adolescentes es una realidad, bueno, prácticamente es una de las pesadillas más grandes que podemos vivir como padres. Dicen que cuando se te muere un esposo (a), eres viuda (o), cuando los que se mueren son tus padres eres huérfano, pero cuando se te muere un hijo, el dolor es tan grande que ni siquiera tiene nombre.

Yo sé que en este momento leer sobre suicidio te está costando mucho trabajo, y que como padre o madre, lo primero que quieres es dejar de leer y no pensar en esto. La falta de información es exactamente lo que hace que no podamos evitarlo.

Tú puedes salvar a un sobrino, a un hijo de tus amigos, a un niño conocido, a un amigo o amiga y, por supuesto, a tu propio hijo o hija, pero necesitamos tener los ojos bien abiertos y las herramientas para saber qué hacer.

En el año 2000, la Organización Mundial de la Salud (OMS) anunció que hubo un millón de suicidios en el mundo y 10 millones de intentos de suicidio. Antes, este problema del suicidio podías verlo casi casi en el periódico, pero actualmente hay una muerte por suicidio cada cuarenta segundos y un intento cada tres segundos en el mundo.

Te platico que, simplemente, yo (sin contar ningún caso entrevistado para este libro) conozco o he tenido contacto cercano con tres personas que lamentablemente se han quitado la vida en los últimos dos años. Piensa si tú conoces a alguien...

La Dra. Mónica Solórzano, psicóloga clínica y especialista en este tema, aclara que de 1997 a 2007 en México hubo un incremento de 275% en suicidios, de acuerdo con un estudio realizado por el Dr. Guilherme Borges, investigador en Ciencias Médicas "F" y colaboradores. Sí, leíste bien... 275 %, y se ha convertido en la tercera causa de muerte en chavos entre los 15 y los 24 años de edad. ¡Imagínate nada más lo pendientes que debemos estar!

La depresión es una de las causas principales del suicidio, así como los trastornos psiquiátricos (esquizofrenia, bipolaridad, etcétera), trastornos de ansiedad, y las broncas con alcohol y drogas ilegales. Una depresión muy fuerte en tu hijo o en tu hija puede ser causada por:

- Rompimiento con su novia o novio (de hecho, es de las causas principales de suicidio en los jóvenes).
- La baja autoestima y sentirse constantemente menos que los demás.
- No cumplir las altas expectativas de sus padres.
- La muerte de un ser muy querido o cualquier pérdida muy importante para ellos.
- Nunca haber tenido novio o novia y no sentirse deseado en plan amoroso.
- Cuando otro amigo o compañero decidió suicidarse.

👁 Es muy importante que ubiquemos que no porque tu hijo o hija esté viviendo alguna de estas situaciones, o varias de ellas, significa que se vaya a suicidar. Sólo son algunas de las razones más comunes por las que algunos chavos llegan a deprimirse, y si esta depresión se sale de control puede llegar al suicidio.

De hecho, las razones por las que un adolescente se suicida son muy variadas, ya que son subjetivas. Cada chavo puede sentirse muy triste por cosas distintas.

¿Qué siente el chavo que se quiere suicidar?

La Dra. Solórzano explica que el joven suicida siente que la única (chéquense la palabra ÚNICA) y mejor solución para resolver sus problemas es quitarse la vida. En realidad, no está buscando en sí la muerte, lo que está buscando es acabar con el dolor psicológico y emocional con el que ya no puede. Se sienten deprimidos, solos, presionados y muy agobiados. Creen que no tienen futuro y sienten muchísima desesperanza, piensan que nada va a mejorar, dicen cosas como: "Yo siempre voy a ser un fracasado."

Su percepción está sesgada, es como si una persona se tapara un ojo y con el otro viera a través de un tubito de cartón de papel de baño. Sólo ve lo que le permite ver ese hoyito, no ve más allá, no ve sus posibilidades, no ve soluciones.

> *Me vale madres la vida, para qué la quiero si a mí me va en todo de la chingada, no me importa lo que piensen los demás, es mi vida y yo decido lo que quiera hacer con ella. Ya no aguanto más, me quiero ir, ya no quiero sufrir, quiero dormirme y ya no despertar aquí.*
>
> ☠
>
> (Fragmento de una carta que me compartió Leonardo de 17 años, antes de recibir ayuda.)

Focos rojos (señales de advertencia)
cuando alguien se quiere suicidar

- Hacen amenazas suicidas o dicen cosas que tengan que ver con quererse morir como: "Me voy a matar." "Me quiero morir." "Ojalá estuviera muerto (a)." Hasta: "Ojalá y nunca hubiera nacido."
- Escriben o hablan del suicidio, de morir o de muerte constantemente.
- Se olvidan de sus cosas de valor o empiezan a regalarlas (es como heredar en vida). Arreglan asuntos o se despiden de la gente como si no los fueran a volver a ver.
- Tienen sentimientos fuertísimos de desesperanza, hablan del poco valor que tienen como personas, sienten que no le importan a los demás y ven el futuro como algo que no va cambiar. Usan frases súper negativas como: "Las cosas nunca van a cambiar." "Yo soy el que siempre tengo mala suerte en todo." "A nadie le importo."

- Tienen un plan para quitarse la vida.
- Cambian de humor muy drásticamente (recordemos que ésta es también una característica básica de la adolescencia normal).
- Sienten ansiedad o una irritabilidad impresionante. Tienen expresiones excesivas y sin control de enojo, ira o ideación homicida. Hacen declaraciones de venganza.
- Se aíslan de todo mundo y todo el tiempo quieren que los dejen solos, se alejan de la familia y de la sociedad en general, se alejan también de sus amigos, aunque a veces tienen un grupo de amigos súper cerrado, que se ven misteriosos y nadie sabe nada de ellos.
- Se sienten atrapados, sienten que no hay salida y que la muerte es la única opción. No encuentran razones para vivir, no tienen un sentido de vida, se sienten una carga para los demás.
- Pierden interés en personas (mejores amigos, familiares, etcétera) o actividades que alguna vez disfrutaron (anhedonia: ausencia de placer o la incapacidad para sentirlo y disfrutar).
- Cambios en su rutina (horarios para comer o dormir, duermen todo el tiempo o tienen problemas para conciliar el sueño).
- Pierden muy fuerte el interés por la ropa, por peinarse, la higiene, en fin, en toda su apariencia.
- Guardan pastillas, una pistola u otra arma.
- Sin explicación, los ves súper tranquilos después de haber pasado una depresión muy fuerte. Esto es porque ya decidieron cuándo se van a quitar la vida, y no les preocupa su problema pues ya tienen solución.
- Tienen conductas riesgosas o autodestructivas (consumo de alcohol, drogas o pastillas que nadie les recetó, o suben mucho el consumo, manejan de forma muy riesgosa (fuera de lo normal) o tienen actividad sexual también riesgosa (sin importarles). En general, presentan una gran imprudencia en todo lo que están haciendo.
- Problemas en el trabajo o en la escuela. Pérdida del trabajo o cambios muy serios en las calificaciones, dejan de estudiar (ya no les importa).

Importante: no todas las conductas autodestructivas representan un riesgo suicida, algunas personas se autolesionan para manejar o expresar sentimientos fuertes.

¿Qué hacer cuando tu hijo (o alguien más) se quiere suicidar?

Hablar le puede salvar la vida a tu hijo o hija. Olvídate de cosas "como no tocar el tema", o "irte por las ramas", aquí es importantísimo hablar con ellos (literal, cabe la frase "de vida o muerte").

Si has visto focos rojos y tienes la sospecha, es necesario que preguntes directo. Pregúntale sobre el suicidio, sobre sus sentimientos, pensamientos y "planes". Muchos padres creen que hablar de esto aumenta el riesgo del suicidio y, no sólo NO lo aumenta, de hecho lo reduce.

Las personas somos como una olla exprés que nos guardamos todo, sentimientos, pensamientos, recuerdos, traumas, etcétera. Si no se abre la válvula, la presión sube a todo y puede llegar a explotar. Pero si le abres la válvula y se libera el vapor, se libera la presión. Esto es lo que pasa con la persona suicida, si hablan del tema, va liberando la presión y alivia el dolor psíquico que tiene.

El Dr. Guilherme Borges del Instituto Nacional de Psiquiatría, en su estudio sobre el suicidio y epidemiología psiquiátrica, ha llegado a la conclusión de que entre más eventos traumáticos tenga una persona, se incrementa la probabilidad del suicidio, por lo que si sabes que tu hijo o hija ha tenido varios de estos sucesos y está presentando características de suicida es básico empezar a actuar… ¡¡YA!!

Es muy importante escucharlo con cuidado, sin juzgar, abiertamente, y NO DAR SERMONES (es el peor momento para hacerlo). Es muy, muy importante entender la profundidad de los sentimientos que está viviendo y mandarle el mensaje de "déjame ayudarte", "vamos a buscar ayuda".

Es básico transmitirle empatía, esto no significa que estés de acuerdo con la situación. Es una forma de conectarte con tu hijo y de disminuir la sensación de soledad que siente y le genera confianza hacia ti (por favor, no dejes de hacer esto, es una herramienta que puede funcionarte para salvarle la vida a tu hijo).

No minimices lo que siente y mucho menos el riesgo, esto sólo hace que tu hijo se sienta incomprendido, y vas dos escalones para atrás. Es básico que él vea tu preocupación auténtica, tu entendimiento y tus ganas de ayudarlo. Es importantísimo PEDIR AYUDA.

No intentes hacerlo solo, es algo muy serio, que necesita ayuda de profesionales, médicos, profesionales de la salud, psiquiatras, psicólogos, psicoterapeutas. No lo dejes... ni te dejes solo.

Es necesario **buscar ayuda inmediatamente** (especialmente si la persona está intoxicada)... una noche más puede ser la diferencia entre la vida y la muerte. Si tu hijo o hija tiene una arma de fuego, pastillas, drogas u otro método para quitarse la vida, pídele que te lo entregue. Aunque parezca difícil, a veces esto es suficiente para salvar una vida.

No le prometas guardar el secreto. Salvar la vida de tus hijos es más importante que guardar cualquier promesa. Debes seguir en contacto y hablar con tu hijo, aunque ya tenga ayuda profesional, ya que el apoyo continuo es básico. Si está medicado, no te desesperes y ayúdalo. Ten paciencia a que encuentren la medicina necesaria, ya que no siempre la primera que se receta es la adecuada.

La ayuda de un profesional y de un proceso terapéutico es importantísima para sacar las cosas adelante (prácticamente en esto no hay vuelta de hoja), ya que con esto tu hijo, o la persona suicida, puede resolver los problemas que en realidad lo llevaron ahí. El experto puede quitarle el tubito de papel del que hablamos por el que está viendo, para que pueda ver bien y ampliar su visión y perspectiva.

Puede tener un espacio de confianza donde se sienta seguro y quiera hablar sin ser juzgado, donde pueda ser ayudado por un profesional que sabe cómo enfrentar y cómo sacar a delante un problema así pero, sobre todo, que le va a ayudar a desarrollar habilidades para enfrentarse a sus problemas. Alguien que le dé herramientas para vivir.

Si tu hijo o hija está en una situación así, tranquilízate, piensa que si actúas a tiempo todo va a salir bien. Un día me dijeron algo que me ayudó mucho y te lo comparto esperando que te ayude a ti también. Ningún problema es más grande que tú. Muchos padres han salvado a sus hijos aún después de uno o varios intentos de suicidio. Si tienes información y sabes cómo actuar oportunamente, las cosas van a estar bien.

Ánimo y mucha suerte, es momento de enfrentar algo duro, pero vale la pena, porque es por lo que más quieres en la vida. ♥

> Líneas de ayuda

Problemas emocionales (depresión, ansiedad)
ACERCATEL
TÉL. 01800 110 1010.

Locatel
Tél. (0155) 5658.1111
línea de emergencias de apoyo psicológico.

INSTITUTO NACIONAL DE PSIQUIATRIA "RAMÓN DE LA FUENTE"
Calz. México-Xochimilco 101, Col. San Lorenzo Huipulco, 14370 Méx. D.F.
Tel. (01 55) 5655 2811 / (0155) 5655 3080
www.inprfm.org.mx
CENTRO DE ORIENTACIÓN PARA ADOLESCENTES
Ángel Urraza 1122, Col. Del Valle, México, D.F.
Tél. (0155) 5559 8450.

Desórdenes alimenticios
FUNDACIÓN ELLEN WEST
WWW.ELLENWEST.ORG
TEL. (0155) 5812-0877 / (0155) 5812-0870 /(0155) 5812-0885 EXT. 101/102.

CENTROS DE SALUD DEL DF.
Tél. (0155) 5704 0931.

INSTITUTO NACIONAL DE CIENCIAS MÉDICAS Y NUTRICIÓN
"SALVADOR ZUBIRÁN"
Vasco de Quiroga 15 Col. Secc. XVI 14000 México, D.F.
Tél. (0155) 5487 0900
innsz@quetzal.inns.mx

COMEDORES COMPULSIVOS ANÓNIMOS
Eje Satélite Tlalnepantla 102, int. 1
Col. Viveros de la loma Tlalnepantla de Baz
Edo. Méx. C.P.54080
Tél. (0155) 5565 0638.

FUNDACION COMENZAR DE NUEVO, A.C.
Tél. 0181- 8104 1777
Tél. 0181-8129 4683 / 0181- 8129-4684
comenzardenuevo@axtel.net

INTERGRUPAL MÉXICO DE COMEDORES COMPULSIVOS
Tél. 0155 5273 2497
comedorescompulsivos@prodigy.net.mx

CENTRO DE ATENCIÓN Y PREVENCION
DE TRANSTORNOS ALIMENTARIOS
Tél. (0155) 5663 5057/ (0155) 5665 1517.

CENTRO ESPECIALIZADO PARA EL TRATAMIENTO
DE LOS TRANSTORNOS DE LA ANSIEDAD
Tél. (0155) 5254 5845 / (0155) 5254 7410
Salud.mental@integrabajoansiedad.com

CASA MAR
Tél. (016669) 812020
Casa_mar@hotmail.com

Marcos_velasco_monroy@hotmail.com
www.cora.org.mx

VOZ PRO SALUD MENTAL
TÉL. (0155) 1997 5040 / (0155) 1997 5041
www.portal.vozprosaludmental.org.mx

Suicidio
SAPTEL 24 horas AYUDA INTEGRAL
TÉL. (0155) 5259 8121 / 01800 472 7835.

ACERCATEL
(01 800) 110 10 10.

Asociación Mexicana de Suicidología
www.suicidologia.org.mx, amsuicidologia@hotmail.com

Línea de Apoyo Emocional 01.800.822.3737 de la
Secretaría de Salud del Gobierno de Coahuila
(disponible para toda la República Mexicana).

Línea de Intervención en Crisis 01800 290 00 24 de la Secretaría de
Salud de Guanajuato (también disponible a toda la República Mexicana).

Conclusión

Definitivamente, la adolescencia es complicada, pero también es verdad que hay muchísimas herramientas para salir adelante de cualquier situación.

Cada adulto que hoy conoces y que ves trabajando responsablemente en cualquier restaurante, oficina, banco, escuela, tiendita, aerolínea, medio de comunicación, transporte público, empresa, salón de belleza, cancha deportiva, dependencia gubernamental o hasta el mismo presidente, fueron adolescentes y le sacaron canas verdes a sus papás. Sin embargo, hoy están aquí, son personas responsables, comprometidas y trabajadoras, que aunque algún día se fueron de pinta, les gritaron cosas terribles a sus papás y les llevaron la contraria en todo... crecieron. Y hoy están aquí, son todos unos hombres y mujeres, gracias a los padres que tuvieron. Esa madre o padre, ahora eres tú. Y aunque el trabajo es fuertísimo, la recompensa es mucho, mucho más grande.

Cuando entrevistaba a varios papás para este libro, un día les dije: "Ya hablamos de los problemas que tienen con sus hijos, ahora díganme ¿qué es lo bueno de tener un adolescente?" Éstas son algunas de las respuestas que me dieron:

"Es padrísimo platicar con ellos, disfrutas mucho sus conversaciones".

"Dejas de hablar de cosas de niños y te dicen cosas nuevas muy interesantes."

"Ver cómo están creciendo, te emocionas con ellos. La primera vez que van a una cita, cómo se arreglan, qué se ponen, cómo les fue, es ser su cómplice."

"Son tus maestros de tecnología, es como cuando nosotros le enseñábamos a manejar, pero ahora ellos son los maestros y se desesperan contigo, jajajaja."

"Salir de compras, qué te gusta, qué no, qué me pongo."

"Reírte con ellos es fantástico."

"Verte en ellos."

"Salir con un bebé es agotador, salir con un adolescente es un recreo (bueno, mientras sea sólo uno, jajaja)."

"Tener actividades juntos, como ver películas, ir a comer, disfrutarlos."

"Consolarlos cuando te necesitan."

"Disfrutar cada milímetro de sus triunfos y sacarlos adelante de sus fracasos."

"Enseñarles lo que tú has aprendido en toda una vida."

"Ver el futbol con ellos y disfrutar irle a equipos contrarios."

"Ahora, en muchos casos ya no son una carga, al contrario te ayudan."

"Sentir su apoyo, te conocen perfecto, te ven triste y te dicen '¿qué te pasa?', te consienten y te ayudan a resolver problemas."

"Ver que hacen muchas cosas mejor que tú."

"Ya no son unos niños, son tus compañeros."

"Escaparte con ellos y tener tus propios secretos con cada uno."

"Sentirte orgulloso de ellos."

Aprovecha esta oportunidad que la vida te ha dado. La adolescencia es únicamente una etapa, y cuando menos te lo imagines va a terminar.

Recuerda que no hay papás perfectos, que nos vamos a equivocar en muchas cosas, pero que mientras lo hagamos con información, con nuestra mejor intención y con el corazón, lo vamos a lograr.

Disfrútalos, gózalos, siéntelos, y también súfrelos un poco, pero no dejes de vivir intensamente cada segundo de la mayor herencia que estás dejando en este mundo... tus hijos.

Mucha suerte y mucho ánimo. Todo va a estar muy bien.

Con mucho cariño,

Yordi

Para mi esposa Rebeca, con quien he descubierto que nuestro amor es más fuerte que nosotros mismos. Gracias por tu apoyo y tu paciencia, pero sobre todo, por *siempre* estar ahí.
Te amo todo.

♥

Para mis hijos, Santiago y Regina, que son el proyecto más grande de mi vida. Los amo más de lo que puedan imaginarse. Gracias por elegirme como su papá, jamás los soltaré de la mano.

Para mi papá y mi mamá, que fueron los protagonistas de mi propia adolescencia y me tuvieron la paciencia y el amor que me hizo lo que soy. Los amo.

Gracias Dios, por cuidarme y ayudarme tanto.

Agradecimientos

Gracias a todos los expertos por compartirme sus conocimientos, dedicarme su valioso tiempo al hablar conmigo y responder amablemente todas mis preguntas, de verdad gracias por su entusiasmo y preparación para ayudar a miles de padres de adolescentes:

Dr. Aquiles Ayala (Médico Internista Endocrinólogo del Hospital ABC)

Dra. Araceli Aizpuru (Fundadora de la Clínica Ellen West, Centro de Tratamiento Especializado en Trastornos de la Conducta Alimentaria)

Benjamín Leyva (Coordinador de Información del Programa Conduce sin Alcohol)

Dulce Vasavilbazo (Maestra de Sexualidad)

Dr. Edilberto Peña de León (Neuropsiquiatra, Dir. Médico del Centro Remembranza para Violencia en Adolescentes)

Dr. Federico Soto Gracia (Médico Psicoanalista y Psicoterapeuta de Adolescentes)

Dr. Francisco Schnass (Psiquiatra y Psicoanalista, Coordinador de la Unidad de Ansiedad y Depresión del Centro Neurológico y Del Centro Médico ABC)

Gabriela Godínez Hernández (Maestra en Adicciones y Terapeuta Individual)

Dra. Guillermina Gómez (Psicoterapeuta), Irene Moreno (Sexóloga)

Dra. Irene Torices (Sexóloga)

Dra. Irma Engracia Valle Moreno (Lic. en Psicología, especialista en Prevención en Escuelas para Niños y Adolescentes)

Javier Díaz (Propietario y Operador de discotecas y bares)

Javier Matuk (Experto en Tecnología: Matuk.Com)

Dr. Jorge Mendez (Psicólogo Clínico)

Dr. Juan Luis Álvarez (Psicólogo especialista en Adolescentes)

Dr. Juan Pablo Arredondo (Psicólogo Clínico, especialista en Niños y Adolescentes)

Dra. Julia Borbolla (Psicóloga Clínica, especialista en Niños y Adolescentes, fundadora del Grupo Julia Borbolla)

Kayros Vega (Psicóloga)

Dr. Marco Antonio Pérez Cisneros (Ginecólogo)

Dra. Margarita Ávila (Psicoterapeuta)

María Dolores Locken (Lic. en Psicología especialista en Adicciones del Centro de Estudios Superiores de Monte Fénix, Coordinadora Terapéutica)

Dra. María Esther Martínez Eroza (Especialista en Desarrollo Humano)

Dr. Martín Tellich Vidal (Médico Urólogo, Certificado por el Consejo Mexicano de Urología)

Lic. Myriam Angel (Presidenta de Familias por la Diversidad Sexual, A.C.

Dra. Myriam San Román (Psicóloga especialista en Terapia Cognitivo Conductual)

Dra. Mónica Solorzano (Psicóloga Clínica con Maestría en Psicoterapia)

Dra. Natalia Villanueva (Psicoterapeuta)

Dra. Nora Frías Melgoza (Subsecretaria de Participación Ciudadana y Prevención del Delito en el Distrito Federal)

Dr. Oded Stempa (Endocrinólogo, Jefe de la División de Endocrinología del Centro Médico ABC, Miembro de la Sociedad Mexicana de Nutrición y Endocrinología)

Dr. Pedro Sánchez (Psicólogo especialista en Adicciones)

Pepe Rodriguez Alonso (Consultor en Adicciones Monte Fénix, Terapeuta Individual)

Dra. Rinna Riesenfeld (Terapeuta Sexual y Psicoterapeuta, Directora Académica del Centro de Educación Integral para la Salud Sexual "El Armario Abierto")

Dra. Susana Mondragón Kalb (Psicoterapeuta de Pareja e Individual, especialista en Adicciones)

Dra. Tari Tron (Psicoterapeuta especialista en Pareja e Individual)

Dra. Tatiana Arévalo Dipont (Psicóloga especializada en Educación Preescolar)

Dra. Trinidad Aparicio Pérez (Psicóloga Clínica)

Dr. Vidal Schmill (Pedagogo especialista en Desarrollo Humano, fundador de Liceo de la Familia, y de Escuela para Padres)

Lic. Bárbara Castro (Licenciada en Derecho)

Lic. Rafael Pinillos (Licenciada en Derecho)

Lic. Miguel Ángel Carreón Sánchez (Director General del Instituto Mexicano de la Juventud) ♥

Muchísimas GRACIAS a mis amigos y colaboradores por su invaluable ayuda, por sus ideas, críticas, sugerencias y aportaciones, de verdad mil gracias a:

Manolo Fernández, Armando Álvarez, Mauricio Barcelata, Viviana Martínez, Dalilah Polanco, Christian Álvarez, Adal Ramones, Lalo Suárez, Pepe Zaga, Sofía Macías, Juan Pablo Padrón, Roberto Ricalde, Rodrigo De Icaza, Eduardo Peniche, Gabino Bernáldez, Narciso Tinoco Suárez, Jorge Savás, Omar Torres, Fernando Gómez, Gerardo Flores, Jessica Galicia, Noemí Reynoso, Arturo Osorio (Tuko), Karina Lizama, Daniel Dueñas, Tatiana Schoeder, José Ramos, Alejandra Serna, Mónica Jiménez, Mariana Álvarez, Rebeca Rodríguez, Lic. Bárbara Castro Félix, Lic. Rafael Pinillos Suástegui, Jesús Blanco González, Laura Rosas, Fanny Muñoz, Kirén Miret, Laura Carrizales, Alejandra González Dillon, Adriana León... ♥

Gracias a todos los padres que me compartieron sus casos, sus preguntas y sus opiniones para realizar este libro:

Adriana Buenrostro, Alicia Herrera Moro, Ana González, Belén García, Carmelo Garrido, Carmen Medrano, César Espinosa de los Monteros, César Ramos, Daniel Asse, Daniela Morelos Chávez, Eduardo Castro, Eduardo Peniche, Elena Casablanca, Elisabeth Luna, Elizabeth Arciniega, Ernesto Paulsen, Erika Chávez, Fernanda Araiza, Fernando Ochoa, Gabriela Gutiérrez, Gabriela Valencia, Gerardo Quiroz, Gloria Espinosa de Valdez, Guadalupe Cruz León, Guro Santos, Heidi Rosado, Irene Arenas, Jaime Calderón, Jaime Jackson, Jessica Morelos Chávez, José Bernabé González, José Elías Moreno Valle, José Luis Moreno Valle, Juan Carlos Altamirano, Juan Carlos Soria, Juliana Deséntis, Karen López, Karen Vargas, Karla Palafox, Kerry Ardra, Laura Carrizales, Laura de la Torre, Laura Ruiz, Laura Saldaña, Lidia Montero, Lilia Aragonés, Liliana Martín del Campo, Liliana Martínez, Lizette Estefan G., Lorena de la Torre, Lucía Cantú, María Fernanda Ferrera Rosado, María Luisa De la Rocha, Marisa Ramírez Ruiz, Marisol Martínez, Mariana de la Torre, Marcela Jiménez, Mauricio Castillo, Mauricio Martín Campos, Melva Solís Moreno Valle, Nora Fuentes, Paola Solís Moreno Valle, Pamela de la Borbolla, Patricia Rodríguez de Gil, Paul Rangel, Pilar Alcocer, Raúl Araiza, Rebeca Moreno Hurtado, Regina Vivanco, Ricardo Castrejón, Ricardo Martínez, Roberto Almeida, Rocío Moreno, Rubén Galindo, Rubén Paredes, Samantha Chaín, Sandra Valle, Sara Penhos, Sergio Lozano Aguilera, Sharon Zaga, Silvia de la Fuente, Silvia Sepúlveda, Vanessa Sánchez Jarero, Verónica Olvera, Verónica Sendra de Chávez... ♥

Un millón de gracias a mis editores y diseñadores, a Carlos Ramírez, Patricia Mazón, Fernanda Gutiérrez Kobeh, César Ramos, David García, Fernando Esteves, Alonso Aguilar Castillo, Juan Carlos Valdivia, Claudia López, Mayra González, Miriam Baca, Enrique Hernández, Ramón Navarro y Estudio Navarro. De corazón, muchísimas gracias por su gran ayuda, sus ideas, su conocimiento y, especialmente, por su pasión en este proyecto. Es un honor trabajar con personas como ustedes. ♥

Bibliografía

- Riesenfeld, R.R, (2006) *Papá, mamá, soy gay*, México; Random House Mondadori.
- Hapenny, C.D, (2003). *50 Great tips,tricks & techniques to connect with yout teen*, United States of America; New Harbinger Publications.
- Carnival, O, (2011), *Claves para criar un hijo delincuente*, México; Random House Mondadori.
- Edgington, S.M. (2011) *The Parent's Guide to Texting, Facebook, and Social Media*, Dallas, Texas; Brown Books Publishing Group.
- Subrahmanyam, K, & Smahel, D. (2010) *Digital Youth The Role of Media in Development*, USA; Springer.
- Rose, K. (2010) *The Parent's Guide to Facebook. Tips and strategies to protect your children on the world's largest social network*, USA; Create Space.
- Delgado,C.M., Mendoza,G.B. *Escuelas Aprendiendo a Convivir. Un modelo de intervención contra el maltrato e intimidación entre escolares (bullying)*, México; Gobierno de México.
- Lansky's,V. (1996), *Divorce Book for parents*, Minnetonka,USA; Book Peddlers.
- Irigoyen-Coll,C. (2001), *Fortaleciendo a nuestros hijos para enfrentar las drogas*, Argentina; Grupo Editorial Lumen.
- Alcántara, M.H.(Psic.), Reyes, M.M.P.(Psic.) & Cruz,S.(Lic.) (1999), *Como proteger a tus hijos contra las drogas*, México, D.F.; Centros de Integración Juvenil, A.C.
- Tiba, I. (2009) *Adolescentes: Quien ama educa*, México, D.F.; Aguilar Fontanar.
- Doménech, M. (2005).*Padres y Adolescentes ¡cuántas dudas!* México,D.F; Santillana Ediciones Generales.
- Bradley, M.J. (2003), *Yes, Your teen is crazy!*, USA; Harbor Press.
- Noor Al-Deen, H.S. & Allen, H.J. (2012), *Social Media usage and impact*, USA; Lexington Books.
- Lyon, M.E & Breda, A.C. (Ph.D). (2010), *Mi hijo adolescente ya tiene sexo ¿ahora qué hago?*, México D.F; Santillana Ediciones Generales.

- Marshall, L.J. & Deutsch, R.M.(Ph.D.) (2005), *7 Things your teenager won't tell you*, USA; Ballantine Books.
- Wolf, Anthony. E. (Ph.D.) (2002), *Get out of my life, but first could you drive me and Cheryl to the mail?*, USA; Farrar, Straus and Giroux.
- Monti, P.M., Colby, S.M. & O'Leary, T.A. (2001), *Adolescents, Alcohol, and Substance Abuse*, New York, NY; The Guilford Press.
- Strom, P.S. & Strom, R. D. (2009), *Adolescents in the Internet Age*, USA; IAP-Information Age Publishing, Inc.
- Turk, B.M. (1998), *Vivir con adolescentes*, México, D.F.; Selector.
- Safko, L. (2010), *The Social Media Bible. 2ed.*, USA; Innovative Thinking, LLC.
- Secretaría de Educación Pública (2011), *Educación de la sexualidad y prevención del abuso sexual infantil*, México, D.F.: SEP.
- Courtnet,V. (2006), *Between: a girl's guide to life*, Nashville, Tennessee; B&H Publishing Group.
- Fontenelle, D.H. (1998), *Claves para padres con hijos adolescentes*, Argentina, Errepar.
- I Congreso de Prevención desde la Comunidad Educativa, Programa de Prevención FERE (1994), *Alcohol y adolescencia. Hacia una educación preventiva*, Madrid; CCS.
- Tierno, B. (2005), *Adolescentes. Las 100 preguntas clave*, España; Temas de Hoy.
- Guembe, P. & Goñi, C. (2006), *No se lo digas a mis padres*, España; Ariel.
- Escalante, H.F. (2006), *Cómo prevenir conductas destructivas. La guía para padres de familia y maestros de niños y adolescentes*, México; Producciones Educación Aplicada.
- Schmill, H.V. (2003), *Disciplina Inteligente. Manual de estrategias actuales para una educación en el hogar basada en valores*, México, D.F.; Producciones Educación Aplicada.
- Sonna, S. (Ph.D). (2003) *The everything tween book. A parent's guide to surviving the turbulent preteens years*, USA; Adams Media.
- Kumar, V., Sherrod, S.J., Caprio, F.S., & Carbone, P. (2010), *¿Qué tipo de adolescente soy?*, D.F.; Editores Mexicanos Unidos.

- Goldberg, B. (2007). *Tengo un adolescente en casa ¿qué hago?* 3ed. Buenos Aires; Lumen.
- Kastner, L.S. & Wyatt, J. (Ph.D). (2009), *Getting to calm*, USA; ParentMap.
- Hannon, M & Butler-Hannon, M. (2009), *The Smart parent's guide to facebook*, Austin, Tx.; Happiness digital.
- Martin, G.Z. (2010), *30 Days to social media success*, USA; The Career Press, Inc.
- Dixon, B.J. (2011), *The Innovative School Leader's Guide to Using Social Media*, USA; Brianjdixon.
- Valle, T. (2009), *Ya no quiero ir a la escuela*, México. D.F.; Porrúa.
- Leman, K. (2011), *Tengan un nuevo adolescente para el viernes*, USA; Unilit.
- Duclos, G., Laporte, D., & Ross, J. (2010), *Qué hacer para desarrollar la autoestima en los adolescentes*, México, D.F.; Editorial Lectorum.
- Delgadillo, D. (2010), *Tu adolescente y sus emociones. Cómo ayudarlos a manejarlas*, México, D.F.; Editores Mexicanos Unidos.
- Canché, N.L. (2003), *Psicología del adolescente*, México, D.F.; Editorial Nueva conciencia.
- Faber, A. & Mazlish, E. (2006), *Cómo hablar para que los adolescentes escuchen y cómo escuchar para que los adolescentes hablen*, Estados Unidos; HarperCollins Publishers.
- Mellor, E. & Mellor, K. (2009), *Teen Stages. The breakthrough year-by-year approach to understanding your-ever-vhanging teen*, Naperville Illinois; Sourcebooks, Inc.
- Van, P.R. & Hancock, J. (2007), *The Parent's Guide to Helping Teenagers in Crisis*, USA; Zondervan.
- Rosemond, J.K., (2004), *Porque lo mando yo*, México, D.F.; Editorial Geminis.
- Rosado, A.Y., & Vargas, G. (2009) 2ed. *Quiúbole con... interactivo (para niñas,)*. México, D.F.; Santillana Ediciones Generales.
- Rosado, A. Y., & Vargas. G. (2006). *Quiúbole con... (para niños.)* México, D.F.; Santillana Ediciones Generales.
- Jordan, S. & Hillman, J. (2010), The teen owner's manual, Philadelphia, USA, Quirk Books.

- Townsend, J. (2006). *Límites con los adolescentes*, USA; Editorial Vida.
- Borges, G., Orozco, R., Benjet, C., & Medina-Mora, M. E. (2010), *Suicidio y conductas suicidas en México: retrospectiva y situación actual. salud pública de México.*
- Wilcox, H. C., Kellam, S. G., Brown, C. H., Poduska, J. M., Lalongo, N. S., Wang, W., & Anthony, J. C. (2008). *The impact of two universal randomized first-and second-grade classroom interventions on young adult suicide ideation and attempts. Drug and Alcohol Dependence.*
- Borges, G., Medina-Mora, M., Zambrano, J., Garrido, G., Lozano, R., Del Río, A., (2006), *Epidemiología de la conducta suicida en México. Informe nacional sobre violencia y salud,* México; Secretaría de Salud.
- Owens, D., Horrocks, J., & House, A. (2002), *Fatal and non-fatal repetition of self-harm; The British Journal of Psychiatry*
- Escuela de Salud Pública de Harvard.
- Fawcett, J., Busch, K. A., Jacobs, D., Kravitz, H. M., & Fogg, L. (1997), *Suicide*; A Four pathway Clinical Biochemical Model, *Annals of the New York Academy of Sciences.*
- Zouk, H., Tousignant, M., Seguin, M., Lesage, A., & Turecki, G. (2006), "Characterization of impulsivity in suicide completers: clinical, behavioral and psychosocial dimensions", *Journal of Affective Disorders.*
- Organización Mundial de la Salud (OMS), (2010). "¿Cómo se puede prevenir el suicidio?". Sacado de http://www.who.int/features/qa/24/es/index.html.
- Shneidman, E. S. (1993), *Suicide as psychache: A clinical approach to self-destructive behavior;* Jason Aronson.
- Leenars, A. A. (2010), Edwin S. Shneidman on Suicide, *Suicidology Online, 1,* 5-18.

Esta obra se terminó de imprimir en julio de 2013
en los talleres de Litográfica Ingramex, S.A. de C.V.
Centeno 162-1, Col. Granjas Esmeralda,
C.P. 09810, México, D.F.